ディオン・クリュソストモス

トロイア陥落せず

弁論集　2

西洋古典叢書

凡　例

一、本『ディオン・クリュソストモス集』は全六冊とし、彼の作として伝わる八〇篇全部、および断片、手紙、他作家による証言を収める。

二、翻訳の底本としてロウブ版（Dio Chrysostom, five volumes, by J. W. Cohoon / H. L. Crosby, London / Cambridge, Massachusetts, 1932-51）を用いるが、適宜、他の校訂本に従ったり、訳者の判断によって、それとは別の読み方を採ることがある。

三、ディオン・クリュソストモスの生涯や、作品全体に関する総論は、第一集に収録する。

四、この第二集には、作品第七篇から第十二篇までを収める。各篇の冒頭に、内容概観を掲げる。また長い作品には、小見出しを適宜付ける。解説で、各篇のより詳しい説明を行なう。

五、ギリシア語とラテン語をカタカナで表記するにあたっては、

(1) ϕ, θ, χ と π, τ, κ を区別しない。

(2) 固有名詞は、原則として音引きを省いた。

六、巻末に「固有名詞索引」を付す。

目　次

トロイア陥落せず

弁論集 2

内田次信訳

エウボイアの狩人（第七篇）

内容概観

大きく二つの部分に分かれる。ギリシア本土東方に浮かぶエウボイア島の近くで遭難したディオンが、貧しいけれど善良な島民から親切にもてなされた体験を語るのが第一部。第二部では、都会生活の「腐敗」というモチーフと関連させて、都市に住む貧者はいかに生きるべきかという問題を論じる。

一、エウボイアにおける体験［一―八〇節］
エウボイア沖での難破と、狩人との邂逅［一―一〇］
狩人の話［一〇―六三］
狩人の家で［六四―八〇］
二、貧者の生き方について［八一―一五二節］
貧者は金持ちより不利か？［八一―一〇三］
都会における貧者の生き方［一〇四―一五二］

一、エウボイアにおける体験

エウボイア沖での難破と、狩人との邂逅

一　以下に述べようとするのは、人から聞いたことではなく、わたし自身で見たことである。おそらく、饒舌《じょうぜつ》であるということや、[1]心に浮かぶ話題は何でも容易には捨てられないということは、［わたしのような］老人の性癖であるに留まらず、［わたしの経歴たる］放浪者[2]の特質でもあるようだ。その理由は、おそらく両方とも、楽しい記憶のよすがとなる体験をいっぱいしているからである。それで、ギリシアのほぼ真ん中で、どういう暮らしを送るどういう人々にわたしが出会ったか、話したいと思うのである。

二　たまたまわたしはキオス［エーゲ海東部の島］から、夏も過ぎた頃、何人かの漁師とともにとても小さな船に乗って海を渡ろうとした。しかしひどい嵐が起こり、やっとのことでわれわれは、エウボイアの湾曲

---

(1) ディオンはしばしば自分を「おしゃべりな」老人の弁論家として提示する（八一節参照）。規則でがんじがらめの構成を持つ弁論を意識的に排するスタンスに関連。哲学者として、やはりおしゃべりだと非難されたソクラテス（プラトン『パイドン』七〇C、アリストパネス『雲』一四八〇行など参照）を意識している面もある（cf. Russell, pp. 110, 132)。

(2) ドミティアヌス帝によって追放処分を受け（後八二年頃）、各地を「放浪」したというディオンの経歴を暗示（後九六年にネルウァ帝によって処分を解かれた）。第十三篇『亡命に関してアテナイで行なった演説』などで、彼のその時期の体験が語られている。人々から、放浪者、乞食、あるいは哲学者と呼ばれた、と（第十三篇一一）。

部（コイラ）⑴に難を逃れた。船を、絶壁の下の険しい浜に打ちつけて壊してしまった漁師たちは、近くの突端で船をつないでいた紫貝採りの人々⑵のほうへ行った。そこに留まり、彼らの仕事に加わるつもりなのだった。

三　わたしはただ一人取り残され、どこかの町に救《たす》けを求めるということもできないので、近くを行く船か、舫《もや》ってある船を見かけられないかと、当てもなく彷徨《さまよ》った。かなり歩いたが、人にはまったく会えなかった。しかし浜辺で、いましがた崖から落ちたばかりの鹿に遭遇した。波に洗われ、まだ息をしていた。そしてその少し後で、犬の声を上のほうで聞いたように思った。ただ、海の轟《とどろ》きではっきりはしなかった。

四　先へ進み、高いところへ苦労しながら登ってみると、途方にくれて走り回っている犬たちが目に入った。彼らに追われてあの獣は、やむをえず崖から跳び下りたのだとわたしは推理した。少しして、一人の男が認められたが、その外見や服装からして狩人であり、立派なあごひげを持ち、髪も、ホメロスがエウボイアからの［トロイアへの］出征者について言ったように、後頭部にだけ見苦しい生《は》やし方をしている⑶というのではなかった。詩人は、どうやら、他のギリシア人が立派なのに、エウボイア人は頭半分だけ髪を生やしているという点を愚弄しているようなのであるが。

五　その男はわたしに、
「よそのお方よ、こちらへ鹿が逃げてくるのに気づきませんでしたか」

と尋ねた。それで、

「あそこで、もう波に浸《つ》かってますよ」

とわたしが答え、彼を連れていって示してやった。そこで彼は鹿を海から引き上げ、短剣で皮を剝《は》いだ。わたしも、できることは手伝った。彼は、後ろ足を切り取って皮とともに運ぼうとし、わたしにも、従《つ》いてきて肉をいっしょに食べるよう勧めた。家は遠くはない、と言うのだった。

六　「それから」

と彼は続けた、

「わたしたちの家に泊まり、朝になったら海岸に戻られるとよいでしょう。今の天候では航海はできないですから。でも、これについては心配は要りません——と言い添えた——、わたしとしては、五日もたてば風は止《や》んでくれるだろうと願っています。ただ、容易ではありません——と続けた——、現に、ご覧のように、エウボイアのあちこちの峰が雲に取り籠《こ》められ、押さえつけられているときにはね」。

それとともに彼は、どこから来てどのように当地に着いたのか、乗り物は難破しなかったかと尋ねた。

「とても小さな船でした」

とわたしは答えた、

（1）エウボイア島の東部が内に抉れたようになっている部分、難所。ただしコイラの語は、古代の記述において、島西部の海峡沿いの部分を指すこともあり、用法は混乱している。

（2）「ほねがい murex」という貝の体液を原料として、高価な紫の染料が作られた。その採取に従事する者は、広くあちこちに航行し、乗客を載せることもあった。

（3）ホメロス『イリアス』第二歌五四二行で、エウボイアのアバンテス族は、後頭部に（だけ）髪を伸ばしている、と言われている。こういう髪の伸ばし方は、ディオンから見ると「軟弱な少年」（第二篇一二）のもの。彼は、髪を全体に伸ばし、ひげを蓄えることを哲学者にふさわしい流儀と考え、『髪の毛の讃美』という作品（散逸）も著わした。

「漁師たちが海を渡るというので、わたし一人で、少し用があって、客になったのですが、七　それでも浜に打ち当たって、壊れてしまいました」。

「そうならないほうが難しいのです」

と彼は答えた、

「大海［エーゲ海］のほうに向いている島の側が、どれほど荒々しい厳しい様子をしているか、見てください。これが――と言った――、エウボイアの湾曲部と呼ばれる箇所で、ここに入りこんだら船はもう救《たす》からないでしょう。人間が救かるのも稀です、あなたたちの場合のように、とても軽い積荷で進むときは別としてね。ですが、いらっしゃい、心配は要りません。今はこの遭難から元気を回復され、明日になれば、わたしたちの力の及ぶかぎりあなたの救助が実現するよう努力しましょう。いったん知り合いになった間柄ですから。八　あなたは都会の人のようですね。船乗りでも農夫でもない。その痩《や》せた身体《からだ》からすると、ずいぶん体が弱いとお見受けします」。

わたしは喜んで従《つ》いて行った。悪巧《わるだく》みをされる恐れはなかった。みすぼらしいマントしか持っていないわたしだったから。九　それまでにもわたしは、何度も同様の機会に――つねに放浪の身だったので――似たような体験をしたのだったが、そういうときにも身をもって味わったのである――貧乏とは、真に神聖な、犯すべからざるものであり、［敵陣営の中で］伝令杖を持ち運ぶ者に対するよりもはるかに貧乏人に対して人間は、誰しも、害を加えることを控えるものである、と。それでわたしは、そのときも、安心して彼に従いて行ったのだ。

一〇　彼の地所までは、およそ四〇スタディオン［七キロメートル強］あった。道を行きがてら、彼は、自分の境遇や、妻子と日々を送る暮らしについて語ってくれた。

狩人の話

「われわれは」

と彼は言った、

「二人です、よそのお方よ。そして同じ場所に住み、妻たちは互いの妹で、どちらにも子供が、息子と娘が、あります。一一　生きるよすがは、大部分は狩猟で、土地は少ししか耕しません。この地所はわたしたちのものではないからで、先祖代々のものでもないし、自分たちで入手したものでもありません。われわれの父たちは、自由人ではあったのですが、わたしたちに劣らず貧乏で、賃金を得ながら牛飼いをしていたのです。この島の、ある裕福な男の牛を放牧していたわけですが、この人は、馬や牛の群れをたくさん持ち、よい畑もたくさん所有していました。他の財産もたくさん持っていて、ここらの山もすべて彼のものだったのです。一二　しかし、彼が死んで財産が没収されると――その資産のゆえに皇帝によって殺されたのだと言われます[1]――、家畜の群れは屠殺《とさつ》のために連れ出され、おまけにわれわれの僅《わず》かな牛たちも取られて、その価《あたい》は誰も払ってくれませんでした。

(1) 財産を奪うため。ここの皇帝は、ネロあるいはドミティアヌスのことと考えられる。

一三　そのときわれわれは、ちょうど居た場所にそのまま余儀なく留まることになりました。［山あいで］牛を世話しながら、小屋もなにがしか建て、たいして大きくも強くもない囲いを、仔牛たちのために木材でめぐらしたのです。夏の当座だけ、というつもりだったのでしょう。冬は、十分な放牧地と、貯蔵した飼い葉があるので、平地で放牧し、夏には山中に連れ出したわけです。一四　とくにその場所に牛小屋を作ったのは、こういう理由からでした——そこは両側が落ちこんで、[1]深い、蔭《かげ》の濃い峡谷をなしていたし、真ん中を川が流れていて、それが急流ではないので、牛にも仔牛にも足を踏み入れやすく、源泉が近いので清らかな水がたっぷりあり、夏には風が峡谷を吹き通っていました。また回りに生えている潅木は柔らかく、水気を含んでおり、虻《あぶ》などの、牛に害を加える虫もいません。一五　美しい草地が、高い疎《まば》らな樹々のもとに広がり、全体が、夏の間じゅう、青々とした植物におおわれているので、［草を食べさせるときも］たいして歩き回らなくてもよいという場所だったのです。こういうことから、［以前から］そこに群れを留める慣わしになっていたというわけです。

それでそのときも、賃金や仕事をなにがしか見つけられるまで、その小屋に居続けました。ちょうど牛小屋の近くで耕していた小さな土地から得られるものが食べ物になりましたが、一六　肥料をたっぷり吸収しているので、おいしく味わうことができました。

暇があるので、親たちは、牛の世話から狩猟に転じました。人間だけで、また犬を連れて行なったのですが、犬たちは、二頭、牛に付き添っていたのが、放牧する人間を長い間見かけないので、群れを残して元の場所［小屋］に戻ってきたのです。初めは、人間に従《つ》いていっても、何か他の目的を追っているかのようで、狼を見かけるとある程度の距離まで追いかけますが、猪《いのしし》や鹿にはまったく関心を示さないし、一七　夕方や早朝に熊を見ると、いっしょに立ち向かって吠えかけ撃退しようとするのは、まるで人間を相手にしているようでした。しかし、猪にせよ、鹿にせよ、その血を味わい、肉を何度も口にするうち、遅まきながら犬たちは、大麦パンより肉のほうを喜ぶ[2]習性に変わり、なにか獲物《えもの》がとれたらそれで腹を充たし、何もなければ飢えたまま、今はむしろじっと注意を凝らしつつ、なにか現われたらどんなものでもそれを追いかける、という調子になり、獲物の臭《にお》いと足跡をとにかく嗅ぎ分けてゆこうとするようになりました。こうして彼らは、牛追いの犬から、そのような、遅まきに学習した鈍《のろ》い奴らではあるけれど、狩猟犬になったのです。

一八　冬が来ましたが、町へ降りて行っても、どこかの村に行っても、仕事は見つかりません。それで、小屋をより念入りに修理し、囲いの柵を補強して、ずっとそこで暮らすようにし、例の土地も全部耕すことにしたのですが、狩猟も冬のほうが楽になりました。一九　というのは、獣の足跡は、湿った地面に印《しる》されるとよりはっきり現われ、雪が積もっていれば遠くまで見えるようになるので、苦労して探すまでもなく、道が自然と獣のところまで通じている、ということになるわけですし、獣もまたぐずぐずしてじっとしているほうが多いのです。さらに、野うさぎやカモシカは、巣の中で捕らえることもできました。

（1）aporrhēkton（フォン・デア・ミュール）と読む案に従う。
（2）牧羊（牛）犬には、そのほうが安全と考えられたので、肉を与えない習慣があった。しかしもともとこの犬たちの主人は、少なくともそれまでは肉はあまり口にせず、パンやチーズで暮らしていたのだろう。

二〇　このようにして親たちは、それからは、この仕方を続けるようになって、もう他の生活は求めなくなりました。そしてそれぞれの娘を相手の息子にめあわせました。父親は両方ともほぼ一年前に死んだのですが、生きた年月は長かったものの、まだ強壮で若々しく達者な体を保っていました。母親は、わたしのほうのは、まだ生きています。

二一　われわれのもう一人のほうは五〇歳になっていますが、一度も市内[1]に降りていったことがなく、わたしのほうはと言えば、二度だけあります。一度は、まだ子供のとき、家畜の群れがあったときに、父といっしょに行きました。後の一回は、ある男が、まるでわたしたちにお金があるかのように要求しに来て、市まで従いてくるよう命じたときのことです。われわれにはお金はないので、持っていない、さもなければ出している、と誓言し、二二　彼をできるだけ手厚くもてなして、鹿の皮を二枚与えたのですが、それでもわたしが市まで従いて行くことになったのです。彼が、どちらか一方が出向いて、このことについての釈明をしないといけない、と言ったからでした。

それでわたしは、以前と同様、立ち並ぶ大きな家々や、堅固な表面の市壁や、その壁の中にある高い四角い住まい[2]や、湖に繋留《けいりゅう》されているかのように静かにつながれている[3]多くの船を目にしました。二三　こちらの部分［島の東海岸］では、あなたが船を着けられる場所はどこにもないので、難破したわけです。その他にわたしが見たのは、同じところに集ってきている多くの群衆と、とてつもない騒ぎに叫び声であり、わたしには、皆が、お互いに戦いあっているように思えたほどでした。

さて、例の男がわたしを役人たちのもとに連れてゆき、笑いながら、

『これが、あなたたちのほうでわたしを派遣した当の男です。でも、何も持ってはいません、髪の毛と、とても頑丈な材木で作った小屋以外は』

と言うと、二四　役人たちは、わたしを劇場へ連れてゆきました。劇場は窪《くぼ》んだ渓谷のようですが、両方向に伸びてはいず半円状になっていて、自然にできたものではなく、石を積み上げたものです。よくご存知のあなたにこう説明しているので、たぶんお笑いになっていることでしょう。

初めは群衆は、なにか他の議題を長いこと論じながら、[4]全員一斉に、誰かに賛成しては好意的に愉快そうに叫び、またあるときは猛烈に憤激して喚《わめ》いています。二五　彼らが怒ったときは手に負えなくなり、罵声を浴びた者たちはあっというまに恐惶に陥《おちい》って、ある者は走り回って皆に懇願するし、ある者は恐怖のあまり外衣を投げ捨て［逃げ出す準備をし］ます。わたし自身も、彼らの叫び声で、一度は卒倒しそうになりました。まるで、突然、洪水が押し寄せてきたか、雷が轟《とどろ》いたかしたみたいだったのです。二六　また、ある人々は彼らの前に出てきて、別の人々は聴衆の間から立ち上がって、群衆に対して短い、また長い言葉で話しかけようとしますが、長い間聴き入ってもらえる場合もあれば、口を開くなり彼らの不興を買って、ひとことも言わせてもらえない、というありさまになることもあります。

（1）エウボイア島南端のカリュストス市や西海岸のエレトリア市などが考えられるが、あえて不明のままにされている。

（2）櫓のことを知らないのでこう言っている。

（3）防波堤で守られた海港を、やはり世間を知らないゆえに、湖のように静かと不審がっている。

（4）劇場は民会の場所にもなる。

しかし、彼らが落ち着きを取り戻して静かになると、今度はわたしが皆の前に立たせられました。二七　そして一人の男がこう発言したのです。

『この男は、諸君、公けの土地を長年にわたって食い物にしてきた例の輩《やから》の一人である。彼自身のみならず、彼の父も以前にそうしていたのである。われわれの山で放牧し、農作を行ない、狩をして、たくさんの家屋に住み、ぶどうも栽培し、他にも多くの利益を得ているのであるが、土地の価を誰かに払ったわけではなく、民からそれを贈与されたのでもない。二八　もちろんそうされる謂《いわ》れもない彼らである。そしてわれわれの土地を所有し、豊かになっているのに、公共奉仕を一度たりともしたことがなく、収入の一部を税として納めることもしないのだ。納税も公共奉仕も免れたままでいる、というのは、まるで市に恩恵を与えた者［が得る特権］みたいではないか。わたしの思うに――と言い添えた――彼らはこちらへ来たことすらないのであろう』。

二九　そこでわたしは、ない、と首を振ったのですが、それを見て群衆が笑ったので、その演説者は怒り、わたしに毒づきました。それから群衆のほうを振り返り、こう続けたのです。

『もしもこういう行為がこのまま認められるのなら、われわれは皆、先を争って公共のものを奪い取り、じっさいにいまも誰かがそうしているように、市の公金をくすねたり、諸君の了承を得ないまま土地を占有したりするがよい――もし諸君が、こういうケダモノたちに、［市民］一人当たり三アッティカ・コイニクス[1]の穀物を供給できそうな最良の土地を、一〇〇〇プレトロン［約一〇〇ヘクタール］以上も無料《ただ》で所有することを許すのであれば』。

三〇　わたしはこれを聴いて思い切り笑ったのですが、群衆はもう先ほどのように笑うことはせずに騒ぎ出しました。他方、その男は気色ばみ、わたしをきつく睨んでこう言います。

『諸君は、この屑《くず》のとぼけぶりや、高慢ちきな態度をご覧になっているか？　なんと厚かましく笑っていることか！　彼を、そしてその仲間を牢に入れる理由には不足しない。というのも、山中の土地のほぼ全部を占拠している連中には、頭領が二人いると聞いているからであるが、三一　察するに彼らは、カペレウス岬(2)の上あたりに住んでいるので、そのつど打ち寄せられる難破船にも手を出しているに相違ないのである。さもなければ、どうしてあれほどに立派な田畑を、というより村々全部を、またあれだけの数の家畜や駄獣や奴隷を、彼らが調達できたであろうか？

三二　またおそらく諸君は、彼の肩脱ぎ肌着（エクソーミス）や革マントのみすぼらしい様に目をとめておられると思うが、それを身に着けてここへ来たのは諸君を欺《あざむ》くためなのだ。言うまでもなく、乞食で何も持っていない、というふりをするためである。わたしのほうは――と彼は続けます――彼を見てほとんど恐怖に捉われている。それは、ちょうどナウプリオス(3)がカペレウス岬からやってきたのを目にするときのよう

(1) 一コイニクス（約一リットル）が、アテナイでは、一市民への一日の配給量だった。

(2) 島の南東先端部。パラメデスの父ナウプリオスが、息子を殺したギリシア人たちに復讐するため、トロイア陥落後彼らが帰国しようとしたとき、ここで松明を燃やし、港と思わせて彼らの船をおびき寄せ、難破させたという場所。そういう悪事を働いていると中傷する（三二節）。

(3) 前註参照。

な感情であろう。この男が、航行する者に向け、頂から火を燃やして、岩壁にぶち当たるよう企てているのではないかと推測するからだ』。

三三　このようなことや、他の多くのことを男が述べると、群衆が殺気立ったので、わたしは途方にくれ、何かひどい目に会わされるのではないかと恐れました。

ところが、別の男が皆の前に立ったのです。彼の行なった演説と、その身なりからして、立派な人物と思われました。彼はまず群衆に沈黙を求め、皆が黙ると、穏やかな声で、放置されていた土地を耕し整備するのは不正な行ないではない、むしろ逆に称賛されてしかるべきである、三四　公共の土地に家を建て、作物を植える者に対してではなく、それを荒廃させる者に対してこそ怒りを向けるべきなのだ、と述べました。そして、このようなことも付け加えたのです。

『今でも、諸君よ、われわれの土地のほぼ三分の二は、手入れが悪く、人も少ないゆえに、荒地になっている[1]。わたしも――他の人たちもそうだと思うが――何プレトロンの土地を、山あいのみならず平地にも持ってはいる。それを耕したいという人があれば、無料でそうさせたいと思う。それどころか、お金も喜んで払うだろう。三五　なぜなら、それによって土地の価値が上がるのは明らかであるし、人が住み、耕作している土地は、われわれを楽しませる光景でもあるからだ。逆に、さびしい土地は、所有者にとって無益な財であるとともに惨めでもあり、持ち主の不運を明らかにしてしまっているのだ。三六　だからわたしは、むしろ他の市民も、できるだけ多くの者が、公共の土地を得て耕すことになるよう促すべきだと考える。すでに地所がある者はもっと所有し、貧乏な者は、おのおのが可能なだけ持てばよい。国の土地が耕されて、

〔より上層の階級たる〕諸君の利益になるように、また、意欲的な〔一般〕市民にとっては、無聊《ぶりょう》と貧乏という二つの最大の禍《わざわ》いから免れることができるようにするためである。三七　そして一〇年間は無料でそれを所有することにし、この期間ののちに査定を受けて、作物から少し税金を払う、ただし家畜の分は払わなくてもよい、とする。[2] また、外国人が耕作する場合は、この者も五年間は無税でよく、その後で市民の倍の税金を払わせる。さらに、二〇〇プレトロンの土地を耕す外国人は市民にして、できるだけ多くの者が意欲をそそられるようにする。

三八　現在は、市門の前の土地でもまったく荒れ果て、見苦しい状態であり、まるで荒野に奥深く入ったようで、市の前の土地らしくないのだが、市壁の内部は大部分が耕され、放牧されている。だから——と彼は続けます——わたしは、政治家たちに対して驚きを禁じえないのだ。彼らは、エウボイアの片隅にあるカペレウス岬あたりで農作に励む人々には讒訴《ざんそ》を仕掛けるのに、他方では、〔市内の〕体育場を耕作地にし、中央広場で放牧をしている者たちのほうは、とんでもないことをしているとは考えないのであるから。三九　というのも、諸君自身でご覧になれるように、体育場は畑になってしまっていて、〔そこに立っている〕ヘラ

（1）当時のギリシア全体が、これまでの戦争や内乱（含ローマ市民戦争）のため、人口減と荒廃に陥っていることを、ディオン（第七篇一二一、第十二篇八五など）やその同時代人（プルタルコス、ストラボン）が繰り返し述べている。かつての繁栄を保っているのはロドスくらいである、と（ディオン第三十一篇一五八）。

（2）ローマの法律で emphyteusis と呼ばれる処置。

クレスその他の像が、英雄のであれ、神々のであれ、穀物によって覆い隠されているほどなのだ。また、毎日この政治家(1)の羊が、早朝から、中央広場になだれ込んでは、評議場や役員所付近で草を食《は》んでいるのもご覧になっているわけである。だから、初めてこの地にやってくる外国人は、この国のことを笑ったり、憐れんだりするのである』。

群衆は、こういうことを聴いて、今度は例の男に怒りを向け、騒ぎ立てました。

四〇『しかも、そういうことをしながらこの男は、惨めな一般市民を牢に入れるべきだと考えている。それは、言うまでもなく、耕作する者が誰もいなくなるようにするためであり、市民には、国外で賊になるか、国内で追いはぎをするか、という状況に陥らせるためなのだ。しかしわたしは――と彼は続けます――この人たちがこれまで行なってきたことについては不問に付すのがよいと思う。そして、今後はほどほどの税を納めさせるが、これ以前の収入に関しては免責にすべきであろう。荒れた、役に立たない土地を耕す形でそれを所有したのであるから。また、彼らが地所の代価を払いたいと申し出るなら、他の場合より安く売り渡すべきである』。

四一　こう彼が弁じると、最初の男が今度は反論の発言を行ないました。二人は長い間激しく応酬していましたが、最後にわたしも、言いたいことを述べるよう求められました。

『しかし、なにを言うべきでしょう?』

とわたしが尋ねると、坐っている人が、いま話されたことに関してだ、と答えます。

『では申しますが――とわたしは述べました――彼の言ったことは何一つ真実ではありません。四二　わたしは、皆さん、田畑とか村々とかいった類いの戯言《たわごと》を彼が言うのを聞いて、夢を見ているのかと思ったのです。われわれには村もないし、馬もロバも牛もいません。彼が言ったほどの財産がわれわれにあったらと思います。あなたたちにもそれを分け与え、われわれも長者の仲間に入《はい》れたでしょうから。しかし、いまあるものでわれわれは十分です。その中から、あなたたちが取りたいものがあればそうしてください。もし全部をお取りになっても、他のものをわれわれは所有するでしょう』。

この発言を聴いて皆は喝采しました。四三　それから役人の長《おさ》が、民に何を差し出せそうかと訊くので、

『四枚のとてもきれいな鹿皮を』

とわたしが答えると、たくさんの人々が笑い、長のほうは怒りました。それに対しわたしが、

『熊の皮は硬いし、山羊《やぎ》の皮はそれほど値打ちがなく、他のは古かったり小さかったりするのです。でも、お望みならそちらもお取りください』

と述べると、また長は怒り、わたしのことをまったくの田夫《でんぷ》だと言います。四四　それでわたしは、

『あなたも田畑《でんぱた》のことを言うのですか、田畑は持っていないと申し上げてるのに』

と言い返しました。また長が、われわれの両方とも一アッティカ・タラントン(2)を差し出すつもりはあるかと

(1) 先に誹謗的な弁論をした男。

(2) タラントンは貨幣単位（一タラントンは莫大な金額）にも重量単位（同、約二〇キログラム）にも用いられる。長は当然前者の意味で言っているが、狩人は後者の意味にとり、物納を求められていると解する。

訊くので、答えました。

『わたしたちは肉を量ることはしません。ですが、あるかぎりのものは差し上げます。少量は塩漬けにしてあり、残りは燻製の乾物《ひもの》で、それにさして劣るものではありません。猪の腿《もも》肉や、鹿肉や、その他の上等な肉ですので』。
四五　ここで人々が騒ぎ、わたしは嘘をついていると言います。すると長が、穀物はあるか、どれほど持っているか、と尋ねたので、ありのままこう答えました。
『一メディムノス(1)の小麦に、四メディムノスの大麦、同量のキビですが、空豆は半ヘクテウス［一二分の一メディムノス］だけです。この年は収穫できなかったので。小麦と大麦は――とわたしは言いました――あなたたちが取り、キビはわたしたちに残してください。もしキビも要るとおっしゃるのなら、それも取ってください』。
四六　『では、ぶどう酒は造らないのか？』
と一人の男が尋ねたので、答えました。

『造ります。だから、もしあなたたちの誰かがやってくれれば差し上げますが、皮袋は持ってきてください。われわれにはないので』。

お前たちにはぶどうの木はどれほどあるのか？

『戸の前に二本です――とわたしが答えます――中庭の中には二〇本、また川の向こう岸に最近植えたのが同じ本数あります。とても見事な木で、通り過ぎる人たちが放っておいたら大きな実をつけます。四七あなたたちが一つ一つお聞きになる手間を省くため、他の所有物も申しましょう。雌山羊が八頭、角を切った牛が一頭、それから生まれたとてもきれいな仔牛が一頭、鎌が四本、鍬が四本、投げ槍が三本です。また、狩用の短剣をわれわれ双方が持っています。陶器の道具は言うまでもないでしょう。またわれわれには妻があり、子供ももうけています。そして二軒のきれいな小屋にわれわれは住み、三軒めもあって、そこに穀物と皮がおいてあります』。

四八 きっとそこに――とあの政治家が言いました――お金も埋めているのだろう。『では――とわたしがやり返しました――わが家に来て、掘り出すがよい、愚か者め。誰がお金を埋めるのか、芽を出しもしないのに？――ここで皆が笑ったのは、この男のことを嘲ったのだと思います――これらが［、皆さん、］われわれの所有物です。あなたたちが、その全部を望むなら、喜んでお渡ししましょう。まるで、よそ者か悪者であるかのようにわれわれから力ずくで奪う必要はありません。四九 われわれはこの市民でもあるのですから。これは、父から聞いたとおりに言っているのです。そして彼は、かつてこちらへ来たとき、お金が分配されるのに出くわして、彼自身も、市民たちに交じってそれをもらいました。また、われわれの子供は、あなたたちの市民として育てているのです。そしてご要望があれば、賊や敵に対する戦いのときは、あなたたちの加勢に駆けつけることでしょう。今は平和ですが、もしそういうときが来れば、われわれと同じ人間がたくさん現われてほしいものだとお祈りになることでしょう。そのときこの政治

（1）一メディムノスは約五〇リットル。

家が、あなたたちのために戦ってくれるだろうと考えてはいけません。女たちのように罵声を上げるのが関の山でしょうから。

五〇　肉や皮については、獲物を取るつどその一部を差し上げましょう。ただ、受け取る人を遣わしてください。また、小屋を取り壊せとお命じになるなら、それが害を及ぼしているということなら、壊します。でも、われわれにここで住む家を与えてほしいのです。さもないと、冬を耐えることができません。あなたたちには、市壁の中に、誰も住んでいない家がたくさんあるわけです。その一軒でわれわれには十分と思います。われわれがこちらに住んでいないからといって、また、これだけの人々が同じ場所に狭苦しく暮らしているのをわれわれがさらに窮屈にしないからといって、われわれが憎まれねば[1]ならない理由はありません。

五一　彼〔讒訴者〕が、難破船のことで、われわれがしていることだと言ってのけたことは、あまりにも非道な悪質な言いがかりであり――この点を最初に言うべきだったのを忘れてしまうところでした――、あなたたちの誰もそれを信じないことと思います。それは不敬なことでもあるし、あそこから何にせよ物を取ってくるのは不可能なのです。そこには、材木でも破片しか残っていません。それほど粉みじんになるくらいに〔船は〕ぶつかるわけであり、しかもあの浜だけが人を寄せ付けないのです。五二　一度だけ打ち上げられているのをわたしが見つけたオールも、海際の神聖な樫《かし》の木に〔神への供え物として〕打ちつけておきました。けっして、ゼウスよ、人々の不幸から何かを得たり、そういう儲けを手にしたりすることがないことを！　わたしが利益を得たことは一度もないのですが、たどり着いた難破者に同情したことは何回もあり、小屋の中に受け入れ、飲み食いするものを与え、他にもできることがあればしてあげて、人家が並ぶところまで送ってやったものです。五三　でも、そういう人たちの誰が、いまわたしのために証言してくれるでしょう？　証言とか感謝を当てにしてそういうことをしたのではありません。どこから来た人々だったか、わたしは知りもしなかったのです。どうかあなたたちの誰も、そのような［不運な］目に会いませんように！』

こうわたしが弁じると、一人の男が真ん中から立ち上がりました。たぶん、別の同類の男がわたしを弾劾するつもりなのだろうと心の中で思ったのですが、五四　その人が言いました。

『諸君、わたしはもう長い時間、この人はあの男かもしれないと思い迷いながら、自分を信じることができなかったのであるが、彼が誰であるかはっきりと見極めることができた今は、もしも自分で親しく知っていることを口にせず、また、ありがたい行ないによって最大の恵みを受けておきながらそれを言葉によって恩返しもしなかったら、恐ろしい振る舞いであると、いやむしろ不敬な行為であると感じている次第である。五五　わたしは——と彼は続けます——あなたたちも知ってのとおり市民であり、この男も——と言って横にいる者を示し、この人も立ち上がりました——そうである。たまたまわれわれは、二年前、ソクレスの船で航海したことがあったのだが、カペレウス岬の付近で難破してしまい、多くの乗組員の中で救かった者はほんとうに僅かだった。他の人々が、紫貝採りたちに引き上げられたのは、頭陀袋にお金を持っている人たちがその中にいたからであるが、まったく無一物で投げ出されたわれわれのほうは、飢えと渇きで倒れる危

（1）miseisthai（ヴィラモーヴィッツ）と読む案に従う。

険にさらされながら、一つの小道を、何か羊飼いや牛飼いの小屋を見つけられないだろうかと望みをかけて、歩んで行った。五六　そして、やっとのことで、ある小屋にたどり着き、その前に立って呼びかけたところ、この人が現われ、われわれを中に導き入れて、火を、たくさんではなく少しずつ、燃やした。またわれわれの一方を彼自身がさすり、もう一方には彼の妻が獣脂(1)を塗ってくれた。最後に暖かい湯をわれわれに注ぎかけ、冷え切っていた体に生気を取り戻させてくれた。五七　それからわれわれを横にさせ、持っている衣服でわれわれを包《くる》み、小麦のパンを食べるよう与えてくれたが、自分たちはキビの粥《かゆ》を口に入れ、ぶどう酒もくれたが、自分たちは水を飲むのだった。また鹿の肉も、炙《あぶ》ったり煮たりしたのがたっぷり出された。翌日われわれが立ち去ろうとすると、彼らは三日目まで引き止め、五八　その次の日になってわれわれを平地まで送り、別れるさいには両方に、肉と立派な皮を贈ってくれた。また、わたしが、災難のせいでまだ調子が悪いのを見ると、自分の娘から肌着（キトーン）を剝いでわたしにまとわせ、彼女のほうはその代わりにぼろを身に付けた。これは、村にたどり着いたときに返しておいた。われわれは、このようにして、神々に次いでこの人にいちばん救けられたのだ』。

五九　こう彼が述べている間、人々は、楽しそうに聴き入りつつ、わたしに称賛の言葉を浴びせました。記憶を呼び覚ましたわたしが、

『ご機嫌よう、ソタデス』

と話しかけ、近寄って、彼ともう一人の男に接吻すると、皆が笑ったので、都市では人々が互いに接吻することはしないのだということが分かりました(2)。

六〇　初めからわたしを弁護してくれたあの紳士が、皆の前に出ると、こう述べます。『わたしは、諸君、この人を迎賓館に呼んでもてなすべきだと考える。もし戦において、彼が、市民の一人を盾でかばって救けていたら、高額な贈与を彼は十分に受けていたことだろう。しかし今は、二人の市民を彼は救助したわけであるし、他にも、ここには居合わせていない人々も、そうしてもらっているかもしれない。それなのに、彼が、なんの顕彰にも価しないということがあるだろうか？　六一　また、娘から剝ぎ取って、危うい状態にある市民に与えた肌着の代わりに、市は彼に、肌着と上衣を贈るべきである。他の人々にも、正義を守り、他人を助けるよう、勧めるためである。また、彼ら自身も、その子供も、地所から収穫を得てよいこと、誰も彼らの邪魔をしてはならないこと、また彼に、家の設備のために、一〇〇ドラクマの譲与をすることを決議すべきである。そしてその金銭は、市のためにわたしが、わたし自身の財産から差し上げることにする』。

六二　このことで彼は称賛され、他のことも彼の言うとおりになって、すぐに劇場の中に上衣とお金が運びこまれました。わたしは受け取りたくなかったのですが、

（1）山住まいの貧しい彼らは、動物の脂をオリーブ油の代わりに用いる。

（2）接吻（philein）は挨拶の形として広く用いられる。彼らが笑ったのは、むしろ、山住まいの田舎者が、都会の洗練された身なりの人間にそうしたからか（ヴィラモーヴィッツ）。また、philein は本来「愛する」の意であり、作者によって、「都市では人々が互いに愛することはしない」という文意が込められているらしい（Russell, ad loc.）。

『〔迎賓館で〕皮を着て食事することはできない』

と彼らが言うのです。

『では今日は食事をとらないままでいます』

とわたしが答えたのにもかかわらず、彼らはわたしに肌着を着せ、上衣をまとわせました。わたしがその上に皮を着ようとしたところ、許してくれませんでした。六三　しかし、お金はけっして受け取らずに固く辞退し、

『それを受け取る人間を探されるなら、あの政治家にあげるとよいでしょう』

と言ってやりました、

『それを埋めさせるためにね。〔お金のなる木のことを〕よく知っているので』。

それ以来、われわれを煩《わずら》わせる者は一人もいません」。

狩人の家で

六四　ほぼここまで話してくれたとき、われわれは彼の小屋の前にいた。するとわたしは笑いながら言った、

「だがあなたは、一つのことを市民たちに隠したのですね、とても見事な財産を」。

「それはなんですか?」

「この庭園のことです。じつに見事で、野菜も果樹もいっぱいあるではないですか」。

「そのときはなかったのです。その後で作ったものです」と彼は答えた。

六五　それからわれわれは中に入り、その日の残りを、食事をして過ごした。われわれは、葉っぱと皮を高く積み上げたベッドに横たわって飲み食いし、彼の妻は夫の横に坐っていた。また、結婚の年頃の娘が、給仕をしながら、おいしい赤ぶどう酒を注いでくれた。そして子供たちが肉料理を準備し、それをわれわれの前に置くかたわらで、自分たちも食べていた。わたしは、この一家を幸せな人たちだと思い、わたしが知るかぎり最も至福の生を送っている人々だと考えた。六六　お金持ちの、それも、一般人のみならず地方総督や王たちの館と食卓のことをわたしは知っていたが、彼らは、以前からわたしには、哀れな人々だと感じられていた。そしてそのときにはますますそのように思われてきた。この一家の、貧しくはあるが自由な生活を目にし、なににも不足はせず、飲食の喜びにも欠けるものはなく、むしろこの点においても［金持ちたちより］もっと豊かであると言えるほどであるのを見たからだ。

六七　もうわれわれが十分食事をしたとき、例のもう一人の男［義兄弟］がやってきた。息子がいっしょに従《つ》いてきていたが、なかなか良い少年で、野うさぎ(1)を手にしていた。入ってくると顔を赤くした。彼の父がわれわれに挨拶《あいさつ》している間、少年は娘に接吻し、野うさぎを彼女に与えた。彼女は給仕を止め、母のそばに坐った。そして少年が代わりに給仕を始めた。

（1）求愛の徴によく贈られた（贈られた側がペットにする）。

六八　わたしが主人に、
「この娘さんから肌着を剝いで、難破した人にあげたのですか」

と訊くと、彼は笑って、

「いいえ」

と答えた、

「それは、以前に、ある男へ嫁がせました。村の裕福な男ですが、もう大きな子供たちもいます」。

「では、不足しているものをそちらの人たちが用立ててくれるのですか」。

「何も不足はしていません」

と彼の妻が答えた、
六九「彼らのほうが、狩でなにか獲れたら、持ってゆくし、果実や野菜ももらってゆきます。彼らには庭園がないのです。去年、わたしたちのほうで、小麦の種だけもらいましたが、収穫の後すぐに［同量を］返しました」。

「それで、この娘さんもお金持ちに嫁がせますか、彼女からも小麦を借りられるように？」

とわたしが訊くと、娘も少年も両方とも赤くなった。七〇　彼女の父が、

「貧しい男に嫁ぐでしょう、われわれと同様の狩人にね」

と答え、若者のほうを微笑しながら見た。わたしが、

「では、どうしてもう嫁に出さないのですか。村のどこかから夫になる人を迎えないといけないわけです

か」

と言うと、

「遠いところの男ではないでしょう」

と答えた、

「家の中に、ここに、います。良い日を選んで結婚式を挙げるつもりなのです」。

「良い日はどのようにして決めるわけですか」。

「月が細くはないときで、[1]また、空気の清らかな、晴れて澄んだ天気のときでないといけません」。
七一　またわたしが、
「では、彼はほんとうに良い狩人ですか」

と訊くと、

「もちろんです」

と少年が口を出した、

「鹿をへたばらせることもできるし、猪にも立ち向かえます。お望みなら、明日お目にかけましょう、お客

（1）結婚の時期として満月時が薦められた。ただし、月の四日目や、新月がよい時とされることもある。夕方に新郎が、彼女を馬車に乗せて（もちろんこの家族の場合はこの点は含まれないはずだが）、新婦の父の家から自分の家まで連れてゆく。

さん」。

「その野うさぎは君が獲ったの？」

と尋ねると、

「そうですよ」

と笑って答えた、

「夜中に網でね。とてもきれいに晴れた日で、月はいままでにない大きさでした」。
七二　ここで、娘の父も、彼の父も、両方が笑った。少年は恥ずかしくなって黙った。そこで娘の父が、
「わたしは、少年よ、日を延ばしてはいない。お前の父のほうが、お供え物を買ってくる[1]まで、待っているのだ。神々に捧げないといけないからね」

と言うと、娘の年下の弟が、

「ううん、この子はお供え物をもう前から準備してるよ。小屋の裏で飼われてるの、立派なのがね」。
七三　そこで皆が、
「ほんとう？」

と訊くと、彼はそうだと答える。

「どこから手に入れたの？」

「子持ちの猪をつかまえたとき、他のには逃げられたけれど――野うさぎよりも速かったんだ――一四、石を当ててつかまえ、僕の皮衣をかぶせたのさ。それを村で交換して、猪の仔の代わりに子豚をもらったか

ら、豚の檻《おり》を裏に作って育てたんだ」。

七四　「それで」

と彼の父が笑って言った、

「豚がぶうぶう鳴くのでわたしが不審がると、お前のお母さんが笑ってたんだな。お前が大麦をあんなに使ってたのもそのせいだったのか」。

「だって、栗《くり》(2)では太らせるのに十分じゃなかったから。木の実ばかり食べようとしたらね。とにかく、見たいなら、行って連れてくるよ」。

皆がそうしろと言ったので、少年と他の子供たちが、すぐにはしゃぎながら走って出て行った。

七五　この間に娘は立ち上がり、もう一つの小屋から、薄切りにしたナナカマドの実、セイヨウカリン、冬リンゴ(3)、それに上等のぶどうのはちきれそうな実の房(4)を持ってきてから、葉っぱで食卓の肉の汚れをぬぐい、きれいなシダを敷いてそれらを置いた。少年たちも、笑ってはしゃぎながら、豚を連れてきた。七六

---

(1) 儀式用の犠牲獣には狩の獲物は（原則として）当てられず、家畜に限られるので、買ってこないといけない。

(2) 栗は原語で「エウボイアの胡桃 euboika karya」とも称され、この島に多く産したらしい（本箇所では euboides と呼ばれている）。ここでは、大麦ほどには豚を太らせないと言われている。

(3) 以上、三つの果物は、それぞれ、ūa, mespila, mēla kheimerina. このうち、最後の「冬リンゴ」に関して、とりあえず「リンゴ」と訳した mēla は、そのような形の果物一般を指す。マルメロのような種類か。

(4) 酒造用ではなく、食用の、汁の多いもの（Russell, ad loc.）。

少年の母親と、二人の弟たちも、いっしょについて来た。また、きれいなパンと、煮た卵、それにヒヨコ豆の炒《い》ったのを木の板に運んでいた。

　そして彼女は自分の兄と姪に挨拶し、夫の横に坐ると、

「このお供え物を見て」

と言った、

「この子が、前から、結婚のために飼っていたのよ。他のものも、わたしたちのほうでは準備が済んでいて、大麦粉も小麦粉もできています[1]。ただ、ぶどう酒がもう少し要るでしょう。でもこれも、村から手に入れるのは難しくありません」。
七七　彼女の横に息子が立って、親戚の顔を見ていた。後者が微笑して、
「邪魔してるのはこの子さ」

と言った、

「まだ豚を太らせたいと思ってるだろうから」。

　すると少年が、

「でも、脂《あぶら》ではちきれそうになってるよ」

と応じるので、七八　わたしも助けてやろうと思って、

「豚が肥える間に、彼のほうは痩《や》せるということにならないよう気をつけないと」

と言うと、母親が、

「お客人のおっしゃるとおりよ」

と話す、

「じっさい、以前より痩せてきたわ。この前も、彼が夜中に起きて小屋の外に出るのを見たのよ」。

「犬が吠えるので、見ようと思って出たんだ」。

七九「そうじゃないわ。思いつめた様子でうろついていたもの。だから、これ以上彼が苦しまないようにしましょう」。

そして娘の母を抱き、口づけした。彼女が夫に、

「この人たちの望みどおりにしましょう」

と言い、そのように決まると、

「あさって結婚式を挙げよう」

と皆が言い、わたしにもその日を待つよう勧めた。

八〇　わたしもそれを楽しみにして待つとともに、金持ちたちの暮らしについて、とくにその結婚に関することについて思いをめぐらしたのだった。つまり、仲人の女たちや、財産と氏素性に関する調査や、持参金とか結納のこと、約束あるいはごまかしや、同意、契約のこと、果ては、よくあるように、結婚式の最《さい》中《ちゅう》での罵り合いや憎み合いのことについてである。

（1）麦の粉は、屠る前に犠牲獣の上に振り掛けるためのもの。

二、貧者の生き方について

貧者は金持ちより不利か？

八一　以上のもろもろの話をわたしは意味もなく語ったのではない。また人によってはそう思うかもしれないが、単におしゃべりがしたかったから、というわけでもないのだ。いや、わたしが初めに主題に掲げた(1)生き方の問題や、貧者の暮らしということについて、自分の体験に基づきながら、模範例を示したのである。それは、言葉や行ないや人との交流に関する模範を、そうしようと思う者に観察してもらい、善良で自然にかなった生き方をするという点で、貧者が金持ちよりも、その貧苦のゆえに、不利な立場にあるだろうか、それともむしろあらゆる点で優っているだろうか、ということを考えてもらうためだったのだ。

八二　そしてわたしは、エウリピデスのあの詩句(2)に関連して、よそ人をもてなす(3)には貧者の身の上は苦しく、接待することも、困っている人を助けることも、貧乏人には難しい、と言われるのはほんとうだろうか、という点も考察してみた。しかし、客人をもてなすことに関して、そのような状況を彼らの間に見いだすことはけっしてできないのである。いやむしろ、彼らのほうが金持ちよりも喜んで火を灯《とも》すものであるし、道案内することを口実を設けて拒むこともしない――そういう振る舞いを彼らは恥じることだろう――、また彼らのほうが、しばしば、持っているものを進んで分け与えるものなのだ。金持ちで、遭難者に対して、妻女の［高価な］紫衣を与える者は一人もいないだろう。またそれよりもっと安価なマントや肌着も、たくさん持っていても、施しはしないのだ。下僕の上衣すら惜しむ彼らなのである。

八三　このことは、ホメロスも明らかにしている。詩人は、［豚飼い］エウマイオスを、貧乏な奴隷であるけれど、［乞食に変装した］オデュッセウスに対して食べ物でも寝床でも厚くもてなす人間として描く一方、［オデュッセウスの妻に対する］求婚者たちのほうは、富と傲慢さのゆえに、他人のものさえ進んで分け与えようとはしない人々として描写されるのである。オデュッセウスその人が、［求婚者の一人］アンティノオスのけちぶりを非難してこう話しかけるという箇所も、そのような趣旨であろう。

お前は、自分の持ち物からは、塩すら嘆願者に対して与えないに相違ない。
いま、他人の食料のそばに陣取っていながら、
この館にいっぱいあるパンをわたしに分けようとは思わないのだから。(4)

八四　この者たちは、［富ゆえのけちというのとは］種類が異なる悪徳のせいでそういう人間になっているのだと仮定してみよう。しかしそれでも、［オデュッセウスの妻］ペネロペすら——立派な女性であるし、［乞食に変装中の］オデュッセウスと喜んで話をし、夫について尋ねたというのに——その彼女ですら、目の前に

(1) 本弁論全体の主題を提示する序の部分が、写本では抜けているかと推測されている。
(2) エウリピデス『エレクトラ』四二四—四三一行。貧しい自作農が、「お金というものがいかに大きな力を持っているか、客人に物を与えるにも、病に罹った身体を出費によって癒すにも……」(四二七—四二九行) などと述べる。
(3) これは、最大の道徳的義務とされたことの一つ。
(4) ホメロス『オデュッセイア』第十七歌四五五行以下。

裸〔同然〕で坐っている彼に上衣を与えたとは描写されないのである。ただ、〔変装した彼が語る、〕オデュッセウスはその月のうちに帰るだろうという言葉が正しかったと分かれば、それを与えようと約束するだけであるし(1)、八五　その後でも、彼が弓を求め、自分たちではそれに弦を張ることができなかった求婚者たちが、自分たちに弓の技を挑んでくる彼に腹を立てたとき、それを彼に渡すがよいと彼女は言うわけであるが、そのさいに、結婚のことに関しては彼は計算に入らないと彼女は述べつつ、彼が弓を張り、斧の間を射抜くことができたら、〔そのときやっと〕肌着や上衣や履き物を与えようと約束するのである。八六　あたかも、そういうものをもらうためには彼は、〔弓の元の持ち主〕エウリュトスの弓を張らねばならない、そしてそれほどの若者〔求婚者〕たちを敵に回さないといけない、肩脱ぎ肌着（エクソーミス）や履き物を手に入れようとするなら、場合によっては、たちまち彼らに殺される運命に会うことも覚悟しないといけない、というごときである。あるいは、二〇年間どこにも姿を現わしていないオデュッセウスが帰ってきたことを、しかも上記の期日以内という条件で、証明しないといけない、というがごときである。もしそうすることができなかったら、彼は、前からのぼろ着のまま、イカリオス〔ペネロペの父〕の思慮深く善良な王女から去らなければならないのだ。

八七　おおよそ似たことを、テレマコス〔オデュッセウスの息子〕も、オデュッセウスに関して、あの豚飼いに対し言っている。町で物乞いをさせるべく、できるだけ速やかに彼をそこへ送り出すよう命じるのであり、豚小屋で彼をそれ以上の日数をかけてもてなすことがないようにさせるのだ。たとえそのような取り決めが、彼ら〔オデュッセウス父子〕の間にあったとしても、豚飼いがこの非人間的なやり方に驚いたりしないのは、八八　貧乏なよそ者に対してそのようにけちくさい態度を取るのが〔金持ちにおいては〕慣わしだったからである。彼ら〔ホメロス中の英雄〕が、通例、好意的なもてなしと贈り物とで歓待したのは、富んだ者だけだった。それは、言うまでもなく、自分たちも同じ扱いを受けることを期待したからである。ちょうど、今日においても、親切な、優遇的な行ないに関して、類似の事情が存するのと同断である。八九　好意や恩恵と思えるものも、よく考察すれば、講《こう》の拠出金や貸し付けと異なる点はないのだ。たっぷり利息がつくことを――しかもたいていそのとおりになるわけだが――当てにしているのである。ただし当今の気風が、他の悪一般と同様に、以前よりさらに悪化しているなら別であるが。九〇　わたしとしては、〔放浪中のオデュッセウスをもてなした〕パイアケス人の親切さに関しても、もし、その富にふさわしい気前のよい待遇を彼らはオデュッセウスに対して見せていると思う人がいれば、〔実のところは〕どういう魂胆と目的で彼らが惜しげもない恩恵を施す気になったのかということを説明することもできるのだが、もうこれまでにこういう点については十分すぎるほどの言葉をわたしは費やした。

九一　富が、よそ人に対する態度などにおいて、その所有者の性質をより良くするのに役立つどころか、

（1）そういう条件付きでの約束をペネロペは確かに口にしているが（ホメロス『オデュッセイア』第十七歌五四九行以下など）、他方では彼女は、乞食姿のオデュッセウスに対して配慮を見せ、湯浴みや衣服や食事の世話をするよう召使い女たちに命じる（同第十九歌三一七行以下）。古典作品の一面的な利用。なお「その月のうちに」というのは、『オデュッセイア』第十九歌三〇六行の lykabas という語に関するディオン的な解釈に基づくもので、多くは「その年のうちに」と解される。

逆に、概して貧困よりも、彼らを貪欲なけち臭い人間にしてしまうということは明らかである。かりにたまたま金持ちの中で、たぶん万人に一人だと思うが、気前のよい太っ腹な男が見いだされたとしても、それによって大部分の金持ちが、この点に関して、貧乏人よりも劣っていないという証拠にするには不十分である。

九二　他方、卑しい性質を持ってはいない貧者には、当座にあるもので事足りる。それは、よく働き、食事ごとにたらふく詰め込むこともしない人々が通例かかる類いのちょっとした病になったときに、健康な身体を取り戻すのには十分である。また、客が訪れたとき、心にかなう贈り物を心から進んで、疑念を抱かせることなしに、もらう側も心苦しく思わないような形で、与えるのにも事足りるのだ。九三　それは、銀の混酒器や、色とりどりの上着（ペプロス）や、四頭馬車とかいった、ヘレネとメネラオスからのテレマコスへの贈り物に類するものではないだろう。そもそもそのような、総督とか王たちといった客を彼らがもてなすことはありそうにないのである。相手がとても慎みのある良い人たちで、親切に行なわれることには不満を抱かない、ということであれば別だが、そうではない放縦な暴君的な人々を客として世話することは彼らにはできないだろうと思うし、そういう客関係をいまさら求めることもしない彼らであろう。九四　メネラオスは、アジア［小アジア］から来た、きわめて裕福な客［トロイア王子パリス］を受け入れることができた。プリアモス王の息子［パリス］を持てなす力を十分に持つスパルタ人は他にはいなかった。しかし、こういう事実のおかげでメネラオスによいことが起きたわけではない。九五　この［歓待の］結果パリスは、彼の家を荒らし、財貨のうえに彼の妻［ヘレネ］まで奪い、娘［ヘルミオネ］を母なき子にしたまま、船出して去ったのだ。その後メネラオスは、長い間ギリシア各地を経《へ》めぐり、自分の不幸を嘆いては、一人ひとりの王に援助を要請して回った。兄［アガメムノン］に、アウリスで、彼の娘［イピゲネイア］を生贄にすることを認めるよう、必要に迫られて懇願することまでした。(1) 九六 そして一〇年にわたる攻城の間、トロイアに居続けたが、そこでもまた将軍たちのご機嫌を、自分も兄も取っていた。さもないと彼らは腹を立て、事あるごとに帰国すると脅したのだ。そして多くの苦労と、難しい危険な事態に耐えたのち彼は、放浪生活を味わった。無数の禍いなしには故郷に帰ることができなかった。

九七 だから、詩人［エウリピデス］のように富を讃美し、真に羨むに価すると考えるのはふさわしいことではあるまい。彼は言う——富の最大の利点は、客に贈り物をすることができるという点だ、また、贅沢な暮らしをしている者が自分の家にやってきたら宿を提供し、喜びそうなものを出してやれることだ、と。

九八 われわれが、以上のことを述べながら、詩人たちの句に言及したのは、意味もなく彼らに楯《たて》突こうとしたのではない。また、知恵ある詩句のゆえに彼らが得た名声に嫉妬しているからでもない。そういう競争心から反論を試みたのではないのである。いや、われわれの見るところでは、とくに詩人たちの言葉の中に大多数の人々の考え方が現われているからである。人々が、富など、讃嘆の対象にしているものごとにつ

（1）ギリシア本土東部の港町アウリスにギリシア艦隊が集合し、トロイアに向け出航しようとしたが、嵐または凪のゆえに（Preller-Robert, II 1099）妨げられた。占い師により、アルテミスの怒りのせいであることが告げられ、その宥めのためにアガメムノンの娘が犠牲に捧げられた。ヒュギヌス『神話集』九八では、アガメムノンにその実行を決断させる人物としてオデュッセウスの名だけが挙げられている。

いてどういう考えを持っているか、それぞれのものからどういう利益が生じると彼らは思っているか、ということがそれによって明らかになるのである。九九　その詩句が、彼らの共鳴を得るような、彼らと等しい考え方を含んでいるのでなければ、それほどに人々が詩人たちを愛することもなかったろうし、真理を語る優れた賢者として讃えることもなかったであろう。一〇〇　大衆の一人ひとりをつかまえて質問し、全員に代わるがわるこう訊いて回るのは不可能である――なぜあなたは、貧乏についてはそんなに恐れ、富のことは高く評価するのか、またなぜあなたは、金持ちや商人や、できれば、王になる運に恵まれたら、莫大な利益を得られるだろうと期待するのか、と。そういう調査をするのは困難で、実行できるものではない。一〇一　それで、彼らの代弁者であり弁護者でもある詩人たちのほうに、仕方がないので、われわれは向かおうと言うのである。大衆の考えがそこに明瞭な形で、また韻律の型に嵌めこまれて表現されている(1)のを見いだすだろうから。この方法を採れば、大きな的外《まとはず》れはしないだろう。一〇二　われわれのやり方は、より賢明な人々にもつねに用いられた。優れた哲学者の一人［クレアンテス］も、まさしくこの［エウリピデスの］詩句に反論した(2)のである。彼がこの詩句に、また富に関するソポクレスの句(3)に、反論したのは対抗意識からであるとは、誰も言わないであろう。その哲学者は、前者の詩句については簡単に述べただけだが、ソポクレスの句に対してはより詳しく論じている。とはいっても、いまのわたしの演説のように長々とやったのではない。即興の弁を好きなようにすることができたわけではなく、書の形で(4)論じたのである。

一〇三　農業と狩猟と牧羊の生活については、たぶん、相応以上の時間を費やしてしまったように思う。これで語りつくしたとしておこう。われわれは、貧乏というものが、自由人の身分を保ちつつ自作農をしてゆきたいと望む人にふさわしい生き方をさせることを妨げるものではないということを、なんとかして示したいと思ったのである。いや、それはむしろ、富が大多数の人々を向かわせる行ないよりももっと自然にかなった、もっと優れて為《ため》になる仕事と行動へ導くものだ、ということを明らかにしたかったのである。

都会における貧者の生き方

一〇四　では次に、市内で、都会で暮らす貧者の生き方と仕事の仕方について考察せねばならない。彼らはとくにどのような生活をすれば、どのようなことに携われば、悪しき人生を避けられるだろう？　どうすれば、月日を数えるのに堪能で、(5)アパートの群れや船や奴隷をいっぱい持っている、という高利貸しより卑し

（1）ストア派のクレアンテス（一〇二節と次註参照）は、詩的形式に制限されることで文章の意味はより明確になるという趣旨のことを述べている（セネカ『書簡集』一〇八‐一〇）。

（2）クレアンテスは前四から三世紀の人、小アジア・トロアス地方のアッソス出身。ストア派二代目学頭。エウリピデスの件の詩句（三五頁註（2））を諷刺して、次のようなパロディー句を書いた――「……娼婦（客人、の代わり）に物を与えるにも、病に罹った身体を出費によって破滅させる（癒す、の代わり）にも……」（『初期ストア派断片集』Ⅱ五六二（*SVF*））。

（3）ソポクレス『アロアダイ』断片八八（八五）のことか。そこでは、「お金は人々に友人を、また名誉を、それから、最高の権力を持つ僭主の位を占める者たちに間近な座席を、見つけてやる」などと言われている。

（4）「書の形 en biblois」が自由に説を敷衍する妨げになる、というのは解しがたいとして、en iambeiois「イアンボス詩句の形で」と書き換える案（Emperius）があるが、無用だろう。

（5）取立てなどの期日を（暦で）睨みながら。

い生き方をせずに済むだろうか？
一〇五　都市では、そういう［正しい生き方を心がける］貧者には、仕事は僅かしかないかもしれない。そして、市外で得られる方便《たずき》が必要であるかもしれない。彼は、住まいにも家賃を払わねばならないし、他のものも買わないといけないわけである。つまり、上衣や道具や穀物のみならず、日々用いる火のための薪もそうである。さらに、木《こ》っ端《ぱ》や葉などのつまらないものまで求める必要がある。一〇六　水は別だが、他のものはすべて、価を払って入手しないといけないのだ。なぜなら、あらゆるものが［店の中に］しまい込まれていて、人目に触れるものといえば、おそらく、大量に売りに出されている高価な品物ばかり、というありさまなのだから。

たぶん、こういう環境で、自分の体しか資産はない、という者にとって、やってゆくのはたいへんなことだろう。とくにわれわれは、どうしたら利益を得られるか彼らに助言しようという今の場合に、けじめなく、どんな仕事でもよい、と言うつもりはないのだから。

一〇七　だから、ひょっとしてわれわれは、この議論において、善良なる貧者たちを都市から追い出さねばならないかもしれない(1)。それを、ホメロス風に言う「良く住まわれている［人々が良い暮らしをしている］」市に真実になし、恵まれた［裕福な］人々だけを住民にするためである。そして、どうやら、市壁の中には自由人の労働者は入らせないということになりそうである。

だが、そういう［市には入らせない］貧者のほうは、総じて、どのように扱ったらよいのか？　田舎に散らせて住まわせるべきだろうか？　ちょうど、伝えるところによると、かつてアテナイ人がアッティカ地方全体に散在して住んでいたように、(2) またその後ペイシストラトスが僭主となったときにも、そのようにしたといわれるようにするわけである。(3) 一〇八　この点を考慮すると、そういう〔田舎住まいの〕生活も彼らには不都合ではなかった、ということになる。また、国民としての彼らの性質も下劣なものではなかったと言える。いや、彼らはあらゆる点で、その後市内で養われるようになった民会議員や陪審員や書記といった、怠惰で下劣な市民たちより、(4) 立派な慎み深い人たちだったのだ。だから、問題にしている貧者たちがすべて田舎住まいになっても、たいして危険はないし、困難な状況にも陥らないであろう。とはいえ、市内においても彼らは、生活の糧に困ることはないだろうとわたしは思う。

一〇九　だが、彼らがすることもなく坐し続けるあまり、なにか良からぬ行為に走る、ということがないよ

---

(1) ディオンのここの議論は、プラトンの『国家』における理想国家論を念頭においている。ただしプラトンは、詩人ら、自分の考えから見て好ましからざる人間を「追放」したが（本篇一一九―一二二参照）、ここでは、善良な貧者が都会で生きるのは困難かもしれないから、という思いやりから、「追い出す」必要があるかもしれないと言っている。

(2) テセウス王が中央集権的な統合（シュノイキスモス）を実行するまでは、アッティカの各地方が多くの「ポリス」に分かれ、たいていはそれぞれ独自の政治を行なっていた（トゥキュディデス第二巻一五など）。

(3) 僭主ペイシストラトスは、農民たちが、市に住むことなく田舎に散在しながらそこそこの生活を送れるよう、財政的に援助した（アリストテレス『アテナイ人の国制』一六）。

(4) 民主主義的アテナイの指導者ペリクレスは、民会や裁判などの市民活動を、日当配給制のもとに行なわせる政策によって、彼らを「堕落」させたと、プラトン『ゴルギアス』五一五Cで言われている。アリストパネスの『蜂』でも、日当を楽しみながら陪審員活動に励む老人が風刺的に描かれる。書記は、そういう制度にいわば寄生する職。

う、どれだけのことをどのようにさせたら、まっとうな生き方を彼らがしてくれるだろうか、という問題を考えることにしよう。市内の仕事や職はたくさんあり、多種多様である。また、お金を儲《もう》けるための効率に注意すれば、いくつかの職は、それをつとめる者にとても多くの利益をもたらす。一〇　しかし、それらすべてを順に挙げてゆくのは、その数も多いし、変な種類のものもあるので、容易なことではない。だから、以下のように、そういうものについて簡単に非難や称賛を述べることにする。

肉体の健康や十分な体力を、坐りがちな不活発な生活のゆえに害《そこな》ってしまう仕事、あるいは自由人らしからぬ卑しい心を引き起こす類いの職、またその他の役に立たない益にならない仕事は、都会の良からぬ贅沢な生活のために考え出されたものであり、そもそもそれらを職と呼ぶのは正しくない。さもなければ、賢者のヘシオドスが、かりにそういう悪い、恥ずべき行為もこの呼び名に価すると考えたなら、仕事をすべてひっくるめて誉めることはしなかっただろう(1)。

一一　だから、そういう害悪がなんらかの形でつきまとう職には、自由人のまっとうな人間は、けっして手を染めてはならないし、学んでもならない。本人もそうだが、自分の子に教えてもいけない。なぜなら、そういう仕事に就《つ》けば、けっしてヘシオドスやわれわれの基準にかなう労働者にはならないであろう。むしろ、のらくらしながら汚い儲けを狙う者だという、自由人にふさわしからぬ誹《そし》りを受けながら、完全に卑しい、役立たずの不良な男と呼ばれることになるであろう。

一二　他方、それに就こうとする者にとって恥ずべき職でもなく、悪い性質の心を生み出すこともないもの、身体には大いなる快楽のゆえに虚弱さや鈍《のろ》さや軟弱さを引き起こすこともない職業、また、生活にとって十分な利得をもたらしてくれる職については、一二三　どれにせよ意欲的に勤勉につとめてゆけば、けっして仕事や生活の糧に困ることはないだろうと言える。そして、金持ちが貧者を呼び慣わすあの呼称を正当なものとして許す根拠も与えない、ということになるだろう――「貧困者」という呼び名のことである。むしろ彼らのほうが、金持ちに対して、ものの供給者となり、自分たちは、必要で有用なものについては実際上なにごとにも困ることはない、ということになるであろう。

一二四　では、両方の種類の職について、一つ一つ正確に記述するということはせずに大まかに見るだけにするにせよ、どういう職がどういう理由で認められないか、またどういう職業に自信を持って就くよう勧められるか、ということを述べることにしよう。

そのさい、貧者たちは、正当な根拠もなしに難癖をつける人間の言い分を気にしてはならない。そういう者たちは、誹謗の種に、しばしば、なんらおかしくない彼らの仕事を非難するのみならず、彼らの両親に対してまで――母は日雇いだった、ぶどう摘みの野良仕事をしていた、孤児や金持ちの子の乳母だった、父は学校の先生(2)だった、子供の付添い人だったとかと言って――けちをつけるのだ。そういうことにはけっして恥じることはせず、前に進むがよい。一二五　彼ら［誹謗者］が口を開くときは、そういうことを貧乏の徴《しるし》と

(1) ヘシオドスは、「仕事は、何一つ、非難されるべきものではない、怠惰がそうである」（『仕事と日』三一一行）と言ったが、この「仕事」という言葉の中には、「恥ずべき」種類のものは初めから含まれていないはずだ、ということ。

(2) 読み書きを教える初級学校の教師は、安い報酬の職業。

してしか言わないのである。それは、貧乏そのものを誹謗して、この境遇が不幸で辛いものであると唱える一方、仕事の性質のことは何も考慮に入れないからなのだ。だから、貧乏は富裕より劣るものではなく不幸なものでもなく、またたぶん多くの人にとって不都合なものでもないとわれわれは主張するのであるから、後者の点の誇りも、前者のような誹謗と同様、気にかけてはならない。

一二六　彼らが、どういう点を非難すべきか明らかにしないまま、貧乏によって日々生じることがらを言い立てて誹謗すべしと考えるのなら、富によって起きるずっと多くの、真に恥ずべきことがらをあれこれ挙げることができるはずだ。それはとくに、ヘシオドスの作品で責められるに価すると見なされている怠惰の罪である。［貧者たちは］こう言えばよいのだ――「お前を、

神々は、土掘り人にも耕作人にもしなかった、[1]
お前の両手は求婚者たちのように役に立たず、軟弱で柔らかい」、と。

一二七　以下のこと[2]は、たぶん、誰にも明らかであり、よく言われることであるが、染物師や香水作り、女性相手のまた男性相手の美容師――今日ではどちらも似た技術を使っている――、またほぼすべての装飾関係の職業、すなわち衣服だけではなく、髪や肌にアルカンナ［紅《べに》の染料］や白粉《おしろい》などのあらゆる薬剤を用いて、偽りの若さと真実ならぬ幻の外見を作り出そうとする職業、さらに家の屋根、壁や床に、顔料や［大理］石や黄金や象牙で彩りを付けたり、壁にじかに彫り物をしたりする仕事――　一二八　そのような仕事は、そもそも市の中に入れないのがいちばんよいことである。しかし、この今の弁論において二番目によいのは、

われわれの貧者がそういう職に就かないよう規定することである。われわれは今、いわば合唱隊による競技を金持ち相手にしているの[3]であるが、その競技の賞品は〔物質的な〕「幸福」ではない。こういう賞がもうけられているのは、貧乏のためでもなければ、富のためでもない。それは、ただ徳のためにのみ取っておかれた褒賞である。[4] 今は、人の暮らし方について、節度ある生き方について、論じているのだ。

一一九　そこでさらに、悲劇と喜劇の役者や、物真似によって大笑いを引き起こす芸人や、舞踏者、合唱者たち——神聖な〔宗教儀式的な〕歌舞は除くとして、ニオベやテュエステスの災難をめぐって歌い踊る者たち[5]——、こういう人々の職業も〔貧者には〕勧められない。こういう技で名を馳せている都市の中には、われわれに不快感を抱くところもあるかもしれない。つまり、〔ホメロスの生誕地を自称する〕スミュルナ、キ

---

(1)『マルギテス』断片二より。断片でのみ伝わる『マルギテス』は、諷刺的叙事詩で（英雄律ヘクサメトロンにイアンボスが交じる）、ホメロスの作とも、ハリカルナッソス出身のピグレス（『蛙鼠合戦』の作者とも言う）のものともされた。

(2) 以下で非難される職業の数々については、キケロ『義務について』一-四二参照（ストア派的考えによる）。

(3) ディオンがいわば指揮する貧者の合唱隊と、金持ちたちのそれとの競技。アテナイの競技祭で、ディテュランボス（合唱抒情詩の一つ）に関しては、合唱隊同士の競技となった。

(4) ストア派的な考えで、徳ある者だけが幸福とされた。

(5) ニオベは、アポロンとアルテミスを挑発して、この二神に自分の子供を全部射殺された。テュエステスについては、兄弟アトレウスの妻と密通し、のちにアトレウスから料理に出されたわが子たちをそれとは知らずに食べた、などの話がある。プラトンも、悲劇で扱われるニオベやテュエステスの神話を非難するが（『国家』第二巻三八〇A）、むしろここではパントマイム（者）に対する批判であろう（Russell, ad loc.）。ルキアノス『踊りについて』四一、四三でそういう主題の踊りに言及される（ルキアノスはパントマイムに肯定的）。

オス(1)とか、〔アガメムノンの王国〕アルゴスとかは、ホメロスとアガメムノンに由来するその名声をわれわれが、力の及ぶかぎり抑えようとしているので、苦情を言うかもしれないし、一二〇　おそらくはアテナイ人も、よい仕事に従事しているとは言えないという理由で、彼らの間のそういう技の芸人を排除すれば、自分たちの悲劇や喜劇の詩人たちが侮辱されたと考えて、怒ることだろう。またテバイ人も、ギリシアから、笛吹きの技において秀逸であることを認められているのに、それを侮辱されたと腹を立てそうである。一二一　この栄光に彼らはことのほか愛着を感じていたので、彼らの市が〔アレクサンドロス大王によって〕取り壊され(2)、今にいたるまでそうであるがカドメイア〔アクロポリス区域〕という狭い地区以外はほぼ無人になっているという状態の中で、他の多くの神殿や石柱や碑文に属していたものが行方不明になっていても気にかけなかったのに、例の〔テバイを讃える〕ヘルメス柱(3)だけは探し出して、ふたたび立て直したほどなのである。そこには、笛吹き術に関してこういう碑文が記してあった。

　ギリシアは、テバイを、笛における第一人者と判定した。

そして今は、古アゴラの真ん中に、廃墟の中で、この〔ヘルメス〕像だけを据えているのである。

一二二　だがわれわれは、こういう者たちを恐れはしないだろう。また、そういう仕事すべてを、恥を知る自由人のすることとは認めないわれわれに対して、ギリシア人のまっとうな職業をけなしていると非難を向ける人たちもいるだろうが、そういう人々を恐れることもない。というのは、そういう仕事には他にも多くの好ましからぬことがついて回っているが、その最大の禍いは恥知らずな心であり、大衆の、程をわきまえぬ思い上がりであり、厚かましさと呼ぶのがより正当な性質なのである。

一二三　さらに、売り物の競《せ》り人、あるいは盗人や逃亡奴隷に関する情報への褒賞金を布告する者——道ばたや広場ではしたない声を張り上げる者たちである——、また契約や召喚状や、総じて裁判と訴訟に関わる書類を代書する者たち——法律に関係する経験を積んでいると僭称する者たちだ——、また例の賢い恐るべき屁理屈屋の弁護士たち——金をもらえばどんな人間にも、それが極悪人であっても、援助を与えるし、他人の犯した罪を弁護するためには恥知らずならず者になって喚《わめ》き立て、自分の友人でもなく親類でもない者のために嘆願もしてみせるという輩であり、中には、他の市民から、とても誉れのある華々しい人物と思われている場合もあるが——、このような職の者にも、貧者たちはなるべきではない。むしろ他の者にそれを譲るべきである。一二四　貧者の中のある者は、手の職人にならねばならないが、舌や裁判の職人になる必要はないのである。

しかし、上で言われた、またこれから言われるであろう職業のいくつかが、われわれの〔議論上の〕市にとって、現実の市にとってと同様、有益であると思われたとしても——たとえば裁判、契約の記録や、いく

---

(1) 両方ともイオニア（小アジア西海岸中央部）の都市。他にコロポン（イオニア）や、アルゴス（ギリシア本土ペロポネソス半島）や、アテナイなどが名乗りを上げていた。

(2) 前三三五年、反乱したテバイをアレクサンドロスは、詩人ピンダロスの家を除いて、破壊し尽くした。

(3) ひげを生やしたヘルメス（または他の神）の頭、付け根部分だけの腕、直立した陽根（厄払い的な機能）を持つ石の角柱。道祖神的に三叉路や道端に立てられたり、公共広場に据えられたりし、碑文が刻み込まれることもあった。

つかの布告の仕事がそう思われるかもしれない――、それらがどういう形で、あるいはどういう人間によって行なわれれば害が少なくて済むだろうか、という点を究明するのは今の課題ではない。

一二五　なぜなら、この弁論では、その組織がどのようであれば国家が最善のものになるか、あるいは他の国家よりも良いものになるかということを問題にしているのではない。(1) むしろ、貧乏に関してこういう点を論じようとしたのである、すなわち、多くの人々がそれを避けるべき禍いと見なしている形で貧乏が困窮に苦しめられるわけではないということ、むしろそれは、自分の手で働く志のある人間には、面目も立ち、有害でもない拠りどころを、(2) 生活のためにいっぱい与えてくれるものであるということなのだ。

一二六　まことにこういう理由からわれわれは、農業と狩猟に関わる生活を詳しく述べることにまず向かったのち、今は、都市における仕事でどういうものが、ひどい人生を送るつもりはない人にとってふさわしいか、有害でないか、またどういうものがそれに携わるものを下劣にしてしまうか、という点を論じたのだ。

一二七　もし、わたしの話したことの多くが、概して、国家と、適切な生の選択とに有益であるなら、そのことに免じて、この弁論の長いことは許されてしかるべきである。意味もない話をし、無益な話題をめぐって徘徊するうちに長くなってしまった、というわけではないのだから。仕事と職業に関する研究は、また一般に、ふつうの人々にふさわしい生活は何かという点に関する研究は、それ自体の問題としても、詳細な考察に価することが明らかである。

一二八　だから、この弁論があまりにも長く脱線していると感じられても、つまらない無価値な、関連性のない話題を扱っているわけではないのだから、腹を立てずに我慢してほしい。哲学にとって必要な、関連性のある問題を論じているかぎり、それは、全体の議論の話題から逸れてはいないのだ。

一二九　この点は、狩人のやり方を真似れば、ほぼ間違いないだろう。彼らは、最初の足跡を見つけそれに従っていくうち、途中で他の、より鮮明な、より近い［獣の存在を示す］足跡に遭遇したら、こちらのほうを追ってゆくことを躊躇《ためら》わない。そしてそれを発見し捕らえたら、その後でまた初めのほうに戻ってゆくのだ。

一三〇　だから、たぶん、あの論者［プラトン］のやり方も非難すべきではあるまい。彼は、『国家』において」正しい人間と正義とについて話し始めたのに、その譬えに国家のことを語るうち、［本題より］何倍も長い議論を国家のことに関して費やした。そしてそれぞれの国制に生起することがらについて、とても生き生きと壮大な描写をしながら、そういう諸国制のあらゆる変化や種類を詳論するまでは倦《う》むことがなかったのだ。(3)　一三一　ただしある人々は、譬えに関わる部分の話が長すぎることを批判してはいる。だが［それは不当である］、話されることが主題には無関係で、その話が始められたきっかけになった［本来の］課題がそれによって解明されることがまったくないのであれば、場合によっては糾弾を受けても仕方がないであろうが。

---

(1) 本議論は、プラトン『国家』で行なわれる総合的観点からの理想国家論を思わせる点もあるが、ディオンの主たる関心は別のところにあるということ。

(2) 当人の精神（道徳心）や身体をそこなうことのない（職）、の意。

(3) プラトンの『国家』――「正義について」という副題を写本は記している――の主題は、この作の初めのほうで話題にされる正義論なのか、それともその後の議論の大半で扱われる国家論なのか、という問題が古来論じられていたらしい（プロクロス『プラトン「国家」注釈』一-六-一二四以下参照）。ディオンは、国家論のほうを長大な、しかし脱線的で無意味なものではない「譬え」と見なしている。

一三二　だからわれわれも、もし論題に無関係な、不適切なことを述べていることが明らかであれば、長々と話しすぎだと言われても仕方がないが、弁論の長さや短さ自体をみだりに褒貶するのは正しいことではないのである。

　さて、都市におけるその他の活動についてわれわれは、自信を持って、締めくくりの議論をせねばならない。ただしそのうちのあるものについては論じるが、あるものは触れずにおくことにする。

一三三　売春宿の持ち主と売春に関しては、為になる面もあるかもしれない(1)という保留を付けて禁じるのではなく、むしろ徹底的に断固たる態度で、貧者も金持ちもそういう仕事に携わってはならないと言い渡して排除しないといけない(2)。それは、どの土地でも非難される、人を侮辱する、また放縦でもある行為の報酬を受け取る仕事であり、愛情なき愛欲の交わりを、利得のために成立させようとする仕事である。女や少年で、捕虜になったり、その他の経緯で買い求められたりした者たちの肉体を、彼らの恥辱のために、汚い淫売宿でさらし者にする行ないなのである。しかもそういう宿は、都市のいたるところで人目に触れ、支配者の出入りするところにも、広場にも、一三四　役所や神殿の近くにも、最も尊い聖所の真ん中にも、建っている。異国人の肉体でも、また以前はそうでなかったが今は甚だしい隷属に陥っているギリシア人の肉体でも、そういう侮辱的な強制的な仕事に当ててはならない。馬飼いやロバ飼いよりもずっと悪い不浄な仕事をしてはならない。強制せずともお互い喜んで、恥じることなく交わる家畜同士を番《つが》わせる、というわけではないのだ。いやそれは、恥じ入り、いやがっている人間に対して、猛《たけ》り狂った放縦な人間をつるませる営みであり、肉体の誕生よりもその破滅をもたらす、無目的な不毛な行為なのだ(3)。そういう客はというと、人をも神をもまったく恥じることがない。一三五　家門の守護神ゼウスも、結婚を司るヘラも、ものごとを成就させるモイラ［運命］たちも、出産の神アルテミスも、母なる神レアも、人間の誕生を司るエイレイテュイアたちも、男女の自然に即した情交を意味する名称たるアプロディテも気にかけないのだ。一三六　そういう儲けを得る仕事は、統治者も立法者もけっして許してはならないし、法で認めてもいけない。有徳な市民に住んでもらおうとする都市で、いちばん立派な市においても、二番目のあるいは三番目のあるいは四番目の、さらに何番目の市においても、それを阻止する権限があるなら、許してはならない。一三七　またそれを、古い慣習として、慢性化した害悪の状態で受け継ぐ者［治世者］は、けっして無関心なまま懲らしめもせずに放置してはならない。取りうる処置を睨みつつ、なんとかしてそれ［売春］を抑え、懲らしめるべきである。良から

（1）売春擁護論。次註参照。

（2）キュニコス（犬儒）派は、密通の防止に働きうるという理由で、一部の立法家らとともに（五五頁註（3）参照）、売春（宿）を容認した（一三九節参照）。この派とストア派とは近似的な面を見せることもあるが、この点では対立する。ディオンの説は、その師ムソニウス・ルフス（後一世紀、ローマのストア派哲学者で、ディオンやエピクテトスらの師、結婚を奨励した）に従っているらしい。ただし弁論術（模擬弁論 declamatio）においても、「密通防止のために娼婦を呼ぶべきか」といった論題は、よく扱われた主題であり（リバニオス『模擬弁論集』二五、*Rhetores Graeci* 8. 409 参照）、ディオンはこの弁論術的伝統にも拠っている。

（3）売春宿で取られた避妊や堕胎の処置を言っている。「無目的 atelēs」の語の「目的（成就）」は、（結婚が目指すように）子供をもうけ、一家を継続させること。「不毛 akarpos」に対する「結実」も同様。一三五節の、結婚や出産を司る神々に関する記述参照。

ぬことは、その習性上、同じ状態に留まるものではない。強制的にけじめを付けさせる力に出会わなければ、つねに活動を続けつつ、より放逸な方向に進んでゆくのである。

一三八　人は、よく心して、名誉を奪われた隷属的な肉体に加えられる侮辱を、平然たる無関心な態度で容認してはならない。それは、ただ単に、人類全体が共通に、祖《おや》たる神によって、名誉を持つ者として、同等の名誉に与《あずか》る者として作られているということだけによるのではない――正当に尊重されるための特徴と印を、つまり麗しいことと醜いこととに関わる理性と知識を有する者として生まれて来ているということだけによるのではない。(1) こういうこともさらに考慮しないといけないのだ、すなわち、権力によって養われる暴慢は、恐怖心があれば踏み越えないはずの限度を見いだすのが困難であり、些細で容認しうると思われる事柄において練習を積み重ね慣れてくると、抑制しがたい力と勢いをそこから得て、もうそれからは何ごとにも手を控えないようになる、ということである。

一三九　だから、今は、何にもましてこういうことに思いをいたすべきである、つまり、そのように名誉を奪われた者に対して公然と行なわれる、恥知らずな放恣な姦通(2)は、羞恥心が公然と軽侮される中で、名誉ある人妻や少年に対する秘かな辱めを容易に実行させる原因になるということに。それ［売春制度］は、一部の人々が考えるように、社会の安全を守るため、そういった罪行［姦淫］から人々が離れているようにするために役立つ、というものではないのだ。

一四〇　あるいはもっと無遠慮に言うこともできるだろう――賢明なる立法家(3)や為政者たちよ、節度を生む素晴らしい手段を見つけたということで、こういう仕組み［売春制度］を最初から受け入れた人たちよ、そういう公然たる、閉ざさざる家々〔売春宿〕が、閉ざした家々〔一般市民の家〕とその内部の婦人部屋を開《あ》けてしまうことにならないか、用心するがよい——僅かの費用で、家の外で、公然と放逸に耽る者が、多くの金銭や贈り物を持って、尊敬される自由人の女たちに向かうようにならないか、公認された安い遊びに満足する代わりに、許されざる行為を恐怖と浪費のもとに追求するようにならないか、用心するがよい、と。

一四一　よく考察すれば、あなたたちは、この点をもっと正確に知ることができるはずだ。姦通の行為が鷹揚《おうよう》に見過ごされ、人の好い好意に与ることができる家もある——何も気づかない家人たちの善良さのゆえにという場合も多いし、知らないふりをしながら姦通者を客人とか友達とか親類とかと呼んで辛抱していることもある。ときには、お祭りや供犠のさいの饗応に——親友をもてなすということだろうが——親しみを

（1）「（ストア派の世界主義について）人間の間の全ての協同性が基いているのは個人に於ける理性の平等性……。全ての人間は相互に親近であり、全ての者は等しい起源と、同じ使命を持ち、唯一の法の下に立ち、唯一の国家の市民で……ある。全ての人間は人間として我々の好意を要求する事が出来る、奴隷すら我々からその権利を要求する事が出来、我々の尊敬に価する事を示す事が出来る……」（E・ツェラー『ギリシャ哲學史綱要』大谷長訳、未來社、一九五五年、三〇七頁）。文中の「祖たる神」（ツェラーの言う「等しい起源」）は、ストア派にとっての世界原因（世界全体の一元論的な原因）で、「霊魂」「精神」「世界の理性」あるいはゼウスなどとさまざまに呼ばれる（ツェラー、同二九四頁）。

（2）この制度の容認者にとっては、売春は、「名誉ある人妻」つまり正式に結婚している者に対する「姦通（モイケイアー）」とは区別されるだろうが、ディオン（あるいはムソニウス）に言わせると本質的な違いはない。

（3）ソロンを念頭においているか（アテナイオス第十三巻五六九c参照——ソロンは、若者たちのことを配慮して、「女たちを買い求め、女郎屋に置いた」、と）。

込めて招待することもある。一四二　そして紛れもない形で事が露見しても、ほどほどにしか腹を立てない――そのように人妻に対する企てが、〔家人の〕甘い態度によって推し進められる家では、わたしの意見では、そこの娘の処女性についても安心はできない。娘の結婚式で、〔処女たる花嫁のために〕歌われる婚礼歌が、真実で正当なものであるかという点も信用を置けないのだ。

一四三　そういうところでは、昔の神話に似たことがいっぱい起きるのが必然ではないか？　父親の怒りと干渉がない中で、多くの者が伝説中の神々の恋愛を真似るし、〔ダナエ神話におけるように〕たくさんの黄金が屋根から容易に流れ込む。彼らの家は青銅製でも石製でもないのだから。(1)　一四四　さらに銀も大量に、娘の胸元だけではなく、母や乳母や付添い役の者の手元にも滴《したた》り落ちてくることになり、他の美しい贈り物も、大量のものが、屋根から秘かに入ってきたり、場合によってはドア(2)のところでおおっぴらに渡されたりする。

一四五　また、河や泉のそばで、昔の詩人たちによって語られたのと同様の〔密通〕事件(3)が起きても当然ではないか？　ただしおそらくは、公共の公然たる場所〔水汲み場など〕で、ということではなく、むしろ裕福な館で、庭園や郊外の別荘の贅沢な東屋《あずまや》で、設《しつら》えのよい花嫁部屋や素晴らしい杜の中で、ということになるだろう。というのは、〔昔のように〕貧しい王たちを親に持ち、河岸や開けた浜辺で水を汲んだり遊んだりしては、冷たい水を浴びる貧乏な娘たちの話ではないのである。それは、裕福な親を持ち、公のものよりずっとよい見事な私有物を所蔵する、王族のような館に住んでいる裕福な娘たちのことなのだから。

一四六　やはり〔神話と同様〕、くだんの〔売春制度を認める〕都市でも、〔父なしの〕子たちが生まれることを予期しないといけなくなるだろう。ちょうどホメロスが、ヘルメスとポリュドラ(4)の子エウドロスのことを語

りながら、彼の生まれを、体裁よく、

彼は処女の（パルテニオス）子で、踊りの見事なポリュドラから生まれた

と述べているようなことになるだろう。

一四七　ラケダイモンでも、こういう生まれ方に因《ちな》む名称をもらった者たちがいたと見える。たくさんの人々が、パルテニアイと呼ばれているのだ。

(1) ダナエ神話を念頭においている。アルゴス王アクリシオスは、娘ダナエが生む息子によって自分が殺されるだろうという神託を得たので、彼女を青銅製の地下室（または塔）に閉じ込めた。ゼウスが黄金の雨となって屋根の裂け目から彼女の懐に流れ入り、孕ませた。ダナエは、ペルセウスを生んだ。神の子と信じないアクリシオスは（ダナエの叔父プロイトスの子という伝承もある）、娘の不身持を怒って（本文「父親の怒り」参照）、母子を櫃に閉じ込め、海に流した。

(2)「ベッド klisiai」の代わりに、「ドア klisiades」と読む案（ガスダ）に従う。「屋根」と並べる。

(3) ホメロス『オデュッセイア』第十一歌二三五行以下で語られるテュロ（エリス・サルモネの王サルモネウスの娘、エニペウス河に恋した）とポセイドン（エニペウスに化けてその河口で彼女と交わった）の話（弁論術でよく扱われる主題）などが念頭におかれているか。

(4) ポリュメレの間違い。エウドロスは、アキレウスの部下のミュルミドン人将軍。

(5) パルテニオス＝パルテノス（処女）から生まれた（子）。これは、父の分からない子を「体裁よく（婉曲に）」呼ぶ表現だとディオンは言う（神話批評でもある）。

(6) ホメロス『イリアス』第十六歌一八〇行。

(7)「処女から生まれた一族」の意だが、どういう経緯でつけられた名か不明。スパルタ国内で反乱を起こしたのち、南伊タレントゥム植民のために移住した（前八世紀）スパルタ市民たちがそう呼ばれていた（アリストテレス『政治学』第五巻第七章一三〇六b二七など）。

だから、このように放縦な市の数々で生まれる人間の大部分が命を奪われていなかったら——おそらく神が面倒を見てくれなかったからだろう——、あらゆる場所が半神たちで充ち溢《あふ》れる状態になっていたに相違ない。一四八　しかしじっさいは、ある者はすぐに死んでしまい、養育された者たちは、親から助けてもらえないので、人目を引かない奴隷の身分に、老いるまで、留まるのである。

ではどうか？　娘たちに関する状況が総じてこんな風であるような環境の下で、一四九　少年たち(1)は何を予期すべきだろう？　どんな教育や躾《しつけ》を受けることになると考えるべきだろう？　放埓な輩が、自然の定めた限界を十分な明白な境界と見なして、男子を侮辱し汚すことを控える、ということがありうるだろうか？　いや、彼らは、女性に関しあらゆる仕方で放埓《ほうらつ》のかぎりを尽くしてこの快楽に飽きてしまったら、もっとひどい非道な悪行を求めるのではないか？　一五〇　なぜなら女性を、おそらく自由人の女性や処女たちすらも、ものにすることは容易であると知れたのであり、富を手段にしてそういう獲物を手に入れるのに苦労は要らないことが分かったのである。大いに尊敬を受けている男の、大いに敬われている妻や娘たちの場合でさえ、ゼウスの［ダナエに関わる］計略に従って黄金を手に近づけば、ものにできないことはないはずなのである。

一五一　いや［言うまでもなく］その後のことは明らかだろう。多くの人間に起きることである。そういう［女性相手の］欲望に飽き足らぬ者は、こういう種類の快楽には、珍重すべきもの、自分に抵抗するものが何もないということを見て取ると、容易なものを馬鹿にし、手軽に得られる真に女じみた快楽として女性との情交を軽んじる結果、男たちの部屋のほうへ完全に方向を変えることだろう。まもなく高官や裁判官や将軍になるだろうという者たち(2)を辱めてやろうというのである。一五二　それは、おそらくここには、快楽の中でも難しい近づきにくい種類のものが見つかるだろうと彼らが考えるからである。飲み助《すけ》の、酒びたりの者と同じ状態に陥っているわけである。よく彼らは、生《き》の酒を大量に次から次へと呷《あお》ってから、もう飲む気がしなくなると、［風呂で］汗をかいたり、塩っからい食べ物を摂《と》って、喉《のど》がわざと渇《かわ》くように工夫するのだ。(3)

(1) 以下は、少年愛に対する批判。師のムソニウスも、少年愛を密通と同じくらいに非難した。プラトン『法律』第八巻八四一A四参照。

(2) （当今の）政治家は、かつて少年愛で稚児をつとめていたのが長じてそれになった者たちだ、という、諷刺喜劇的な政治家への嘲罵に基づいた言い方。

(3) さらに無理やり飲むためのこういうやり方は、ローマの諷刺詩などでも皮肉られる（ユウェナリス六-四二五）。本篇の終わり方は尻切れトンボの感を与えるので、写本で結末部が落ちているかとも解される。

ディオゲネス——真の勇武とは何か（第八篇）

内容概観

犬儒派ディオゲネスを主人公とする短篇の一つ。コリントスのイストミア祭で競技観戦に熱狂する人々を批判しながら、自分は、「跳んだり、走ったり、踊ったりする」ことよりも、「快楽」と「労苦」とを相手にする命を賭けた競技をしている、しかし惨めな人間たちは誰もそれに関心を払おうとしない、と言う。

一　シノペ人のディオゲネス(1)は、祖国から追放された後、とても卑しい者たち(2)とまったく同じありさまでアテナイに到着した。そしてその地で、ソクラテスの朋友がまだたくさんいるのを見いだした。プラトン(3)も、アリスティッポス(4)も、アイスキネス(5)も、アンティステネス(6)も、メガラ人のエウクレイデス(7)もそこにいたので

(1) シノペはポントス地方（黒海南岸部）の商業都市。犬儒派（キュニコス）の祖ディオゲネス（前四〇〇年前後から三二〇年前後）は、そこで公金を扱う両替商だった父が貨幣を悪貨に改鋳したという咎で国を追われたとき行をともにし（あるいは父は獄中で死に、彼だけ逃れて）、アテナイに来た（このとき四〇ないし五〇歳くらい）。そこで、陶器製の甕（ピトス）を住まいとして用いたという話は有名。デルポイに赴き、「nomisma（通貨、仕来り）を parakharattein（改鋳、

改変）せよ」という託宣を受けたという話が、その改鋳および亡命の事件とどう関係するか明らかではないが、とにかく、「仕来りの改変」がディオゲネスの哲学のモットーにされ、世のあらゆる慣習や制度（政治的、社会的、家庭的制度、性的タブー、民族的偏見、富や名声の尊重など）に厳しい批判が向けられ、ときに（公然たる性的行為などの）激越な対立行動を通じてそれらが否定される。そういう反因習的な思想と行動や、「咬みつく」ような攻撃的論争性から、「犬的（キュニコス）」と呼ばれた。自らも「犬」と称した（ディオゲネス・ラエルティオス『ギリシア哲学者列伝』第六巻六〇など参照）。犬のように小便を人にひっかけたという愉快なエピソードがある（同四六）。アンティステネス（後出）が、ソクラテスに倣って標榜した禁欲主義や自足的生き方に賛同した。のちに、コリントスのクラネイオンの森に住んだ。第六篇一で、アテナイとコリントスとの間を季節に合わせて行き来したと言われているので、コリントスに定住したということではなさそうである（第九篇一、第十篇一参照）。

（2）乞食やホームレスの流浪者。

（3）ソクラテスの弟子。生年は前四二九／二七から三四七年で、ディオゲネスより数十歳年長だが、彼にもディオゲネスは歯にきぬを着せぬ批判を浴びせた。ディオゲネスがアテナイに来たとき、すでにアカデメイアの学頭として押しも押されぬ地位を築いている。

（4）キュレネ出身。ソクラテスの朋友（弟子）中、最初に料金を取って教えた人物という。快楽主義的な「キュレネ派」の祖と伝えられる。

（5）ソクラテスの忠実な弟子。対話篇の作品をいくつか著わした（散逸）。デモステネスと政治的に敵対した弁論家とは別人。

（6）ソクラテスの朋友の一人。倫理学、政治学、文学などに関する多くの著作を著わしたが、ほとんど散逸（『オデュッセウス』『アイアス』という弁論作品以外は断片のみ伝わる）。禁欲主義的な、自足的な生き方の称揚によって、ディオゲネスなど犬儒派やストア派に影響を与えた。伝統的宗教への批判もディオゲネスに受け継がれている。ただし、犬儒派の祖と言われることもあるが（ディオゲネス・ラエルティオス第六巻二）、これは疑問視される（cf. Dudley, *A History of Cynicism*, p. 1）。

（7）ソクラテスの朋友、「メガラ派」（争論的な議論を得意とし、ソフィスト的と見なされた）の祖。論理学に大きな関心を示し、ストア派の論理学に影響を与えた。

ある。ただクセノポン[1]は、キュロスと行をともにした遠征のゆえに、亡命させられていた。

他の者たちのことは、彼は、すぐに軽蔑するにいたったが、アンティステネスとは交わるようになった。彼その人を誉めるというよりも、彼の話す言葉だけは真実にかない、人を裨益する力を十分有していると見て、それを良しとしたのである。二　というのは、アンティステネス自身を彼の言葉と比べ合わせながら、ときどき、〔言うことに反して〕本人はずっと軟弱な人間であると批判し、彼はラッパ〔ほら吹き〕である――大きな声で喚く自分自身に彼は耳を貸そうとしないのだから――と非難したのである。

アンティステネスは、そのように言われても、彼のことを大目に見た。なぜなら、この人物の稟性に大きな驚嘆を覚えていたからである。三　それで、やり返すさいにも、彼〔ディオゲネス〕はラッパの代わりに雀蜂に似ていると述べた。つまり、雀蜂も、羽音は小さいが、針はとても鋭いのだから、と。それで、彼がディオゲネスの率直さに喜ぶさまは、騎士が、激しやすいけれど他の観点から言えば勇敢で活動的な馬を手に入れると、その気性の難しい点もいっしょに受け入れるのと同然であった。他方、怠惰でのろい馬のほうを騎士は嫌い、斥けるものである。四　それでアンティステネスは、調弦師[2]が、弦を張りながら、それが切れることのないよう注意するごとく、あるときはディオゲネスを引き締め、あるときは緩めるよう試みるのであった。

しかしアンティステネスが死ぬと、他の者は誰も交わるのに価しないと見なしたので、コリントスに移住した。そしてそこで暮らしながら、家を借りることも、誰か客友のもとに居候することもせずに、クラネイオン[3]において屋外生活を送るようになった。五　というのは、そこにはたくさんの人間が、その港の数々と遊女たちのゆえに集まってくること、そしてこの都はあたかもギリシアの三叉路の位置を占めていることに気づいていたからである。したがって、と彼は考えた、ちょうど患者がたくさんいる場所に良い医者は赴き、[4]

(1) ソクラテスの弟子。アテナイ人、騎士階級の出。生年は前四三〇年頃から三五〇年頃まで。貴族としてアテナイの民主主義的な政治を嫌ったのか、前四〇一年国を去り、ペルシア王子で、小アジアの総督をつとめ、ペロポネソス戦争のさいにはスパルタ側を(金銭的に)援助してアテナイの窮境をもたらしたキュロス(小キュロス)が、その父ダレイオス二世の死後王位に就いた兄アルタクセルクセス二世から権力を奪うため率いた遠征軍に、クセノポンもギリシア傭兵隊の一員として参加した。同年、クナクサ(エウプラテス河畔、バビュロン近郊)での戦いで遠征軍は敗れ、キュロスは戦死した。その後クセノポンが、一万人のギリシア傭兵隊を、さまざまな困難の中、アルメニア高地を通って黒海南岸トラペゾス(ギリシア人植民都市)まで導き、敵地脱出に成功した経緯が、『(キュロスの)アナバシス』で叙述される。ギリシアに戻ってから、スパルタ王アゲシラオス(二世)の軍隊に加わり、コロネイアの戦い(前三九四年)では、アテナイとボイオティアを敵として戦ってもいる。この頃までにはアテナイから追放処分を受けていたらしい(本文次出参照)。エリスやコリントスに住んだ時期もあったが、後(前三六六年)、アテナイに戻ることを許された。ソクラテス(約四〇歳年長)には、若い頃から感化を受け、その著作には、『ソクラテス言行録』『ソクラテスの弁明』『饗宴』という、ソクラテス関係の書が含まれる。

(2) khordostrophoi.「(竪琴の)弦を捻る(職の)者」。

(3) コリントス市の東部にあった糸杉の森で、運動場(ギュムナシオン)やアプロディテの神殿などがあった。ここでディオゲネスは暮らし、アレクサンドロス大王との出会いもここだったという。死んだのもここだった。

(4) コリントスの北東にある地峡(イストモス)は、ギリシア本土とペロポネソス半島を結び、南北の交通の通路となっている。さらにこの市は、北側にコリントス湾、東側にサロニコス湾を控え、東西の海上交易の要所である(その地峡の上を運ぶことで船の航海距離を短縮することができた)。コリントス湾の海岸にはレカイオンの港、サロニコス湾のほうにはケンクレアイの港を擁していた。その殷賑、また旅行者や船乗り目当ての遊女たちの多さは古来有名である。

治療を試みるべきであるように、知恵ある者も、無思慮な人々がたくさんいる処にとくに居を定めて、彼らの無考えを糺し、矯正すべきである、と。

六　イストミア祭の時期になって、皆がイストモスに集まってくると、彼もそこへ降りて行った。祭典において人々が何に熱心になり、何を欲して、どういう理由で旅をしてくるのか、どういうことに威信をかけるのか、観察をするのが彼の習慣だったのである。

七　また、自分に会いたいと望む者にはそれを許した。そしてこう語った――不思議なことだ、もしも彼が歯の治療をしてやろうと言ったら、歯を抜く必要のある者たちがこぞって彼のもとに集まったことだろう、また、もし彼が目を治そうと約束したなら、きっと眼病持ちの者たちがこぞって姿を現わしたことだろう、同様に、もし彼が、脾臓の病や通風や鼻水の薬を知っていると言ったなら、そうなったことだろう。八　ところが、彼が、自分に聞き従う者の無知や悪徳や放縦を止めさせてやろうと約束しても、彼に注意を向ける者は誰もおらず、自分を治してくれと言った者もいなかった――そのことによってたくさん財貨を増すことになるはずなのに――。それはあたかも、こういう［魂にとって悪い］ものよりも、ああいう［肉体的に障害となる］ものにより悩まされているというがごときであり、あるいは、人間にとっては、膨れた脾臓や虫歯になった歯を我慢することのほうが、無思慮で無知で臆病で向こう見ずで快楽好きで非自由人的で怒りやすくて侮辱的でならず者的であらゆる点で破滅した魂を甘受することよりも難しいというがごときである、と。

九　このときにはまた、ポセイドン神殿の周囲で、多くの惨めなソフィストが大声で罵り合ったり、その弟子と称される者たちが互いに戦ったりするのを聞くことができた。多くの著述家が愚かな著作を読み上げたり、多くの詩人が自作を歌い上げるそばで他の者たちが彼らを誉めたり、多くの奇術師が奇術をやって見せたり、多くの占い師が予兆を判じていたり、数え切れぬ弁論者が裁判を捻じ曲げていたり、少なからざる商人がそれぞれ持ち合わせの品物を売りつける声が耳にされた。

一〇　さて、彼のところへも人々がすぐに近寄ってきた。ただしコリントス人は誰もいなかった。その姿を毎日コリントスで見ているので、彼にはまったく用がないと考えたのだ。しかし外国人の中には近寄ってきた者たちがいた。そして誰もが、少し話しかけたり彼の言葉を聞いたりしてから、彼に論破されるのを恐れて立ち去って行った。

一一　それでディオゲネスは、自分がラコニア［スパルタ］の犬に似ていると言った。これらの犬が祭りのときに売りに出されていると、それを撫でたり戯れかけたりする人間は多いが、使いこなす術を知らないので気楽に買い求める者はいないのだ、と。

誰かが、彼も競技を観戦しに来たのかと訊くと、

「いや参戦するためにだ」

と答えた。その男は笑って、どういう競技相手が彼にはいるのかと尋ねた。一二　すると彼は、いつものよ

（1）ポセイドンのための競技祭典。イストモス地峡のスコイノスという地で、コリントス人の主管の下、二年ごとに行なわれた。勝者のための賞品は、野生のセロリ（またはパセリ）の冠だったこともあるが、本篇で言及されるように（一五節）むしろ松（またはトウヒ）の枝の冠がふつうだったようである。

うに上目遣いに睨みながらこう言った。

「最高の難敵であり、最も戦いにくい相手だ。ギリシア人の誰も、それと目を合わせることはできない。とはいっても、それは、競走や、レスリングや、跳躍や、拳闘や、投げ槍や、円盤投げをするというわけではない。いやそれは、人を節度ある者にしてくれるという相手なのだ」。

一三　それはどういう者か、と男が訊くので、こう答えた。

「『労苦』のことだ。とても力の強い相手だ。飽食した愚昧な人間で、昼間はずっと食べ続け、夜間にはいびきをかくという手合いには——雀蜂よりももっと腰のくびれた細身の痩身の者には打ち負かされてしまうそういう人間には——、勝ち目のない相手だ。一四　それともお前は、こういう太った腹を持つ連中に何か用があると思うのか。理性ある者の手によって街中を引き回され、その全身を浄化されて、国から追い払われねばならない彼ら、いやむしろ犠牲に供され、切り刻まれ、大魚の肉のごとく海水の塩とともに煮られて宴の材にされるべきであり、[1]その脂は、われわれポントス〔黒海南岸地域〕の人間が豚の脂をそうするように、溶かしておいて、必要に応じ身体に塗る、というようにすべきである彼らであるのに。彼らの持つ魂は、豚のにも劣っているのだから。

一五　他方、高貴な人間は、『労苦』を最大の競技相手と考えながら、これと昼夜戦うことを好むが、それは、山羊どもがそうするようにセロリをめぐって争うのではなく、オリーブ樹や松の枝のためにそうするのでもない。いや、彼らは、幸福と徳とをめぐって、生涯を通じた戦いを行なうのだ。それは、エリス人[2]が、コリントス人が、あるいはテッサリア人の連盟[3]が競技の触れを出すときだけではない。そして『労苦』のうちのどれをも恐れることはなく、別の何かに当たるよう祈ることもない。一六　いや、すべてに対して順々に挑戦を仕掛けながら、飢えとも寒さとも張り合い、渇きにも耐え、必要とあらば、鞭打たれても切り刻まれても焼かれても音を上げずに辛抱する。また、貧乏や亡命や不名誉などといったことは自分にとって少しもたいへんなことではなく、むしろとても些細なことであると見なす。完成の域に達している男は、そのような状況の下で、ちょうど子供が距骨[4]や多色の毬で遊ぶように、しばしば戯れるものなのだ。

一七　というのも――と彼は言葉を続けた――、それらは、すべての臆病者には、敵しがたい恐ろしい競技相手と思われるのだが、もしも誰かが、それらを軽侮し、自信を持って立ち向かってゆけば、強い男たちに勝つ力は持たない怯惰な相手だということが分かるだろう。それはとくに犬どもに似ていて、彼らは、逃げる者は追いかけ、咬み付くこともして、捕らえた者を引き裂くことさえあるが、自分たちに向かってきて戦おうとする者に対しては恐れて後退し、とどのつまりは、仲良くなったら、じゃれかけるようになるものなのだ。

（1）ディオゲネスは人肉食も認めたという（ディオゲネス・ラエルティオス第六巻七三）。

（2）ペロポネソス半島西部の都市エリスの市民がオリュンピア競技を主管した。

（3）デルポイのアポロン神殿とテルモピュライのデメテル神殿を管理する隣保同盟（アンピクテュオネイア）において、テッサリア人は大きな発言権を持っていた。ここでは、デルポイにおけるピュティア競技の関連で言及している。

（4）羊などのくるぶしの骨をサイコロとして用いた（数は四面だけに記してある）。

一八　しかしたいていの人間は、それらに対して震え上がっていて、いつもその前から逃げ出し、退散しようとする。そしてけっして正面から相手を見ようとはしない。ちょうど拳闘に巧みな者が、競技相手の機先を制すると、まったく打たれることもなしに勝利を収めて立ち去ることがよくある一方、恐れを抱いて後じさりすると、強烈な打撃を受けることになる。そのように、『労苦』を軽侮心とともに迎え入れ、積極的に向かってゆく人間に対しては、それはたいした力を持たないものなのだ。しかしそれを避け、後退する者には、あらゆる点で、より大きく、より猛々しく見えてくるのだ。

一九　これは、火に関して起きることにも見いだされる。しっかり立ち向かえば、火は消すことができる。しかし自信を持たずに恐れながら対処すると、身体をさんざんに焼かれてしまうのだ。子供が、遊びながら、舌で火を消すことがよくあるのと同然である。

それで、こういう競技相手は、パンクラティオン(1)の運動家にとても似ている。殴りかけ、首を絞め、引き裂き、ときには殺してしまう者たちである。

二〇　しかしもう一つの戦いは、もっと恐ろしい、容易ならざる争いである。いや、それよりずっと大きな、もっと危険に充ちたものなのだ――『快楽』に対する戦いである。それは、ホメロスがこう言うような戦いではない。

ふたたび激烈な戦いが船々のかたわらで生じた。
鋭い両刃斧と戦斧と大きな剣とでもって
彼らは戦い合った(2)。

二一　こういう種類の戦いをするのではない。なぜなら『快楽』は、真正面から押してくるのではなく、むしろ恐ろしい薬によって騙しては籠絡するのだ――ちょうどホメロスが言うように、キルケが[3]、オデュッセウスの朋友たちに薬を飲ませてから、ある者は豚に、ある者はオオカミに、ある者は他の獣にしたのと同様である。『快楽』とはそのような敵であり、単純な企みを仕掛けてくるのではなく、むしろありとあらゆる仕方で、視覚を通じ、聴覚を通じ、嗅覚を、味覚を、触覚を通じて、さらにまた、食べ物や飲み物や情交によって、起きている者をも、寝ている者をも滅ぼそうと試みる敵なのだ。二二　なぜなら、敵の軍を警戒する守備兵を立てておいて眠りに就く、ということすらこの場合は可能ではない。いや、何よりもその「眠りの」時にこそそれは襲いかかってくるのであり、ある場合は眠りそのものによって相手を軟弱にし隷属させるし、ある場合は質の悪い謀略的な夢を送りこんで自分を思い出させるのである。

二三　『労苦』はたいていは触覚を通じて襲ってきて[4]、この手段によって向かってくるのだが、『快楽』のほうは、人間の持つあらゆる感覚を通じて迫ってくる。それで、『労苦』には立ち向かって取っ組み合う必要があるが、『快楽』のほうからはできるだけ遠くまで逃げて、どうしても必要な場合以外にはけっして交

（1）レスリングやキックボクシングを組み合わせたような総合格闘競技。

（2）ホメロス『イリアス』第十五歌六九六および七一一―七一二行。

（3）ホメロス『オデュッセイア』第九歌二一〇行以下のエピソードで、オデュッセウスの部下たちに麻薬を飲ませたうえで杖で打ち、獣に変えてしまう魔女として描かれる。

（4）レスラーなどのイメージで言っている。次出「取っ組み合って」参照。

わらないようにしないといけない。二四　そしてここにおいて最強の男は、〔真に〕最強の者となると言えるだろう、もしも彼が『快楽』から最も遠く逃れることができたなら。なぜなら、『快楽』と交わっていたら、あるいはそれにいつも手を出そうとしていたら、〔いずれ〕完全に虜にされてしまうことは避けられないからだ。そこで『快楽』が、麻薬によって魂に打ち勝ち、支配者になると、今は、残りのキルケの業が行なわれることになる。つまり易々と杖で打つと、豚小屋へ追い込み、二五　そこに閉じ込めて、それからはもうその者は、最後まで豚やオオカミとして生き続けることになる。また、『快楽』のゆえに、斑模様の毒蛇や他の爬虫類にもなり、いつもその〔館の〕戸口付近にいてそれに仕えながら、『快楽』を欲求しつつそれに隷従する。また他にも[1]無数の『労苦』を耐え忍ぶ。二六　彼らを支配下に置き、統御するようになった『快楽』が、最も悪意的な苛酷な『労苦』に彼らを引き渡すからである。

　こういう競技にわたしが耐え、『快楽』と『労苦』とを相手に命を賭けているというのに、惨めな人間どもの誰も関心を払おうとしない。彼らが、注意を向けるのは、跳んだり、走ったり、踊ったりする者たちに対してなのだ。二七　人々は、ヘラクレスが苦闘をし労苦に耐えているときも、それを見ようとはしなかった。それには無関心だった。むしろそのときでも彼らは、たぶん、競技家たちには――ゼテス[2]とカライスや、ペレウス[3]や、他の同様の競走家やレスラーたちには――讃嘆したことだろう。そしてある者に関してはその美しさに、ある者に関してはその富に讃嘆したことだろう――たとえば、イアソン[4]とか、キニュラス[5]とかいった人物に対しては。二八　またペロプス[6]に関しては、人々は、象牙の肩を持っているとさえ語ったものだ。あたかも、黄金や象牙の手を持つ人間、あるいはダイヤモンドやエメラルドの目を持つ人間が、何かの役に立つというかのように。だが、彼［ペロプス］の有する魂がどんなものであるのかという点を知ろうとはしない彼らだったのだ。

他方、労苦に耐え苦闘しているヘラクレスに対しては、人々は憐憫を示し、人間のうちで最も哀れな（アートリオス）者であると評した。それで、彼の労苦と課題の数々を難業（アートロイ）と称したのである。労苦の多い人生は、哀れなものであるという理由からである。しかし、ヘラクレスが死んだあとは、彼を誰よりも敬い、神と見なしながら、ヘベ(7)の伴侶になっていると言う彼らである。誰もが、いちばん難業に耐え

（1）写本どおり ἄλλους と読む。
（2）次のカライスとともに、ボレアス（北風）の双子の息子。背中に翼を生やしていて、空を飛ぶ（俊足ということだろう）。イオルコス王ペリアスの葬礼競技に（競走者として）参加したという。
（3）アキレウスの父。やはりペリアスの葬礼競技に（レスラーとして）参加したことがある。
（4）イオルコス人アイソンの子、アルゴナウタイ伝説の主人公。コルキスでアイエテス王から課せられた難業を果たすさいに、美しい彼に一目ぼれした王女メデイアに援助された。
（5）キュプロスの王、音楽家。アポロンと音楽の技を競い合ったという伝説がある（イストミアなどでは音楽の競技も行なわれた）。
（6）小アジア出身。父タンタロスが、神々を試すため、赤子の彼を料理して彼らの食事に供した、神々はそれに気づいて彼を罰する一方、ペロプスを釜で煮直して生き返らせたが、肩の部分だけはデメテル（娘の失踪に悩んでいた）に食われてしまっていたので、象牙のパーツをあてがったという。のちペロプスはギリシアに来て、ピサの王オイノマオスと、その娘ヒッポダメイアをめぐって戦車競走をし、勝利を収めて、王位を得た。
（7）「青春」を意味する女神。ヘラの娘。天上でヘラクレスの嫁になった。

た（アートレウサンティ）彼に祈りかけながら、自分たちは哀れな（アートリオイ）者にならないよう願うのだ。

二九　また人々は、エウリュステウス[1]が彼を支配し、仕事を課していたと考えているが、他方ではエウリュステウスはまったく取るに足らない男であると見なしていて、誰もけっして彼に祈願をしたり供え物をしたりすることをしない。

だがヘラクレスは、ヨーロッパとアジアの全土を経めぐった。［上記の］そういう運動家たちとは似ても似つかない彼であった。三〇　なぜなら、それほどの肉を身体に付け、それほどの肉を欲し、それほどに深い眠りを貪る者であったなら、彼はどこまで進むことができたろうか。いや、眠りも取らず、ライオンのように細身の体で鋭く睨みながら、鋭く音を聞き取りながら、寒気も暑熱も苦にせずに、ベッドも外套も敷物も求めずに、汚れた皮を身にまとい、飢えた様子をしながら、良き人々を助け、悪しき者たちを懲らしめる彼だったのだ。

三一　そしてトラキア人のディオメデス[2]が、派手な服を着て王座に坐りながら、一日中酒を飲んで放縦に耽りつつ、多くの馬を養う一方でよそ人や臣民をひどい目に会わせていたので、彼を棍棒で打って、古い甕のように打ち砕いた。またゲリュオネス[3]という、たくさんの牛を飼い、西方の人間でいちばん豊かであり、またいちばん思い上がっていた男を、その兄弟たちとともに殺すと、彼の牛どもを奪って追い立てていった。三二　またブシリス[4]が、とても注意深い[5]運動競技家で、一日中ものを食らいながら、レスリングに関して思い上がっているのを見いだすと、いっぱい詰まった袋をそうするように地面に叩きつけて粉砕した。また、彼に対し自惚れていて、自分の美しさにより彼を支配することになるだろうと考えていたアマゾン女[6]の帯を解いた。ヘラクレスは彼女と交わったが、その美しさにけっして打ち負かされはしないということ、女のために自分の本領から遠く離れたまま留まり続けることはないということを示した。三三　またプロメテウス[7]が──わたしの思うに彼は一人のソフィストだったのであろう──、世間の評価によって駄目にされており、あるときは誉められることでその肝臓[8]が膨れ増大する一方、別のときには人々にけなされてそれが委縮するのを見て、彼を憐れみ、……恐れさせて……[9]その迷妄と虚栄を止めさせた。かくて彼を健全な者にしてやっ

（1）ミュケナイ王。ヘラクレスに十二の難業を課した。
（2）アレスの子。人を食らう馬たちを買っていた。ヘラクレス十二の難業中、八番目の仕事として彼を倒した。
（3）西方の果てにあるエリュテイアに住んでいた怪人。三つの頭を持ち、三体の身体が腰から伸びていた。彼の飼う牛を求めに行なった冒険が、ヘラクレスの十二の難業のうちの十番目の仕事。
（4）ポセイドンの子、エジプト王。外国人を生贄に供していた。ヘスペリデスの国に赴く途中通りかかったヘラクレスに殺された。
（5）反語。
（6）アマゾンの女王ヒッポリュテの帯を取ってくるというのが、ヘラクレスの十二の難業中の九番目の仕事。
（7）ゼウスによってコーカサスの岩山に縛り付けられ、毎日肝臓をワシについばまれるという刑罰を受けていたが、ヘスペリデスのもとに行く途中通りかかったヘラクレスがそのワシを射殺して彼を解放した。次出で「ソフィスト」になぞらえられるのは、諸技術の発明者ということで、彼に知的側面があるからだが、とくに「虚栄」心に動かされるディオン当時の弁論家たちを含意する。なお第六篇二五─二九では、プロメテウスが岩山に縛られたのは、人間に火を教え、軟弱な生き方を可能にしたからと言われている（つまり、神話により即した説明）。
（8）いろいろな情動の影響を受ける（またはそれを発する源の）臓器として考えられていた。
（9）写本に一部欠落があるらしい。

てから立ち去った。

こういうことは、エウリュステウスに尽くしながら行なったわけではない。三四　しかし、ヘスペリデス[1]の黄金のリンゴを手中にして運んできたときは、それを彼に与えた。自分では必要としなかったので、彼に、それを所有して不幸になるがよいと言った。というのも、人間には黄金のリンゴは無用であり、ヘスペリデスにとってすらそうだったのだ、と。

最後に、自分の動きがにぶくなってきて、以前より力もなくなってきたので、これまでと同様な生き方ができなくなることを恐れて、それからさらに、察するに、何かの病にも罹ったので、人間としてできる最も素晴らしい治療を自分に行なった。つまり中庭に、できるかぎり乾いた薪の山を積み、火炎は物の数に入らないと考えていることを示したのだ[2]。

三五　しかしその前には、尊ぶべき偉大な手柄ばかり立てたとは思われないよう、アウゲアスの館に行って、長年にわたって大量に堆積していた［牛の］糞を運び出し、掃除した[3]。それは、獣や悪人たちに対するのと同様に、名聞に対しても、戦いと戦闘を行なう必要があると考えていたからなのだ」。

三六　ディオゲネスがこのように語っている最中、たくさんの人々が彼を取り巻き、彼の言葉にとても喜んで聴き入っていた。ところが彼は、察するに、ヘラクレスの行ない[4]を意識していたのだろう、話を止めると地面に坐り、ある不名誉な行為[5]をし始めた。それで聴衆はすぐに彼を軽蔑して、狂人であると言った。ふたたびソフィストたちの声が騒がしくなった。池の中にいる蛙どもが、水蛇の姿を認めないときにそうするように。

（1）アトラス山の近くにあったという黄金のリンゴの木の番をしていたニンフたち。それを取りに行くのが、ヘラクレスの十一番目の仕事になった。

（2）トラキス地方（ギリシア北部）のオイタ山上で薪山を築き、その上に横たわって火をつけさせ焼け死んだヘラクレスの自決を言う。犬儒派やストア派においては、やむをえざる場合の自殺は推奨された。

（3）ヘラクレスは、十二の難業のうち第五番目の仕事として、エリス（ペロポネソス西部）の王アウゲアス（アウゲイアス）の牛舎に積っていた糞を一日で掃除することを引き受け、近くを流れるアルペイオス川とペネイオス川の水を中に引き込むことで果たした。

（4）直前に挙げられた、アウゲアスの小屋の糞掃除という卑しい仕事によって表わされているという「名聞（の尊重）に対する戦い」。

（5）マスターベーション。

ディオゲネスとイストミア競技（第九篇）

内容概観

これもイストミア競技のさいのディオゲネスの批判的言動を記す。身体の力を競う競技家たちよりも、忍耐の戦いを続ける自分のほうが松の冠をもらうのにふさわしいと主張するディオゲネスにはここでも否定的反応が返ってくるが、少なくともある競技家とその周りの者たちには反省をもたらした。

一　イストミア競技が行なわれているとき、ディオゲネスは――おそらくコリントスにいた頃のときだろう――、イストモスに降りて行った。しかし彼がその祭典にやってきたのは、大部分の者が目的にしていること、つまり競技を観戦し、たらふく食べるということではなく、むしろ、おそらく、人間たちとその愚かしさとを観察するためだった。なぜなら、彼らの真の姿が、祭りや祭典においていちばん明らかになることを知っていたからである。他方、戦場や軍陣においては、危険と恐怖とのゆえに、それはもっと隠れるものなのである。

二　とはいえ、そういう者[1]のほうこそ治療[2]がしやすいと考えていた。なぜなら、身体の病も、それが明らかになっている場合のほうが、まだ潜伏中の間よりも、より容易に医師によって治療されるのである。他方、そういう暮らし方[3]をしている中で、手当てをしてもらえない者は、すぐに死んでしまうのだ。こういう理由で彼は、祭典にやってくるのだった。

三　彼は、自分の犬のような振る舞い(4)を非難されると、冗談めかしてこう言った。犬どもは、祭典にまで〔主人に〕ついてくるが、そこで行なわれることをけっして妨害することはしない、しかし悪者や賊に対しては吠えたり戦ったりする、そして人々が酔っぱらって眠りこんでいるときは、自分は起きていて彼らを守るのだ、と。

四　彼が祭典の場に現われても、コリントス人は誰も注意を向けなかった。市中で、クラネイオンの付近で、よく彼を見かけていたからだ。人々は、いつも目にしていて、好きな時に近寄ることができると思う人間には、たいして関心を払わない。その一方で、久しぶりに見かける者、あるいは初めて見る者に対しては、向かってゆくのである。それでコリントス人たちは、ディオゲネスから恩恵を受けることが少なくなったのだが、それは病人が、その地に住まっている医師のもとに赴かず、彼の姿を市中で見かけるだけで充分だと思っている、というのと同然であった。

五　他の国の者では、いちばん彼に近寄ってきたのは遠い土地の人々(5)で、イオニア(6)やシケリアやイタリア

---

(1) その悪徳が、祭典観戦の行動を通じて明らかになっている人間。
(2) 哲学的な手段で人々を回心させ、知恵と節度を得させようとする試みが、しばしば「治療」と称される。第八篇五参照。
(3) 悪徳に染まった生き方。
(4) 犬儒派＝キュニコスの名称は、犬＝キュオーンという語に由来する。
(5) 以下はすべてギリシア人植民都市の市民のこと。
(6) 小アジア西海岸部（キオス、スミュルナなど）。

からやってきていた者たちとか、リビアやマッサリア［マルセイユ］の人たちとか、ボリュステネス(1)からの者とかであった。彼らが皆望んでいたのは、彼の姿を見、短い言葉なりとも耳にして、他の人たちにそれを伝えたいということであり、自分たちがより良い人間になりたいという気持からではとくになかった。六 というのも彼は、人を批判したり、質問に適切に応じたりする能力に長けた男と評判されていたからである。それで、ちょうどポントス産の蜂蜜を、その経験のない者が味わおうとして、口にしたとたん、不快に感じ吐き出してしまう――それは苦いし、快い種類のものではないからだ――というように、これらの人々も、好奇心から、ディオゲネスという人物に触れようとしたものの、論難されて回れ右をし、逃げていった。七 他の者が非難されているときには楽しそうにしていたが、自分自身は［彼と話すと論難されるのを］恐れて、距離を置く彼らだった。彼が、よくそうする慣わしで、冗談を言い、ふざけると、とても喜ぶのだが、いったん彼が調子を引き締めて真面目になると、その率直な言葉に耐えられない彼らだった。ちょうど、思うに、子供たちが、立派な犬に戯れかけて楽しんでいたのが、いったんそれが怒っていつもより大きな声で吠えると、びっくりして、恐怖のために死ぬ［ほどになる］というのと同然であった。

また、そのときに彼は、態度を変えずに同じように振る舞いながら、目の前にいる者が自分を誉めようと非難しようと、あるいは、近寄ってきて対話する者が裕福な名士であろうと、将軍であろうと、有力者であろうと、あるいは卑賤な貧乏人であろうと、頓着はしなかった。八 いや、そういう者たちがたわごとを言っている場合には軽蔑してやることもあったし、富や生まれやその他の威光の源ゆえに思い上がり、偉ぶっている者がいる場合には、とくに強く責め立てて、あらゆる仕方で懲らしめた。

ある者は、彼に讃嘆して、最高の賢者だとし、ある者は彼を狂人だと考えた。また多くの者が、乞食で何にも価しない人間であると軽侮し、ある者は彼を罵り、またある者は、彼を侮辱しようとして、九　彼の足もとに、まるで犬に対するように、骨を投げた。ある者は、彼に近寄ってその擦り切れた外套を摑むことさえし、多くの者が、彼［の振る舞い］を許そうとはせずに憤慨を示した。それはちょうどホメロスの叙述で、求婚者たちがオデュッセウスをなぶり者にしたと言われているのと同様の状況だった。彼［オデュッセウス］も、ほんの数日の間は、彼らの放縦な振る舞いと暴慢さに耐えたわけだが、ディオゲネスはあらゆる点でそれに似ていた。なぜなら、ほんとうに彼は［オデュッセウスのような］領主の王に――乞食の服を着たうえで、自分の放埒な奴隷と召使いたちの間を正体を知られぬまま歩き回りつつ、無知と蒙昧さのゆえに狂っている酔っぱらった者たちにたやすく耐える王に――似ていたのだ。

一〇　イストミア競技の管轄者たちと、他の、要職にある有力者たちは、総じてこの事態に困惑し、彼のいるところにやってくると、身を寄せ合って、皆沈黙したまま、上目遣いに睨みながら、そばを通り過ぎた。しかし彼が、松［の枝］の冠を頭にかぶることまでするようになると、コリントス人たちは、下役を何人か

(1) 黒海北岸部のギリシア人植民都市。ボリュステネス（ドニエプル）河口付近にあった。
(2) トリボーン。ソクラテスら、哲学者たちのトレードマーク。
(3) ホメロス『オデュッセイア』後半部（第十三歌以降）で、故郷イタケに帰ったオデュッセウスは、妻への求婚者たちを用心して、（アテナの力で）乞食に変身した姿で館に入り、状況を探りながら復讐の準備を進める。

派遣して、その冠を取り去るよう、そして法にもとることをしないよう命じた。一一　すると彼は、その者たちに、自分が松の冠をいただくことがなぜ法にもとるのか、他の者たちがそうするのは法にもとってはいないのに、と尋ねた。そこでそのうちの一人が答えた。

「お前は勝利者ではないからだ、ディオゲネスよ」。

すると彼は言った。

「いやわたしは、たくさんの強大な競技相手に勝利した。それは、こういう、今ここでレスリングや円盤投げや競走をしている奴隷どもとは異なっている。一二　いや、それは、あらゆる点でもっと手に負えない相手なのだ。つまりそれは、貧乏であり、亡命であり、不名誉であり、さらには怒りであり、苦悩であり、欲望であり、恐怖であり、またすべてのうちで最も戦いがたい獣、陰険で柔肌の快楽[1]である。ギリシア人だろうと異国人だろうと、これ［快楽］と戦って、魂の勝利を収められると主張するものは誰もいないだろう。いや、この勝負には皆が敗れ、降参してきたのだ。それは、ペルシア人でも、メディア人でも、シリア人でも、マケドニア人でも、アテナイ人でも、ラケダイモン［スパルタ］人でも同様である――だが、わたしは別なのだ。一三　だから、君たちは、わたしのほうが松［の冠］にふさわしいと考えるのか、それとも、それを取って、肉をいちばんたくさん身体に詰め込んでいる者に与えようとするのか、どちらなのだ？　だから、こういうことを、君たちの派遣者に報告するがよい、また、彼ら自身が法にもとっていると告げるがよい。なぜなら彼らは、なんの競技にも勝ってはいないのに、冠[2]をいただいて歩き回っているからだ。また、こう告げてくれ――わたしはイストミア競技をより誉れあるものにした、それはこのわたしが冠を手にしたからである、と。[3] また、それ〔冠〕は、人間によってではなく、山羊どもによって戦われるべきものである、と[4]」。

一四　こういうことがあった後、ある男が、人の群れを引き連れて競走路からやってくるのを見かけたが、彼は、地面の上を歩くことすらせずに群衆に高く抱え上げられていた。そして、他の者たちは後ろからついてゆきながら叫び声を上げ、またある者たちは、喜びとともに踊り跳ねて両手を宙に上げ、別の者たちは彼に冠やリボン[5]を投げかけていた。ディオゲネスは、そのそばに近寄ることができると、

「彼の周りのこの騒ぎは何なのだ、何が起きたのだ？」

と尋ねた。一五　当人が、

「われわれは、成人の競走で勝利を収めたのだ、ディオゲネスよ」

と答えるので、こう言った。

「それがどうしたというのだ？　競走相手たちを負かしたからといって、お前の思慮が少しでも増したわけではないし、以前より節度深くなったとか、臆病さが減ったとかいうわけでもない。苦痛を感じるのが

（1）hēdonē. 女性名詞で、男を籠絡する女というイメージで言われる。
（2）ここでは要職者がかぶっている物を言っているらしい。
（3）真の徳の勝利者として冠を手中に収めた。イストミア競技はそういう勝利者を顕彰すべき場であることが彼によって明らかにされたがゆえに、「より誉れある」ものとなった。
（4）山羊の食べる物にふさわしい松の冠を血眼になって争いあう人間たちへの愚弄。
（5）tainia. 額に巻かれる羊毛の紐。

もっと少なくなるだろうとか、欲しがるものがもっと減るだろうとか、もっと悩みの少ない生き方をすることになるだろうとかいうわけでもない」。

一六　すると相手が言った。

「いや、わたしがギリシア人すべての中でいちばん脚が速いことは間違いない」。

ディオゲネスはそれに応じてこう言った。

「だが、野うさぎよりも、また鹿よりも速いわけではない。ところがこういう獣は、他の何よりも速いのだが、またいちばん臆病なものでもあり、人間を、犬を、鷲を恐れながら、惨めな生を送っている。速さとは、臆病のしるしであることをお前は知らないのか？　同じ動物が、いちばん速く、かついちばん小心であるということになっているわけなのだから。一七　じっさいヘラクレスは、他の多くの者より遅いゆえに、悪者たちを追いかけて捕らえることができなかったので、弓矢を持ち歩きながら、それを用いて、逃げてゆく者に対処しようとしたのだ」。

するとその男がこう言った。

「だがアキレウスは、脚が速くて、しかもいちばんの勇士であったと、詩人は述べているではないか」。

するとこう応じて言った。

「どうしてお前は、アキレウスが速かったと知っているのか？　ヘクトルを、一日中追いかけながら、捕らえることができなかった[(1)]というのに。

一八　自分が最も卑しい獣どもより生まれつき劣っている事柄に関して、お前が誇りにしているということを、恥ずかしいとは思わないのか？　というのも、お前はキツネより先に走ることすらできないだろうと思うからだ。で、いったいどれほど相手の先を制したのだ？」

「ほんの僅かだ、ディオゲネスよ」

と答えた、

「わたしの勝利の驚くべき点がこれだったのだ」。

「それなら」

と言った、

「一歩だけ〔の違い〕で、お前は幸せになったということか」。

「競走したわれわれは、皆、一流のものだったからね」。

「ではヒバリは、お前たちよりどれだけ速く競走路を通り抜けるのか？」

「それは翼を持っているから」

と言う。

一九　「では」

（1）ホメロス『イリアス』第二十二歌一三六行以下で、ヘクトルはアキレウスの前を逃走し、三度城壁の周りをめぐったが、「俊足」のはずのアキレウスは追いつくことができなかった、という叙述が、ホメロス批評において、矛盾点としてしばしば挙げられる。

とディオゲネスは応じた、

「いちばん速いものが、いちばん優れているということなら、ヒバリでいることのほうが、人間でいることよりもずっと良いということになるだろう。したがって、夜鳴き鳥も悲嘆する必要はまったくないし、ヤツガシラも、神話で言われるように、人間から鳥になったということを嘆くことはないわけだ」。

「だがわたしは」

と答えた、

「人間として、人間の中でいちばん速いのだ」。

「では」

と言った、

「蟻の中でも、当然、あるものは、他のものより速いのではないか。だが、まさか人が、より速い蟻に感心することはあるまい。もし人が、蟻に、速さの点で感心することがあったら、滑稽だとは思わないか？　では、どうか？　二〇　もしも走者たちが、皆、足の不具者だった場合に、不具者として、他の不具者たちより速く駆けたら、自慢するのが当然だというのか？」

　このようにその男と問答した彼は、その場にいた多くの者に、このこと[1]への軽蔑心を植えつけた。また当人自身は、悲しみながら、また前よりずっと謙虚な態度になって、立ち去ることになった。二一　このことで彼は、人々に、少なからぬ利益を与えた。誰かが、無意味に思い上がり、何にも価しない事柄のゆえに思慮をなくしているのを目にすると、少しの間はへりくだらせ、その愚かしさをいくぶんか取り除いたのだ。

ちょうど人が、膨張したり腫れ上がったりしている部分を、突っついたり刺したりするようなものであった。

二三　この折のこと、ある馬たちが同じ場所につながれていたのが、互いに争い出して蹴り合い始めた、たくさんの群衆が周りに立ってそれを見物していた、そしてとうとう一方の馬が、疲れて、綱を切って逃げ出すということがあった。この光景を目にした彼は、そこに残った馬に歩み寄り、冠をかぶらせて、蹴り合いに勝利したということで、イストミア競技勝利者と宣言した。これを見て、皆が笑い、騒いだ。そして、多くの人がディオゲネスに讃嘆し、競技者たちには嘲笑を向けた。そして彼らの競技を見ることなしに、立ち去る人たちもあったという――ただし、テントの場所をうまく取れなかったり、その点に困っていた人たちであったが。[4]

（1）競技とその勝利への熱意や称賛。

（2）パンクラティオンという総合格闘競技では、この技も用いられた。

（3）isthmionikes という公式用語がここで使われている。次出「宣言した」は、勝負判定者または布告者にディオゲネス自身を擬していることを表わす。

（4）よそから来た人たちは、観戦のためにテントを張る。その場所取りに失敗した人々が立ち去っただけで、それ以外は、やはり、競技観戦に夢中で、見る前から立ち去ることなど思いもよらない人々であった、という皮肉なオチ。

ディオゲネス——財産および神託について（第十篇）

内容概観

奴隷を所有していなくても、自分の身体だけで用は足せる。また神託を伺わなくとも、思慮が備わっていれば、過ちを犯す恐れはない（神託はむしろ人間を誤解させる危険を有する）。犬儒派的な自足の観点から、財産所有の否定と神託批判とが結合されている。

一　あるときディオゲネスは、コリントスからアテナイへ向かう途中、知り合いの一人に道で出会い、どこへ行くのかと尋ねた。それは、たいていの者が、そういう質問をして、友人に関することを知るのは自分にとって大事なことなのだと見せかけはするが、その後で、いったん答えを聞くと、離れて行ってしまう、というのとは異なっていた。いや、それはちょうど医師が、患者に、何をしようとしているか質問することがあるのは、彼に助言をして、あることは勧め、あることは禁じるためであるように、ディオゲネスも、同様の目的で、その男に、何をするつもりかと訊いたのである。

二　すると男は答えた。

「ディオゲネスよ、わたしは、神の託宣を伺うためにデルポイへ行くのです。それで、ボイオティアを通って向かうつもりだったのですが、いっしょに旅をしていた奴隷が［途中で］逃げてしまったので、今はコリントスに向かっています。そこでその奴隷を見つけられるかもしれないので」。

するとディオゲネスは、いつものように真剣な態度で、こう言った。

「では、笑うべき君よ、奴隷との交わり方も知らないのに、神に交わろうとしているのか？　それとも君は、一方も他方[1]に劣らず難しいことであり、正しくそれに交わるすべを知らない者にとって、同程度の危険を有しているとは思わないか？　それに、どういうつもりでその奴隷を捜そうとしているのか？　悪い奴だったのではないか？」

三　「他の誰よりもそうです。わたしから何も悪い仕打ちを受けていないのに、おまけに……してもらったのに……[2]」。
「……［それなのに］君を悪い主人と思ったというわけだ。もし良い人だと思っていたら、君から離れることはなかったはずだから」。

「きっと、ディオゲネスよ、あいつ自身が悪い人間だったからです」。

「では彼のほうは」

と言った、

「君を悪い人間と思って、君から害されないように逃げたのに対し、君のほうは、彼のことを悪い人間だと言いながら捜しているというわけか――きっと彼から害を受けたいということでね。四　それとも悪い人間

（1）「一方」は奴隷との交わり方、「他方」は神との接し方。
（2）写本に欠落部分があるらしい。

は――それがプリュギア人であろうと、アテナイ人であろうと、自由人であろうと奴隷であろうと――、その所有者や交流する者にとって害になる人間ではないというのか？　ところが、悪い犬だと思っている犬が逃げても誰もそれを捜さないし、それが戻ってきても追い出してしまう人間もいるというのに、悪い人間が去ると、人々は、それでよしとせず、むしろ面倒なことをいっぱいして――知人に手紙を出したり、自ら旅に出たり、お金を使って――彼を捕まえようとするのだ。五　いったい、悪い犬と悪い人間のどちらがより害を及ぼすと君は思うのか？　低級な犬によって、男が一人、つまりアクタイオンが、殺されたと言われてはいる、それも狂った犬どもだった。だが、低級な人間たちに滅ぼされた者がどれほどいるか、言うことすらできない。それは、私人の場合も、王の場合も、都市まるごとの場合もある。あるときは召使いに、あるときは将軍や近衛兵に、あるときは友人と称される者に、あるときは息子や兄弟や妻たちにすら滅ぼされている。六　だから、悪い人間に去ってもらうのは、大きな利益だということになるのではないか。それなのに、その者を捜し、追い求めねばならないだろうか？　まるで、病が去ったというのに、それを捜し求め、ふたたび身体に取り込もうとするようなものではないのか？」

するとその男は言った。

「そのお言葉はもっともです、ディオゲネスよ。だが、不正を受けて復讐しないのは難しいのです。なぜなら、彼はわたしから悪いことは何もされていないのに、ご覧のように、あえてわたしから去るという振舞いに出たのですから。あれは、奴隷がする仕事は何もせず、家の中でぶらぶらしているまま養われて、することといえばわたしについて歩くことだけだったのです」。

七 「それで」

と言った、

「彼に悪いことは何もしなかったというのか？ ぶらぶらしている無知な彼を養いながら、いちばん悪いことを彼にしていたというのに。というのは、怠惰なまま暇な時間を過ごしているというのは、無知な人間をいちばん破滅させるものなのだ。だから彼は、君によって滅ばされつつあることを正しくも認識し、正当にも逃亡したのだ。それは、言うまでもなく、仕事をするためであり、暇な時間を過ごしながら寝ては食べるということをして、どんどん劣った人間になってゆくのを避けるためだったのだ。君は、たぶん、人をより悪くしてゆくのを、たいした不正だとは思っていないのだろう。だがそれは、最も悪意的で悪巧みの行為として、何よりも避けるべきことではないだろうか？」

すると相手は、

「では、どうしましょう？」

と訊いた、

「わたしには他に召使いはいないので」。

八 「では」

と彼は言った、

「君が他の靴は持っていず、持っているのは足に合っていなくて傷つける、という場合に、君はどうするのか？ それをさっさと脱ぎ、靴なしで歩いてゆくのではないか？ それとも、それが自然に脱げても、君はまたそれを結びつけ[1]、足に締め付けるのか？　というのは、ちょうど靴なしで行く者が、悪い靴をはいている者よりも、容易に進んでゆけることがあるように、多くの人間は、召使いなしでいるほうが、たくさん召使いを持っている者よりも、容易に、悩みなしに、生きてゆけるものなのだ。

九　君は、金持ちたちがどれだけ面倒なことを抱えているか、知っているだろう。ある者は、病気になった召使いたちを治療しようとして、医師や看護者を求める——よくあることだが、奴隷たちは自分の健康に注意を払わず、病にかかっても気にしないものであり、それは一部は自制心の欠如のため、一部は、もし病気になっても、害を受けるのは主人のほうで自分ではない、と考えているからだ——、またある者は毎日奴隷を鞭打ち、ある者は彼らを縛り、ある者は逃げた奴隷を追いかける。彼ら〔金持ちたち〕は、そうするとよいと思うときでも容易に旅出することはできず、家に留まっているときでも暇に過ごすことができない。一〇　いちばん滑稽なのはこれだ——彼らはときに、貧乏人とか、召使いを一人も持っていない者とかよりも、奉仕者に困ることがあるということだ。そういうありさまは、ムカデの状況に似ている。君も知っているはずだが、この動物も、無数の脚を持っていながら、地を這うものでいちばん鈍《のろ》いのだ。

自然は、一人ひとりの人間に、自分の世話をするために充分な身体を与えているということを君は知らないのか？　それは、走るためには足を、仕事をしたり身体の他の部分に心を配るためには手を、見るためには目を、聴くためには耳を、われわれに与えている。一一　さらに胃袋を、それらに見合うものにした。それで人間は、自分に与える以上の食糧は必要としないのだ。いや、〔胃に入る〕この量が、一人ひとりにとって充分であり、最善であり、最も健康であるようになっている。だから、ちょうど、自然に生える指の数よりたくさんそれを持っている手の働きは弱く、また、余分の指を［手の］外側に生やしていて他の［通常の］ことすらきちんと処理することのできないような人間は一種の不具者と呼ばれるように、足や手や胃も、それらがたくさん誰かに生じたとしたら、その者は、何かの点でもっと有能になるとか、得るべきものをより有利に得るようになるとかいうことは断じてなく、むしろ、得るものはより少なくなり、能率的にももっと困難をきたすようになるのだ。

一二　君は今は、自分一人のために食糧を求める形になっているが、以前はそれは二人だった。今は、何かの病にかかれば、君自身を治療すればよいが、以前は、彼が病気になれば、そちらも手当てしなければならなかった。また今は、君が家の中にいるときに、彼が何かくすねるのではないかと心配する必要はなく、また君が眠るときには、その奴隷が起きていて何か悪さをするのではないかと気遣うこともない。君は、こういうことをすべて考慮しないといけない。

もし君に妻があるなら、彼女は以前は、家の中に召使いが養われているのを目にして、君の世話をするには及ばないと考えたことだろう、そして一部は彼への敵対的行動から、また一部は彼女の［君に対する］気難しい態度から、君を悩ませることになったに違いない。だが今は彼女の不機嫌も少なくなるだろうし、これまでよりも君のことを気遣うようになることだろう。

一三　また召使いがいるところでは、［主人に］生まれてくる子どもたちは、自分に仕えてくれる者がおり、

（1）ここの靴はサンダルの種類で、紐で足や足首に結びつける。

また、侮蔑する相手がいるという状態の中で、すぐ駄目な子になり、ふつうより怠惰で傲慢な者になってしまう。しかし自分たちしかいないというところでは、彼らは、ずっと男らしい有能な者になり、両親を気にかけることも初めから学び知る人間になる」。

「だがディオゲネスよ、わたしは貧乏人なので、召使いを所有しているのが不都合になったら、売ろうと思うのだ[1]」。

「では」

と彼は言った、

「そもそも人に悪いものを売りつけて騙すことを恥じる気持ちは君にはないのか？　本当のことを言わないか、あるいは［それを言えば］売りつけられないか、どちらかになるわけだから。一四　それから、もしもまがい物の外衣や道具とか、病気で役に立たない家畜を売ったら、必然的に後でそれを引き取ることになる、それで君には何も利益がないことになるだろう。他方、もし人を騙しおおせて、悪い奴隷であることをその購入者が気づかなかったとしても、君はそのお金のことを心配するのではないか[2]？　なぜなら、もし君よりもずる賢い売主に出会ったら、以前のよりも悪い奴隷を買わされることになるかもしれないし、また、ことによると、受け取った金を他のものに使ったら、そこから損害を受けることになるかもしれないのだから。というのも、お金はその所有者をいつも益するとは限らないのであり、むしろ人々は、貧乏によりも、お金によって、ずっとより大きな害を、より多くの禍いを受けてきているのだ、とくにそれが愚かな人々の場合には。

一五　むしろ君は、それを得ることによって、あらゆるものから利益を受け、自分の用件をすべてうまく処理できるようになるという物を先に手に入れる努力をしようとは思わないのか？　そうはせず、思慮より[3]も先に、お金や土地や奴隷や番いの家畜や船や家を求めるというのか？　それらのものに君は奴隷として仕え、それらのために悩まされ、多くの無駄な苦労をし、生きている間ずっとそれらのものに気を遣いながら過ごすことになる、そしてそれらから得る利益は何もないということになるだろう。

一六　君の目には入らないのか、こういう獣や鳥たちが[4]、人間よりどれほど悩みの少ない、またどれほど楽しそうな生を過ごしていることか、また人間よりも健康で、もっと力にあふれ、それぞれ可能なかぎりの長命を生きていることが？　それも、手や人間の知性は彼らにはないというのに。だが彼らには、すべての禍いを補って、一つの最大の善が存在するのだ——彼らには財産はない、ということだ」。

「まあ、あの召使いを放っておくのがよいと思えます、ディオゲネスよ。彼のほうから偶然わたしに鉢合わせすれば別ですが」。

「それはまったくのところ」

とディオゲネスは言った、

（1）財産としての召使い（奴隷）を売って生活の糧にする、そのもくろみで所有している、ということ。

（2）せっかく儲けた金を（今度はこちらが騙されて）失うのではないか、あるいは再投資に失敗するのではないか、と。

（3）次出の「思慮」。

（4）二人の周囲にいま目撃される動物たちを指して言う。

「人を咬んだり蹴ったりする馬を捜さないことにする、でも、出くわしたら、咬まれたり蹴られたりするために、そのそばへ行くだろう、と言うようなものではないか」。

一七 「その話は止めましょう。ですが、わたしが神と交わろうとするのを、どうして許そうとされないのですか？」

「わたしが、もし君にそれができるなら、神と交わることを禁じるだろうか？ そういうことを言ったのではない。いや、交わろうとするのが神であろうと、人間であろうと、自分自身であろうと、もしその心得がなければ、困難である、というより不可能である、と言ったのだ。ところが、心得がないのにそれをやってみようとするのは、何よりも害になることなのだ。それとも君は、馬と交わるすべを知らない者が、馬と有益に交わえると思うのか？」

「いえ、そうは思いません」。

「もし無理強いにそうしようとしたら、益よりも先に害を得ることになるのではないか？」

「そのとおりです」。

一八 「では、犬との交わり方を知らない者は、それができないのではないか？ それとも、何かと交わるというのは、それから利益を得るということではないのか[1]？」

「そうだと思います」。

「では、誰にせよ、何かに害されている人間は、その害を及ぼすものと交わっている[2]ことにはならないのではないか」。

「なりません」。

「では、その心得のないまま犬との交わりを試みる者は、犬から害を受けるのではないか？」

「そうなりそうです」。

「では、彼らと交わることにもならないということだ、なぜなら害が生じる場合には交わりもないのだから。そしてそれは、犬や馬についてだけの話というわけではなく、牛やラバについても同様である。そしてもっと驚くだろうが、その心得がない者には、ロバや羊と交わることもできないのだ。一九　それとも君は、牧羊やロバ追いによって、ある者は利益を得ているが、ある者は害を受けているということを知らないか？」

「知っています」。

「それは、他でもない、未熟な者は害され、よく知る者は益を受けるのが――相手がロバであろうと、豚であろうと、ガチョウであろうと、他のどんな動物であろうと――必然だからではないか？」

「そのようです」。

「ではどうか。楽器に関しても同じ話になるのではないか？　音楽の素養のないものが、キタラ(3)を利用

(1) このあたりの箇所（二節も参照）で、「交わる」「交わり方」と訳している khrasthai は、「利用する」の意を含む。
(2) 「交わりながらそれから利益を得ている」。前註参照。
(3) 大型の竪琴。

することができようか？[1] あるいは、それを試してみても何も演じられず、キタラを駄目にして弦を切ってしまうということにもなって、笑い者になるのではないか？ 二〇 ではどうか。もし誰かが、笛の心得がないのに、それを用いてみたいと思って、笛の演奏をするため劇場の舞台に登場したとしたら、自分は「聴衆から」物を投げつけられて罰を受け、おまけに笛は台無しにしてしまうのではないか？ また、操船の知識がないのに舵を利用しようと試みる者が、あっというまに船を転覆させ、自分も乗客も滅ぼすということにならないということがありえるだろうか？ ではどうか。槍や盾の利用は、臆病な未熟者に役立つだろうか？ むしろ、そういう者は、それらの利用を試みたうえで、武器のみならず、自分の命も投げ出すことになるのではないか？」

「同意します、ディオゲネスよ」

と相手は言った、

「ですが、あらゆることに質問されるうちに、あなたは太陽を沈めよう[2]とされてますよ」。

二一 「どちらがよいのか」

と彼は言った、

「聞くべきことを聞きながら太陽を沈めることと、むなしく歩いてゆくことと[3]？ 同様に、それとの交わり方を知らないという事柄のほとんどすべてに関して、それをやってみようとするのは危険なことなのだ。そして、それがより重大な事柄であれば、受ける害も、当然、より重大なものになる。それとも君は、ロバとの交わり方は、馬との場合と同じだと思うか？」

「まさか」。

「ではどうか。人間との交わり方は、神とのそれと同じだろうか？」

「いや、それは論じるにも価しません、ディオゲネスよ」と答えた。

「では、自分のことを知らないのに、自分と交わることができる人間がいるだろうか？」

「ないですね」と言った。

「人間のことを知らない者は、人間と交わることはできないね？」

「できません」。

二三 「では、自分のことを知らない者は、自分と交わることはできないね？」

「そう思います」。

「では、君はすでに、デルポイに記されているあの言葉を聞いたことがあるね――『なんじ自身を知れ』、と」。

「あります」。

「では、神がそういう命令を出しているのは、人間が、皆、自分自身のことを知っていないからだ、とい

(1) 原語は、これまで「交わる」と訳してきた khrasthai であるが、物体に関するこのあたりの箇所では「利用する」「用いる」と訳すことにする。

(2) 長いおしゃべりや饒舌をからかう滑稽な表現。

(3) 相手はもう切り上げたがっているが、ディオゲネスにとっては、神との交わり方という最重要の話題が残っている。

うのは明らかではないか?」

「そのようです」。

「その皆の中の一人が君だろう」。

「もちろんです」。

「では、君も自分自身のことを知っていないわけだ」。

「そのようです」。

「自分自身のことを知らない君は、人間のことを知らない。そして人間のことを知らなければ、人間と交わることも君にはできない。しかし人間との交わり方を知らないのに、君は、神と交わろうと企てている。しかしこれは、そちらのことより[1]、あらゆる点でもっと重大であり、危険であるという点は、われわれの同意していることだ。

二三　ではどうか。君は、アポロンがアッティカ語[2]を話すと思うのか、それともドリス語[3]をか? あるいは、人間と神々の言葉は同じだと思うのか? ところが両者は大きく異なっているので、トロイアにあるスカマンドロス河は、彼ら［神々］のもとではクサントスと呼ばれているし[4]、キュミンディスという鳥はカルキスと称され[5]、トロイア人にバティエイアと呼ばれた市［城壁］の前の場所は、神々にはセーマ・ミュリーネースと言われた[6]、というではないか。それで、神託の意義が不明瞭ということにもなり、これまで多くの人間がそれで欺かれてきたのだ[7]。二四　ホメロスにとっては、たぶん、デルポイのアポロンのもとに赴いても安全だったろう[8]、なんといっても彼は［神と人の］二様の言葉を解し、［人間の］諸言語を知っていたのだ[9]

から。ただし彼が、全部の言語を知っていたら、という話であって、〔本当は〕僅かの言葉しか知らなかった、というのでなければね――ちょうど、ペルシアやメディアやアッシリアの言葉を二、三知っている者が、何も知らない人間を欺くようにね。

だが君には、神は他のことを言っているのに、自分は〔神託の真意とは〕違うことを思い描くことにならないか、という恐れはないのか？　ちょうど、伝えられるところでは、あのライオスは(10)――クリュシッポスの

---

(1) 人間との交わり。

(2) アテナイを中心とする地方の方言。

(3) スパルタ、メッセネ、クレタなどで用いられた方言。

(4) ホメロス『イリアス』第二十歌七四行。

(5) ホメロス『イリアス』第十四歌二九一行。

(6) ホメロス『イリアス』第二歌八一一―八一四行。バティエイア（またはバテイア）は、トロイア人の祖テウクロスの娘、ダルダノス王の妃、イロスなどの母。この箇所のように、トロイアのスカイア門の前にあった丘の名称としても使われる。セーマ・ミュリーネースは、「ミュリネ（バティエイアの別称）の墓」の意。

(7) 後出（二四から二七節）クロイソスらの例を参照。

(8) 人間のみならず神の言葉も分かっているらしいホメロスは、一般の人間には意味不明瞭の神託を聞かされても、その真意を取り違えて危険に陥ることはなかったろう、という皮肉。二三―二四節の「神々の言語」や諸方言に関するホメロスの知識について、第十一篇『トロイア陥落せず』二二―二三における批評参照。

(9) 次出の各国の言語、あるいはギリシアの諸方言（二三節初め）に関して言う。

(10) テバイ王ラブダコスの子、オイディプスの父。ラブダコスの死後、王権が他家に移ったので、ピサ（ペロポネソス）の王ペロプスのもとに亡命した。

愛人になった男[1]だが——、デルポイにやってきて、神に、どのようにしたら子どもができるか尋ねた。すると神は、子供をもうけるべからざること、あるいはもうけたらその子を捨てる［べからざる］ことを命じた[2]。二五　しかしライオスはあまりにも愚かだったので、神の命令を両方とも正しく聞かなかった。というのは、彼は子をもうけ、しかもその養育はしなかったのだ[3]。それから彼自身も、その家全体も滅んだ。それは、その能力がなかったのに、アポロンと交わることを企てたからなのだ。というのは、それを聞かなかったら、オイディプスを捨て子にすることもなかったろうし、彼のほうも、家で育てられていたら、自分がライオスの子であることを知っているので、父を殺すこともなかったはずだからだ[4]。二六　また、リュディア人のクロイソスにかかわる出来事も聞いたことがあるだろう。彼は、誰よりも神意に忠実であると信じながらハリュス河を渡ったあげく、自分の王国を失い、自分も枷につながれて、ほとんど生きたまま焼かれそうになった[5]。それとも君は、自分がクロイソスよりも思慮深いと思うのか——あれほどに富み、あれだけの人間たちを支配して、ソロン[6]や他の多くの賢者たちと交流した彼よりも？　二七　またオレステスも、悲劇の中で、狂気に陥っているときに、神を非難し、母を殺すよう神が勧めたと訴えているの[7]を見ることがあるはずだ。だが、神が、託宣を伺う者に対して、危険なことや恥ずべき行為を課すことがあると考えてはならない。いや、先に言ったように、神との交わり方を知らないのにそれを試みた者が、［失敗後に］自分をではなく、神を批判する振る舞いに出ているのだ。

　だから君は、わたしの言葉を聞く気があるなら、用心をして、まず自分自身を知ることに心し、それから、分別を得たら、そうするのがよいと思われるなら、託宣を伺うことにしたまえ。二八　［しかし君はそうしない

だろう、」君は、理性を得れば、託宣を必要としなくなるだろうと思う。というのも、考えてみたまえ、神が、

(1) ペロプスの息子クリュシッポスを愛したライオスは、彼を誘拐して交わった。同性愛の発明とされる事件。その結果ライオスは、ペロプスから呪いをかけられた。

(2) 原文では、「……べからざる mē」が、後の句「あるいは……捨てる」にも掛かると解しうるようになっている。ライオスへの神託については、アポロドロス『ギリシア神話』三-四八（「子をもうけるな、生まれた子は父を殺すだろうから」）、ソポクレス『オイディプス王』七一一―七一四行、エウリピデス『ポイニッサイ』一八―一九行など参照。ここでは、より自由な創作になっている。

(3) 「正しく聞かなかった（parakousai）」というのは、「子をもうけるな」という命令には背いて、（酔っぱらって）妻と交わり子をもうけたという行為をしたということ。またもう一つの命令は、「捨てるべからざること」が神の真意だったが、「捨てること」と誤解してしまったということ（前註参照）。

(4) 伝承ではオイディプスは、赤子のとき、ライオスによってキタイロン山に捨てられた後、コリントス王に育てられる。しかし後に、コリントス王の実子ではないことを知った彼は、そこを出て放浪している最中にライオスと出くわし、争いになり、実父と知らずに殺害する。その後スピンクスの謎を解いた功績でテバイ王に選ばれた。

(5) クロイソスはリュディア王国最後の王（前六世紀）。ペルシアに戦いを挑もうとしてデルポイに託宣を伺ったところ、「なんじがハリュス河（両国の境界）を超えれば大帝国を滅ぼすことになろう」という答えを得たので、遠征軍を率いて攻め入ったが、完敗を喫した。囚われの身となったクロイソスは、縛られ、薪山の上で焼き殺されそうになったが、間一髪のところをペルシア王キュロスに赦された。

(6) アテナイの政治家、詩人（前七―六世紀）。世界各地を旅してクロイソスの宮殿にも立ち寄ったことがあると伝える。

(7) ミュケナイ王アガメムノンの子オレステスは、アポロンの託宣に従い、父を謀殺した母とその愛人を殺して、父のための復讐を果たしたが、その後狂気に襲われ、各地を放浪する。この復讐行為を命じた「神への非難」をオレステスが口にする場面については、エウリピデス『オレステス』二八五―二八七行参照。

君に読み書きの知識がないのに、正しく書いたり読んだりするよう命じたとしたら、君にはそれはできないだろう。しかし文字の知識があれば、神に命じられなくとも、きちんと書き、読むことができるはずだ。同様に、他のどんなことをするにせよ、その知識がない場合にそうするよう勧められても、できるはずがないわけだ。正しく生きるということに関しても、その知識がなければできないだろう、たとえ君が毎日アポロンを煩わし、神のほうも君にだけ［託宣する］時間を割いてくれるということになったとしても。だが理性を持っていれば、君自身で、何をどのようになすべきか、認識できるはずだ。

二九　ところで、オイディプスに関して言い忘れたことだが、彼は神託を伺うためにデルポイに行くことはしなかったが[1]、テイレシアス[2]とは交流して、彼の預言から、自分の無知のゆえに、大きな禍いを得ることになった。なぜならオイディプスは、自分が母と結婚したこと、彼女から子供たちが生まれたことを知ったからだ。それから、おそらくそれを隠すか、テバイでは合法的なものにするか[3]、どちらかにすべきだったのに、まず皆にそのことを明らかにし、それから、自分が同じ人間たちの父でもあり兄弟でもあり、同じ女の夫でもあり息子でもあるということを、耐えがたいことと考えて喚きたてた。三〇　しかし鶏は、そういうことを耐えがたいこととは思わないし、犬も、ロバもそうだ。またペルシア人[4]も、アジアにいる人間ではいちばん優れていると見なされているが、そうは考えない。オイディプスは、さらに、自分の目をつぶして、盲目の状態で放浪した――まるで、目が見えていては、放浪することができないというかのように」。

　すると相手は、これを聞いて、

「あなたは、ディオゲネスよ」

と言った、

「オイディプスを、すべての人間のうちでいちばん愚鈍な者にしていますね。しかしギリシア人たちは、彼を、幸せな人間ではなかったが、誰よりも明敏な者であったと考えています。じっさい彼だけが、スピンクスの謎を解くことができたのですから」。

三一　するとディオゲネスは笑って、

「彼が謎を解いただと！」

と言った、

「スピンクスは、彼に、人間を知れと命じたのだと聞いたことはないのか？　ところが彼は、人間とは何か、述べもせず、認識もしなかった。人間という名称を言うことで、質問に答えていると思ったのだ。ちょうど、

(1) しかし、ソポクレス『オイディプス王』七八七―七九三行では、彼は、デルポイに赴いた、そして母と交わり父を殺すだろうという恐ろしい託宣を聞かされたと言われている。

(2) テバイの有名な預言者。

(3) 王の権限で、因習的な近親婚タブーを廃するべきだった、の意。ディオゲネスは、『国家』という著書の中で、近親婚や人肉食を含むあらゆるタブーの廃止や、夫人と子供の共有、性行動の自由を主張したという。なおギリシア神話で近親婚の例として、他に、マカレウスとカナケという兄妹同士の交わりが有名（エウリピデス『アイオロス』参照）。

(4) エジプト王たちが近親（兄弟姉妹）婚を行なう慣習を持つことはよく知られ、しばしば言及された。ペルシア人については、ダレイオス三世らが姉妹を妃にしたと伝えられる。異国人の非ギリシア的習慣が、ギリシア的な仕来りの非自然性を示す例証としてよく挙げられた。

誰かが、ソクラテスとは何かと質問されて、その名以上のことは何も言わないのと同然だ――それはソクラテスだ、とね。

わたしは、ある人が、スピンクスとは無知のことだ、と言うのを聞いたことがある。三二　これが、以前にもボイオティア人(1)を滅ぼし、今も、知恵を得ることを妨げている、なんといってもいちばん愚かな人間たちなのだから、と。他の者たちは、もっと自分の無知をなにがしか知っているものだが、オイディプスは、自分を最も賢い人間と考え、スピンクス［の魔手］を自分が逃れたと思い、他のテバイ人たちにもそう信じさせたが、最もひどい滅び方をすることになった、と。

無知であるのに、自分を賢者と思う人間は、他の誰よりも惨めなのだ。ソフィストの一族とはそういうものなのだ」。

(1) しばしば（とくにアテナイ人から）愚鈍な民と愚弄された。「以前に」というのは、ペルシア戦争のときに敵側に付き、ペルシアの敗退後、ギリシアの国々から懲罰を受けた経緯を意味するか。

トロイア陥落せず（第十一篇）

内容概観

「トロイア戦異伝」の系統に属する作。エジプト神官から真相を聞いたという設定のもとに、トロイアはギリシア軍に落とされはしなかった、むしろトロイアこそ勝者である、ヘレネは正式な妻としてパリスに嫁いだ、アキレウスはヘクトルによって倒された、等々の「真(新)説」を、ホメロス批評と組み合わせつつ提示する。全体は四部に分かれる。

一 (序)、真実を学び直すことの難しさ 〔一―三節〕

二、ホメロスの叙述の虚偽性 〔四―三七節〕

ホメロスの虚偽と「わたし」の語る真実 〔四―五〕

伝承による自己の名声のほうが真実よりも好まれる 〔六―一〇〕

神々に関するホメロスの嘘 〔一一―一四〕

「乞食」あるいは「狂人」としてのホメロスの信憑性 〔一五―一九〕

神々の行動に関するホメロスの叙述の疑わしさ 〔一九―二四〕

トロイア戦叙述における誤魔化しと糊塗 〔二四―三四〕

彼の誤魔化しは徐々に進められた 〔三五―三七〕

三、トロイア戦争の真相〔三七―一四四節〕

エジプト神官から真実を聞いたということ〔三七―四三〕

少女時代のヘレネ〔四三―四五〕

パリスは、国際結婚の慣習の下で、ヘレネを正当な形でめとった〔四六―五三〕

ホメロスの叙述（＝伝承）への反駁〔五四―六一〕

ギリシア人のトロイア遠征とトロイア側の抗戦の決意（伝承への反駁を含む）〔六一―六七〕

以上のまとめ〔六八―七〇〕

ヘレネの兄弟が遠征に参加しなかった理由（伝承への反駁を含む）〔七〇―七四〕

戦争初期のこと〔七四―七六〕

その後の状況とギリシア軍の苦戦〔七七―八一〕

いくつかの果し合いの箇所〔八一―八四〕

ヘクトルの活躍とギリシア軍の絶望的状況〔八四―九三〕

アキレウスの再出陣〔九三―九四〕

ヘクトルがアキレウスを倒す〔九五―九七〕

パトロクロスはアキレウスとのすり替え〔九七―一〇三〕

ホメロスの叙述によるアキレウスの死とそれに対する批判〔一〇三―一〇六〕

ホメロスの叙述によるアキレウスの戦闘とヘクトルの死およびそれへの批判〔一〇六―一一〇〕

ギリシア艦隊がトロイア対岸ケルソネソスに退却〔一一一―一一四〕

ギリシア軍のトロイア再上陸と戦闘再開［一一五―一一七］
停戦協定［一一八―一二四］
上述の要約と再度のホメロス批判［一二四―一二九］
ギリシア人たちの帰国（伝承への反駁を含む）［一三〇―一三六］
トロイア人による植民［一三七―一四四］
四（結部）、虚偽に対する事情斟酌、本論はギリシア人の名誉のためでもある［一四四―一五三節］

一（序）、真実を学び直すことの難しさ

一　わたしにはおおよそ分かっている、人は誰しも教育されるのは困難だが、欺かれるのは容易である、と。そして僅かしかいない知者から、やっとのことで何かを学ぶときは学ぶのだが、欺かれるときは、たくさんいる愚者から、あっというまにそうされてしまう。それも、他人からのみならず、自分自身によっても騙《だま》されるのだ。

それは何故かというと、真実は、愚人にとって、辛く快からざるものであるが、虚偽は、甘美で好ましいものであるからなのだ。二　ちょうど、わたしの思うに、目を患っている人にとっても、光を見るのは苦痛だが、暗闇は、何も見えなくするがゆえに、苦しみを与えず心地よい、というのと同然である。さもなければ、いろいろな虚偽が、快楽の点で優っているということがなかったら、どうして真実よりもしばしば幅を

利かせるということが起きるだろうか?

教育は、いま述べたように、困難なものであるが、あらゆる意味でもっと困難なのは学び直すということである。とくに、長い間、人々があれこれ虚偽を聞かされてきており、本人だけが欺かれているというのではなく、その父も、祖父も、またほとんどすべての祖先たちが同様であった、という場合にそうである。三 こういう人々の思いこみを取り除くのは、たとえ完璧に論駁しても、容易ではないからだ。ちょうどそれは、思うに、すり替えられた子供を育ててしまった人に、後になってから真実を——初めに聞かされていたら育てようという気にはならなかったに相違ない事実を——いくら告げても、その子を取り上げることは難しいのに似ている。そのように、こういう思いこみは根強く、そのため多くの人々が、以前からそれを信じていれば、悪いもののほうをわが意のとおりと見なし、自分の利害に反してでもそれに同調するということのほうが、後になって良いことを聞きそれをわがものにするということよりも起こりがちなのである。

二、ホメロスの叙述の虚偽性

ホメロスの虚偽と「わたし」の語る真実

四 だから、あなた方においても、トロイアの人々よ、とてもひどい嘘を皆さんに対してついたホメロスのほうが、真実を述べるわたしよりも信用できるとお考えになったとしても不思議ではない。また、彼を神のような賢者と見なし、トロイアへの呪咀に他ならない、真実でもないその叙事詩を、幼い頃から子供たちに教える一方、わたしが本当のことを話そうとすると、ホメロスよりずっと後に生まれた人間だというので、それを容認しようとはなさらないとしても、わたしは驚かないだろう。五　たいていの人は、時間こそものごとのいちばんの判定者であると言いながら、その一方で、長い時が経ってから耳にすることは、まさにこの理由で信じられないとするのである。

もしわたしが、［ギリシア軍総大将アガメムノンの故国］アルゴスでホメロスに異を唱えようとし、その作品には重大な諸点について偽りがあることを示そうとしたら、おそらく市民は、当然の反応だが、わたしに不快感を抱き、市外へ追い出したことだろう――それら諸点から得ている彼らの名声をわたしが曇らせ、取り去ろうとしていることが明らかになれば。だが、あなた方［トロイア市民］にとっては、わたしに感謝し、進んで耳を傾けることが正しい態度である。なぜなら、あなた方の先祖［ギリシア軍と戦ったトロイア人］の名誉のためにわたしは熱心になっているのだから。

伝承による自己の名声のほうが真実よりも好まれる

六　あらかじめあなた方に言っておくが、以下の弁論は、当然、他の人々にも話され、多くの人の耳に触れることになる。その中のある者は理解できないだろうし、ある者は、じっさいはそう思ってはいないのに、それを軽侮するふりをするだろう。さらにある者は、とくに、わたしの思うに、哀れなソフィストたちは、反駁を試みるだろう。そして、わたしにはよく分かっているが、それはあなた方にとっても快い話ではないに違いない。

なぜなら、大部分の人間は、名声というものにとても心をそこなわれているので、何も禍いを受けない代わりに無名でいるよりは、最大の不幸を味わう報いに自分の名を喧伝《けんでん》されることのほうを欲するのである。

七　アルゴス人にしてからが、おそらく、［アガメムノンの叔父］テュエステスや、［アガメムノンの父］アトレウス、また［彼ら］ペロピダイ一族をめぐる出来事が通説どおりではなかったと思いたくはないだろう。いや、彼らはひどく不快を覚えるに違いない、もし誰かが悲劇作家の物語を論駁して、テュエステスがアトレウスの妻と不倫を犯したことはない、アトレウスが兄弟［テュエステス］の子供を殺したことも、その死体を刻んで［そうとは知らない］テュエステスに食べさせたこともない、また、［アガメムノンの子］オレステスが自分の母を手に掛けたこともない(1)、と論じたならば。彼らは、これらもろもろのことを誰かが言えば、侮辱と感じて、耐えがたく思うことだろう。

八　同じ感情を、［ギリシア中部］テバイの人々も抱くに違いない、もし誰かが、彼らの間に伝えられる不幸は偽りである、オイディプスが父を殺したことも、わが母と結婚したことも、われ自ら盲目になったこともない、また彼の子供たちが市壁の前で殺し合ったこともないし、スピンクスがやってきて市民の子供を食

(1)テュエステス（アイギストスの父）とアトレウス（アガメムノンの父）兄弟が、アルゴスの王位を争い合い、互いを憎悪して計略をめぐらす中で引き起こした事件の数々、またアトレウスの孫（アガメムノンの子）オレステスが、帰国時に謀殺された父の復讐のため、実母クリュタイメストラとその愛人アイギストスを殺した事件を言う。

べたこともない、と言ったならば。[1]

彼らが聞いて喜ぶのは、むしろ逆に、ヘラ女神の怒りによってスピンクスが彼らのもとに送りこまれてきたこととか、［オイディプスの父］ライオスが息子に殺され、オイディプスのほうは、こういうことをしたあと受難の盲人として放浪したといったこととか、九　それ以前に彼らの別の王で建国者でもあるアンピオン［とニオベ］の子たちが、とても美しい人々だったのだが、アポロンとアルテミスに射られて死んだ、[2]とかいった話なのである。しかも、彼らの劇場でこういう物語が笛で奏され[3]歌われるのを甘受するし、それについていちばん哀れに語ったり笛で演奏したりした者のために賞品を置くことまでする一方、そういうことは何も起きなかったと言う者がいたら、追い払ってしまうのだ。

一〇　それほどの狂気に大部分の人は陥っており、それほどに彼らを妄念が支配しているのであるが、それは、できるだけ自分たちのことが話題になるよう人々が望むからである。しかし、それがどういう話であるかという点にはまるで頓着しない。概して、死や苦痛をこわがる臆病さから、恐ろしい目に会うことは望まない。だが、そういう目に会ったという語り草に自分たちがなることは大いによしとするのである。

神々に関するホメロスの嘘

一一　だがわたしは、あなた方の機嫌を取ろうとか、ホメロスに反目しその名声をねたむとかいった気持ちからこう言うのではない。当地での出来事について彼が偽りを述べていると思われる点をわたしは明らかにしようとしているのである。そのさい、彼の作品そのものから反駁を行なおう。[4]そして真実のために、とくにアテナ女神のために弁護して、女神が不正義にも自分の都市を滅ぼしたり、わが父［ゼウス］への反逆を図ったりしたとは[5]思えないことを示したい。また、それに劣らず、ヘラ女神とアプロディテ女神のために

(1) オイディプスは、テバイ王ライオスの子だが、実子に殺されるだろうという神託を後者が受けていたので、赤子のときに捨てられた。よそで成人した彼は、あるとき旅行中に見知らぬ老人といさかいになり殺したが、これが実は父ライオスだった。その後テバイに来て、ここの人々を苦しめていた妖怪スピンクスを退治し、寡婦となっていた王妃、実は母と結婚し、王位に就いた。その後真相を知り、自分の目をつぶして放浪の旅に出た（八節）。その後、子供たちエテオクレスとポリュネイケスが王位を争い、テバイ城壁前で戦って相打ちで死亡した。

(2) 一二人（人数には他の伝承もある）の子供を得たニオベが、二人の子しかいないレトより自分のほうがよいと誇ったので、レトの子アポロンとアルテミスが怒り、男子の子供たちはアポロンの矢で、女子たちはアルテミスのそれで、射殺された。

(3) 劇上演の伴奏に笛が演奏された。テバイ人が笛の技術を誇ったという点について、第七篇一二〇以下参照。

(4) アレクサンドリア時代の学者アリスタルコスによる、「ホメロスの解明はホメロスによって行なう Homeron ex Homerou saphenizein」（ホメロスの詩句や箇所の解釈は、ホメロス自身の詩句や作風に基づいて行なう）という方法論を想起させる（Vagnone）。

(5) アテナ女神にとってトロイアが「自分の都市」という点について、前八世紀以降建てられた歴史的トロイア（ストラボン一三-五九三参照）においては、アテナが主神として祀られていた（ゼウス・ポリエウスへの祭祀も確認される）。ホメロスによる神話伝説的なトロイア市内にもアテナの神殿があったが、その叙述ではこの女神は、ヘラらとともに、ギリシア側を援助する。女神がゼウスに反逆、という点について、アテナは、父ゼウスの命に従って行動することももちろんあるが（ゼウスの子ヘラクレスを助けてやったというホメロス『イリアス』第八歌三六四行以下など参照）、またしばしばヘラと協調して、トロイア戦争の采配に関わるゼウスの意向に逆らおうとする（同第八歌四〇六行など）。またゼウスに対するヘラやポセイドンの陰謀に、アテナも参加する（同第一歌四〇〇行）。

も弁じよう。

一二　ひどい話ではないか、ヘラが、ゼウスの妻でありながら、自分の美の判定者として彼だけで十分だとはせず、イダ山の牛飼いの一人〔パリス〕にも気に入られなければならないと考えたとすれば、また、そもそもクロノスの子のうち彼女が最年長であると言われ、ホメロス自身が作中で、

そしてわたしを、はかりごとの巧みなクロノスが、最年長の子としてもうけた(1)

と伝えているのに、その彼女が美しさについてアプロディテと争い合う、というのは。一三　さらに、自分で審判を頼んでおきながら、あれほど厳しくパリス〔とトロイア人〕に当たるという点もそうである。人間ですら、裁定を依頼する者は、かりに自分に不利な判定が下されても、その裁定者を敵視することはないのである。

同様にひどいのは、アプロディテが、あれほど恥ずべき不正義な不利益な贈り物をしたという話である。〔同じゼウスの娘として〕自分の姉妹であるヘレネのことも、自分の勝利を判定したアレクサンドロス(2)〔＝パリス〕のことも考慮せずに、あのような、彼自身も、その両親も、祖国も、それによって滅びるはめになる結婚を彼に恵んだ、というのであるから。

一四　さらに、ヘレネのことも見過ごすわけにはいかないだろう。彼女は、ゼウスの娘と言われているのに、正しからざる伝聞によって、恥ずべき名をうたわれるようになったのだ。ただ、彼女自身の力によって、ギリシア人の間で、女神と見なされるようになってはいるが(3)。

だが、この演説は、これほどの方々の弁護のためであるのに、ソフィストの中のある者は、ホメロスに反

（1）『イリアス』第四歌五九行。このホメロスの句ではヘラが長女と言われているが、ヘシオドス『神統記』四五四行では、炉の女神ヘスティア（ヒスティエ）、デメテル、そしてヘラの順に挙げられ、『アプロディテのためのホメロス讃歌』二二行でもヘスティアが、クロノスの「最初の娘」と述べられている。ホメロスが考えているのとは異なったヴァージョンらしい。なお「はかりごとの巧みな」と訳した ankylomētēs は、直訳すると「曲がったはかりごとの」、狡知な、の意。しかし本来は、「曲がった鎌の」の意で、ヘシオドス『神統記』一六一行以下での、彼によるウラノス去勢の神話に関係する形容句とされる（M. L. West (ed.), *Hesiod Theogony*, Oxford, 1966, p. 158）。

（2）パリスの別名。ホメロスなどではアレクサンドロスの名のほうがよく用いられる。パリスの語には「くそパリス」的な、罵倒的軽蔑的な派生語がある（dysparis, ainoparis）。後代になってからパリス・アレクサンドロスと両名併記されるようになった（ヒュギヌス九二など）。彼が何故二つの名を持つのか、古代から疑問にされてきたが、今日でも解決は見ていない。起原的には、パリスは土地（小アジア・プリュギア）の言葉による名称と見られる（クレッチマーの語源説では、サンスクリット語で「最良（最強）の者」を意味する語 pára と関連付けられるが、他にも諸説がある）。ギリシア語に結びつけて説くことも古代では行なわれたが、もちろん強引なこじつけでしかない。他方、アレクサンドロスの名はとりあえずギリシア語形を示し、「敵の男たちを撃退する者」の意を表わす。アポロドロス『ギリシア神話』三-一二-五で、若い頃に賊を撃退したのでそう名づけられた、という民間語源的説明がある。今日の言語学の立場からは、たとえば、パリスの名のギリシア語訳という説がある。他方、ヒッタイト語文書で、前一三〇〇年頃の記録として、「イリオス（トロイア）」と思われる都市の「アレクサンドロス」に近い名の人物が言及されており、もともと土地の語だったのを、ギリシア語的（な語尾）に言い直したものという解釈もできる（*RE*, XVIII, 4, p. 1486）。かりにアレクサンドロスの名をギリシア語起源と認める立場をとるとして、複数言語の名を名乗ることは、国際的な都市トロイアの王子にふさわしいとも言える（*Der Neue Pauly*, 9, p. 334）。トロイアからの訪問者または使節として、スパルタに来たのも彼である（一四三頁註（1）参照）。

（3）ホメロスでは、ゼウスの子と称されはするものの、一人の人間として描かれるヘレネは、ホメロスより後代の歴史時代では、スパルタなどで、神として崇拝されていた。なおこの崇拝は、英雄叙事詩の影響下で生じたものとも、もともと太古から（大地母神として）行なわれていたものとも言われる。

論しようとするわたしを、［神的な詩人に対して］不敬であると言うことだろう。そして、哀れな弟子たちに向かってわたしをけなそうとするだろうが、彼らのことはわたしは猿ほどにも気にかけてはいない[1]。

「乞食」あるいは「狂人」としてのホメロスの信憑性

一五　そもそもホメロスは、貧乏と不如意のため、ギリシアで乞食をしていたと言われている[2]。ところが、そういう男であるのに、人々の考えでは、彼が、恵んでくれる人々のご機嫌とりに嘘をついたり、彼らの喜びそうなことを語ったりすることはありえなかったというのだ。しかるに、今の乞食は何一つ健全なことは話さないと人々は言うし、誰しも乞食を、何についてにせよ、証人にしようとは思わないだろう。また、その褒めことばを真実として受け入れることもない。一六　彼らが、必要に迫られて、すべてをお世辞で言っていることを人々は知っているからだ。

それから人々の言うには、ホメロスに恵みを施した者は、彼を乞食として遇しもしたが、またある者は狂人として扱った、そして当時の人間は、彼のことを、嘘つきというよりもむしろ、［実は寓意的に］真実を語ってはいたのだが、狂人だとして断罪したのだ、と[3]。

（1）猿はギリシア・ローマ世界にはもともと棲息する動物ではないが、アジアおよびアフリカから交易などでもたらされ、「猿回し」のようなショー・見世物用に、あるいはペットとして飼われた。しばしば、醜い、性悪の人間のメタファーとして軽蔑的に使われた。

（2）ホメロスを盲目の放浪吟唱詩人とする伝承による。前七―

六世紀にその中核的内容がさかのぼると考えられる諸『ホメロス伝』（成立は紀元前後か）で記述されている。たとえば「ホメロス伝」、松平千秋訳『イリアス』下、四六〇頁「盲目の身で物乞い（し）」参照。ディオン第四十七篇五（二五ドラクマを乞いながら、狂人として（hōs mainomenos）外国を乞食放浪することを択んだ、云々）。第九篇（八節）に見られるキュニコス（犬儒）派ディオゲネスの描写にも通じると言われる（Vagnone）。第五十三篇九では、ホメロスの同様の特徴が称賛的に言及される。プラトン『国家』第十巻六〇〇Dなども参照。次註、一二五頁註（1）も参照。

（3）アテナイ人が、狂人だという理由でホメロスに五〇ドラクマの罰金刑を課した（テュルタイオスも同様に狂人扱いをされた）とディオゲネス・ラエルティオス第二巻四三で述べられている。また、ホメロスの作品を狂人のものとする（哲学者のサイドからの）説があったらしいことが、ヘラクレイトス『ホメロスの寓意』一-二から窺われる（他者の言い分を引くという形で、神々同士の戦いという主題に関して、詩人の話は「狂気 aponoia」に充ち、狂乱に陥っている memēnasin と言われている）。ダレース『トロイア陥落史』冒頭で、神々の人間との戦いを記述したがゆえに、ホメロスは狂人と見なされ、アテナイで裁かれた、という文を参照。「真実を語ってはいた（しかし人々には理解されなかった）」というのは、「神々の戦い」など、一見受け入れがたい叙述箇所を、アレゴリー的に解して、そこには隠された意味があると論じる立場から言われているであろう（一七節参照）。ストア派でよく行なわれた詩の解釈法だが、ディオンはここではそういう提示をしているとされる詩人を、（修辞術でよく論点にされる）明瞭さ／不明瞭さの観点から批判し、そのような曖昧な提示法をとる者の一種腹黒さを疑る根拠とする。一七―一八節「（ホメロスは）暗示とメタファーを用いているのだ、と。……神々について明確には真実を述べない男が、いや逆に読者がたいていはそれを嘘と見なすようなことを……語る男が……どうして……どんな嘘であれ、つくのを躊躇うだろうか」参照。なお、偽ロンギノス『崇高について』九-一一では、文芸論的な意味で、ホメロスの狂気を語っている（船陣でのヘクトルの戦闘的狂乱を描きつつ、詩人自身も狂乱に陥っている、と）。一般に詩人を、霊感と狂乱 furor に突き動かされて忘我状態で創作する者とする見方について、デモクリトス「断片」一七、プラトン『パイドロス』二四五A（ルネッサンス時代の furor poeticus「詩的狂気」の理論につながった）。ホラティウス『詩論』二九五以下では、詩人は狂人であるべしという考えに基づいて、爪も髪も切らず、風呂にも行こうとしない者のことが皮肉られている。

こういう点に関しては、わたしは、ホメロスを非難しない。賢者が乞食をしたり、狂人のように見える、[1]ということには、なんの妨げもないからだ。しかし、ホメロスやその同類についてこういう論者たちが唱える意見によれば、彼が語ったことは、何一つ健全でないということになりそうである。[2]

一七　他方また、ホメロスという人間の性質に虚偽性がないわけではない、それを彼は容認しないわけでもない、という考えもある。じっさい、彼が褒めそやすオデュッセウスに、作中でいっぱい嘘をつかせているし、〔オデュッセウスの祖父〕アウトリュコスを偽誓者として描き、そういうやり方をヘルメスが授けたとしている。[3]神々の描写については、ホメロスを讃美する者も含め、ほとんど皆が、彼の言葉にはまったく真実がないと同意する。そしてこういう弁護を彼らは試みる——詩人は本気でそういうことを言ったのではなく、暗示とメタファーを用いているのだ、[4]と。

一八　とすると、人間についても、彼がそのように語ることになんら妨げはないではないか。神々について明確には真実を述べない男が、いや逆に読者がたいていはそれを嘘と見なすようなことを、しかもまったく自分のためにはならないことを、語る男が、どうして人間についても、どんな嘘であれ、つくのを躊躇《ためら》うだろうか。

彼の作中にある、神々が苦痛を感じ、呻き声を上げ、傷つけられ、ほとんど死にそうになるという描写や、さらに神々の密通や、緊縛や請け合い[5]のことについては、すでに多くの人々に批評されているので、わたしは触れないことにする。またホメロスを弾劾しようとしているのでもない。ただ単に真実はどうであったかということを示そうとしているのである。そうすべきと思われる場合は、彼の弁護もするつもりなのだ。

西洋古典叢書

月報 90

2011＊第6回配本

ラウレイオン銀山

【東の海岸線からやや入り込んだ山地の廃坑の一つ。
時代は不明だが、方式は古代とほぼ同様である】

目次

2012年2月
京都大学学術出版会

ディオン・クリュソストモス管見

森谷宇一

ディオン・クリュソストモス（四〇頃―一一〇／一一年以後）などという人物は、日本ではあまりなじみがないと言わねばなるまい。現に、日頃から重宝している松本・岡・中務編『ギリシア文学を学ぶ人のために』（世界思想社）でも名前すら挙がっておらず、この著作家が邦訳されるのも今回がはじめてだそうである。そのマイナーぶりは、彼より一世紀後、彼とほぼ同郷で彼の親類筋にあたり、「ギリシア語のリウィウス」に擬せられた『ローマ史』の著者ディオン・カッシオス（カッシオス・ディオン／ディオ・カッシウス）といいとこ勝負であるかもしれない。かく言う筆者自身ディオンについても、二昔以上も前に必要にせまられて少しばかりのぞいたことがあるくらいである。以下に述べるところは、ディオンについてごく限られた視点からささやかな予備知識を提供せんとするものにすぎない。

ディオンの本名はディオン・コッケイアノスであって、クリュソストモスというのは、三世紀以後につけられることになったあだ名であるが、今日ではむしろそちらのほうで通っている。それにしてもクリュソストモス（「黄金の口をもつ」→「口から黄金のような言葉があふれ出る」）とは、いくら弁論家であるとはいえたいした名前というべく、そのかぎりでは、デモステネスをはじめとする彼以前の名だたる大弁論家たちにさえまさっているわけである。

ディオンはビテュニア（小アジア北西端の地方）のプルサ

の出身で、それゆえプルサのディオンともよばれる。プルサ(Prusa)は、ミュシア(ビテュニアの南西に隣接する地方)のオリュンポスとよばれた二千メートル級の山(今日のウル山［ダー］)の北西麓、プロポンティスなる内海(今日のマルマラ海)にむけて開けた台地に位置していた町である。古くから温泉地として知られた風光明媚な土地であって、今日のブルサ(Bursa)に相当し、こちらはトルコでもかなりの都会である。ディオンはこのプルサの名家に生まれ、中年期には長くそこから離れがちであったが、老年になってからはほぼ生地を本拠とした。それからは郷土のためになにかと尽力することになるが、特筆すべきは、町の美化のために私財も投じて一群の公共建造物を建てようと奮闘したことである。しかしこの計画は実現しなかったばかりか、ついには一一〇／一一一年に彼自身が反対派によって訴えられることにもなった。この訴訟の結末も、彼の没年や死没の地もあきらかでない。

ディオンは二十代の終わりごろに、弁論家として遍歴の旅に出た。こうしてローマに上り、ウェスパシアヌス帝下の宮廷ともつながりをもつことになった。しかし八二年にはドミティアヌス帝によりローマとイタリアから追放され、以後十数年間も辛苦と流浪の日々をおくるはめになった。それは、乞食同然の外見に無欲・無心の内面を包んだ犬儒派的生活であって、ディオンの人生観と弁論に磨きをかけるものともなった。ドミティアヌス帝の死にともなってローマへの出入りを再び許されると、郷土プルサのための特権をネルウァ帝から獲得し、ついでトラヤヌス帝とは密接な親交を結んだ。ともかくディオンは中年以後は晩年近くまで旅にあけくれ、その足跡は帝国の北辺からエジプトにまで及んだ。

ディオンの著作として今日残っているのは、数篇の書簡を除けば弁論だけであって、彼が書いたとされるかなりの数の哲学的著作や歴史的著作はすべて失われた。彼の名のもとに伝わっている弁論は全部で八〇篇であるが、そのうち少なくとも二篇は弟子のファウォリヌ(ノ)スの作とみなされている。

ディオンの弁論は三種類に分けられよう。第一は談論(ディアトリベー)的なもので、彼の弁論の大半をしめ、この分冊に収められているものもすべてこの部類に属する。その多くは、犬儒派とストア派とをつきまぜた道徳的説教ともいうべきもので、理想的な王について論じた第一―四弁論がその代表であるが、ホメロスやギリシア悲劇に関する文学的なものもある(第五十二―六十一弁論)。第二は特定の都市の市民を相手にしたもので、二〇篇ほどにのぼる。その多くは郷土のプルサないしビテュニアの問題を扱った多分に政治的なものであるが（第三十八―五十一弁論）、ロドスなど他の地方の都市へむけた勧告弁論もあり（第三十一―三十五弁論）、いずれも史料的価値をもつ。第三は弔辞で、三篇を数える（第二十八―三十弁論）。

ディオンは、弁論術の歴史において第二ソフィスト期とよばれる潮流（特には二世紀に盛んとなったもので、アッティカ風擬古文と技巧的美文趣味を特徴とする）を代表する弁論家ともみなされている。また彼の弁論の大部分も同時代の他の弁論家のそれと同様に、もはや法廷弁論や審議弁論ではなく演示弁論ないし模擬弁論（デークラーマーティオー）の領域に属している。しかしディオンの弁論は、初期のものを除けば、ソフィスト的な奇想や虚飾とは無縁というべく、発想の面でも文体の面でも単純さないし平明さによって際立っている。その意味では、しばしばみられる冗漫さも（とりわけ、同一の論点ないしトピックがきわめてしばしば異なった弁論において、ときには同一の弁論においてさえくりかえされる［第一弁論六六＝六八、第四十弁論二二＝二七］）、そのような効果を出すための意識的なものと解されなくもなかろう。

思想的にみれば、初期のディオンはソフィストとして哲学、特にストア派には敵対的であったことが知られている。しかし遍歴時代に入って、特にローマに上ってから、ストア派に帰依した。ただしそれは主には理論的側面においてであって、実践的側面においてより際立っているのは、自然状態（反文明）と禁欲とを説く犬儒派の立場である。いずれにせよ、ディオンの思想はおよそ独創的なものではないが、ストア派や犬儒派に一般的な世界市民的傾向とは対蹠的な傾向がみられることは、いささか注目に値しよう。それは、偉大な古典ギリシアの文化・教養の伝統をみずからの弁論によって人々のうちに覚醒させようとする、汎ギリシア的な民族主義ともいうべきものである（特に第三十一弁論）。

以上、ディオンについて多分に概括的なことを述べてきたが、以下では紙幅の範囲内で、彼の弁論のうちでもテーマ的にユニークで、この分冊に収められていて筆者自身かつて少しばかりていねいに読んだことがある一つの弁論について述べることにしたい。それは第十二弁論であって、九七年にオリュンピアで、彫刻家ペイディアス（フェイディアス）の傑作にしてその地にあったとされるゼウス像を前になされたものである。この弁論では前置きののちまず、神についての人間の観念が(i)生得的なものと(ii)後天的なものとに分けられている（三九節）。ついでは(ii)が次の四種類に分けられているといえる――(1)詩人に由来するもの、(2)立法者に由来するもの、(3)彫刻家や画家など造形芸術家に由来するもの、(4)哲学者に由来するもの（四〇―四七節）。そしてこの少し先の箇所では、ペイディアス自身の口を借りて、造形芸術のうちでも彫刻（ときには絵画もあわせて）が詩と対比され両ジャンルの相違についてかなり詳細に論じられており、その論点は次の四つに分節されよう――(1)表現の本質、(2)表現の手段、(3)表現の対象、(4)表現の様式（五五―八三節）。そのうちで最も注目すべきは、(3)に関して、詩が運動と静止という両様の相における多くの事物の形象を、またさまざまな行為や対話を表現することができるのに対し、彫刻は、不動かつ永続的で対象の全本質を包括するような唯一の姿態をつくりださねばならないとされていることである。

ディオンの第十二弁論は、以上のように詩と彫刻（広くは造形芸術）との比較ジャンル論となっているという点で、美学史上もかなり重要な文献となっている。たしかに詩と絵画との比較ということでは、「詩は絵のように（ut pictura poesis）」（『詩論』六一）というホラティウスの一句が特に有名であるが、元来それは詩と絵画との自明の類似を説く以上のものではない。またプルタルコスが、「詩は有声の絵画であり、絵画は黙した詩である」という初期ギリシアの抒情詩人シモニデスの周知の句を引いて詩について論じるさいも、模倣技術としての芸術という古代的通念に従って詩と絵画との類似を指摘しているにすぎない（『モラリア』「どのようにして若者は詩を聴くべきか」三）。しかるにディオンの比較ジャンル論ははるかに、少なくとも古代においては最も充実したものである。その特徴としては第一に、古代の他の比較ジャンル論とは対照的に、詩の側からではなく造形芸術の側からの立論となっていることが挙げられよう。これはつまり、詩にある程度まで匹敵する高い価値が造形芸術にもはじめて認められているということであるが、にもかかわらず彼においてもやはり後者より前者のほうが圧倒的に高い地位に置かれているということを見落としてはなるまい。ディオンの比較ジャンル論の第二の特徴は、詩と造形芸術との類似よりも相違が論じられていることである。そしてこの点において、特に前段落の最後に述べた点において、小規模ながらもそれは、ドイツ近代初頭を飾る芸術論ともいうべきレッシング『ラオコオン』（一七六六）の遠い先駆けともなっているのである。

（文芸学・大阪大学名誉教授）

連載

西洋古典名言集（6）

分を超えるなかれ

デルポイのアポロン神殿に掲げられていたという箴言には、「汝自身を知れ」のほかに「分を超えるなかれ（mēden agān）」があった。これに言及した作家も数多いが、テオグニス『エレゲイア詩集』の「分を超えて急ぐな（mēden agān speudein）。中庸こそ何にもまして最上のもの。キュルノスよ、こうすれば得がたい徳を手にすることになろう」（第一巻三三五—三三六行）がなかでも古いものである。テオグニスは前六世紀のメガラ出身の詩人で、青年キュルノスにあてた詩集の第一巻はさながら格言集の趣があり、右の引用もそのひとつである。もう少し時代が後のピンダロスの詩にも、「賢人たちは『分を超えるなかれ』という言葉をことのほか称揚する」（「断片」二一六）というくだりがある。ここで賢人たちというのはギリシア七賢人を指している。後の著作家たちも、この格言を賢人たちに帰しているが、そのうちの誰の言葉であったかについては、「汝自身を知れ」と同様よく分からない。哲学者アリストテレスは、「青年は、キロンの格言に反して、度を超して性急であるためにあらゆることに失敗する」（『弁論術』一三八九b四）と述べているように、この言葉をキロンのものと見なしているが、ディオゲネス・ラエルティオスの『哲学者列伝』は、キロン（第一巻四一）のほかにソロン（同巻六三）の名も挙げている。「汝自身を知れ」という格言が、プラトンが言っているように、デルポイにやって来た人に対する神からの挨拶の言葉ではなく、みずからの分を知れ、節度（ソープロシュネー）を守れという意味であるとすれば（『カルミデス』一六五A）、二つの格言はともに同じような趣旨のものだということになる。

いずれにしてもこの格言は、「『分を超えるなかれ』という言葉がことのほか好きだ」（エウリピデス『ヒュッポリトス』二六五行）など人口に膾炙するが、哲学者もピュタゴラス（ディオゲネス・ラエルティオス『哲学者列伝』第八巻九）をはじめ、プラトン、アリストテレスなどがこれを重視している。プルタルコスは、ホメロス『イリアス』の「テュデウスの子よ、わたしを過度に褒めたり貶したりしないでくれ」（第十歌二四九行）が最も古い例であると主張している（『七賢人の饗宴』一六四C）。これはこじつけのようにみえるが、ヘシオドスの『仕事と日』で「程合いを守れ、何事にも好機が最善のもの」（六八四行）などを見れば、この言葉が含んでいる中庸の思想はギリシア人が最も重んじたもののひとつであったことがわかる。

保証、その傍らに破滅

デルポイに掲げられた箴言には、実はもうひとつあった。シケリアのディオドロスは『文庫』の中でこう記している。「キロンはデルポイにやって来ると、その神に自分の知恵の初穂のようなものを捧げねばならないと考えた。そこで、神殿のある柱に以下の三つの言葉を刻み込んだのである。すなわち、『汝自身を知れ』、『分を超えるなかれ』、そして三つ目は『保証、その傍らに破滅（engyā, para d' ātā）』であった。いずれの箴言も短くラコニア（スパルタ）風であるが、深い叡知のたまものである」（第九巻一〇）。プルタルコスは、こうした短い箴言が好まれたのは、デルポイのアポロン神が短い言葉を愛したからであり、ロクシアスという神の添え名は、通例は「曖昧さ」を意味すると考えられているが、実は「冗長な表現を避ける」という意味だという説明をあたえている（『お喋りについて』五一一B）。さて、この箴言の意味であるが、最初の語が誤って命令文に訳されることがあるので、字義の説明を加えると、保証と破滅を意味する「エンギュアー」「アーター」（エンギュエー、アーテーとも綴られるが、こちらはイオニア／アッティカ方言形）の二つの名詞が隣り合わせに並べられ、「パラ」は傍らにあるという意味の動詞である。プラトンの『法律』（第十二巻九五四A以下）を読むと、保証人になるさいには、契約事項を文書にして明記し、金額が一〇〇〇ドラクマ以下の場合は少なくとも三人の証人の前で、一〇〇〇ドラクマ以上の場合は少なくとも五人の証人の前で保証をおこなうべし、とその規定も委細を極めている。お金を借りた人の保証人になって、その人がかわって貸し主に借金を返済しなければならないはめに陥るようなことがあったからであろう。あるいは、裁判所で被告が保釈されるさいに、その保証人となるが、その人に裏切られて、保証した者が罰を受けるようなこともあった。プルタルコスは、この格言もホメロスを創案者と考えて、『オデュッセイア』の「つまらぬ者のする保証は、実につまらないものだ」（第八歌三五一行）の例を挙げるが、これもこじつけの感じがする。しかし、ヘラクレスの誕生について、女神ヘラに欺かれて誓いをたてたゼウスが、その場にいた女神アーテーに腹を立て、オリュンポスから追放するという（『イリアス』第十九歌九一行以下）もうひとつの例とは、関連があるかもしれない。

（文／國方栄二）

西洋古典叢書

［2011］全７冊

★印既刊　☆印次回配本

●ギリシア古典篇

イアンブリコス　ピタゴラス的生き方★　水地宗明 訳

ガレノス　解剖学論集★　坂井建雄・池田黎太郎・澤井直 訳

ディオン・クリュソストモス　トロイア陥落せず —— 弁論集　２★　内田次信 訳

プルタルコス　英雄伝　３★　柳沼重剛 訳

プルタルコス　モラリア　９★　伊藤照夫 訳

ポリュビオス　歴史　３★　城江良和 訳

●ラテン古典篇

ウェレイユス・パテルクルス　ローマ世界の歴史☆　西田卓生・高橋宏幸 訳

●月報表紙写真 —— 前五世紀アテナイの急速な発展の大きな財政的基盤となったのが、アッティカの半島部、スウニオン岬近くの東側一帯に広がるラウレイオン銀山から産出される大量かつ良質の銀であった。採掘はほとんど有史以前からつづいていたが、僭主ペイシストラトス（前六世紀）が本格的な開発に着手し、その後テミストクレスの時代にとりわけ優良な鉱脈が発見されて（前四八三年頃）、当時の地中海域最大の銀鉱となった。彼がその莫大な国庫利益を軍船建造に充てて、ペルシア戦争に備えたことはよく知られていよう。鉱山の管理は国家直轄であったが、採掘は有力者の請負制で行なわれ、軍人として有名なニキアスのように、それによって富を得た者も多かった。劣悪な環境での危険な労働には奴隷が使われた。盛時は短く、前四世紀以降は産出量が激減したが、しかしわずかな採掘はその後も長くつづけられた。（一九九五年三月撮影　高野義郎氏提供）

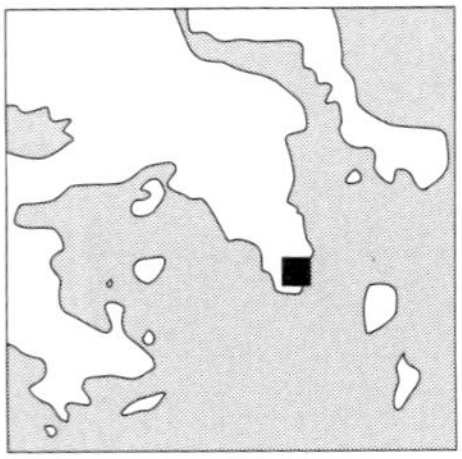

(1)ディオン自身にもそういう面が一部あるキュニコス(犬儒)派の哲学者(「賢者」)は、弊衣で、杖を携えながら放浪する乞食的な生活スタイルをあえて採っていた(この派のモデルたるソクラテスが、弊衣で裸足の哲学者だった)。ディオン第九篇八―九で、犬儒のディオゲネスについて、ある者は彼を賢者と見なしたが、ある者には狂人と思われた、しかし多くの者は彼を乞食として軽侮したと述べられ、ホメロス『オデュッセイア』において乞食姿のオデュッセウスが求婚者たちに愚弄されるのが引き合いに出されている。現実の生活に無関心な哲学者が、一般人から、狂人と思われうることに関して、プラトン『パイドロス』二四九Dも参照(hōs manikōs diakeimenos)。

(2)「乞食」は「何一つ健全なことは話さない」(一五節)、また「狂人」と思われるほどの屈折したややこしい提示法をする者は腹黒いだろう(一二三頁註(3))、の意。

(3)オデュッセウスは、とくにホメロス『オデュッセイア』後半で、自分の地位を回復するため、しばらく自分の正体を偽りながら、豚飼いエウマイオスや、妻ペネロペや、求婚者たちに対して――一回は女神アテナに対しても――、嘘をつく。祖父アウトリュコスがヘルメスから与えられた「盗みと(狡知な)誓い」の仕方については、同第十九歌三九六行以下参照。

(4)ホメロスによる神々の「不敬な」、彼らにふさわしからぬ描写(一八節参照)への批判は、前六世紀頃にまでさかのぼるが、プラトン『国家』第二巻三七七E―三七八Dが代表的な箇所。アレゴリー解釈を用いて、そういう箇所に「暗示とメタファー ainittomenos kai metapherōn」が内包されていると唱え、「隠された智」を明らかにして、ホメロスの名誉を救う試みが、やはり前六世紀のテアゲネス(南伊レギオン出身)以来提唱された。ヘラクレイトス『ホメロスの寓意』が、その方向の集大成的な書。

(5)苦痛云々は、アテナに援助されているアルゴス人ディオメデスによって神々アレスとアプロディテが傷つけられる場面参照(ホメロス『イリアス』第五歌三三〇行以下、八四〇行以下)。また密通云々については、鍛冶神へパイストスの妻アプロディテとアレスとが、鍛冶神の留守を狙って逢引し、神の作った罠にかかって捕縛され、ポセイドンが保証人になったおかげで解放される話(ホメロス『オデュッセイア』第八歌二六七行以下)参照。神々にふさわしからぬ叙述ということで、古くから批判された。

一九　わたしが言おうとしているのは、あらゆる事柄のうちで彼がいちばん躊躇わなかったのは、嘘をつくということであり、それを恥ずべきこととも思わなかった、ということなのだ。彼のこの態度が正しかったかどうか、今は考察せずにおこう。

神々の行動に関するホメロスの叙述の疑わしさ

彼が神々についてひどいことを、また彼らにふさわしくないことを、作中で語っているという点は今は措くことにして、次のことだけを言うことにする。すなわち、神々がお互いに話し合った言葉を、それも公の場で神々全員が居合わせているときの話のみならず、私的に行なわれた会話をも、彼は躊躇なく伝えているという点である。二〇　たとえばゼウスが、自分を騙したり、トロイア人を敗走させたりした、ということで、ヘラに怒りをぶつけているときのこととか、それ以前にヘラが、アプロディテに、彼女の父［ゼウス］に対して魔法をかけるよう、そして欲情を引き起こす刺繍入りの帯を自分に貸すよう、求めた――これも密談の中のようだが――というときのことである。[1] 人間の場合ですら、夫と妻が喧嘩し、ときには罵り合う、というときでも、そういう仔細を他人が知ることはありそうにないのだから。

ただ彼は、作中で、オデュッセウスにそういう点を修正させてはいる。この男が、神々のもとで自分について行なわれたという会話を語るさいに、ほら吹きと思われないようにしているのだ。つまり、彼はそれをカリュプソから聞いたが、彼女はまた誰かから聞き知ったのだと語っていて、自分でそういうことを神の誰かから［直接］聞いたとは言っていないのである。[2]

二一　それほどに詩人は人々を見下していて、真実は何一つ語っていないと思われようとも気にはしなかったのであり、神々のもとで行なわれた話を自分が知っていると信じてもらえるとは思ってもいなかった

(1) ヘラが、戦争の成り行きを自分の思うように持ってゆくため、ゼウスを眠らせようとして色じかけを企む場面。そのとき、愛の女神アプロディテから、魔法的な帯を借りた（ホメロス『イリアス』第十四歌一五三行以下）。

(2) 帰国途次、オデュッセウスは、ニンフのカリュプソの島に引き止められていたが、彼を解放し故郷に向かわせるべしという神々の決定がヘルメスを通じてカリュプソに伝えられ、カリュプソがオデュッセウスを送り出す経緯がホメロス『オデュッセイア』第五歌で描かれる。しかしそこではそういう経緯は、作者はすべてを知っているという立場で叙述する「（全知の）神の視点」から語られていて、オリュンポスでの神々の会話などを作者自身が直接見聞きしているかのように記している一方、オデュッセウス自身は（パイアケス相手の）説明で、カリュプソからとくにそういう「神々のもとで自分について行なわれたという会話」のことを聞かされているとも言わないし、またじっさいにパイアケス相手にその点を詳しく再説することもしない。同第七歌二六三行で、カリュプソが自分オデュッセウスを送り出したのは、「ゼウスの指示によるのか、あるいは彼女自身の心が変わったか」したのだろうとだけ述べている。この詩行についてアマイス&ヘンツェは、ゼウスの指示についてはカリュプソは何も彼に語っていない、それで後半の彼女自身の心変わりという推測が付け足されている、と註記する（K. F. Ameis & C. Hentze, *Homers Odyssee*, Leipzig und Berlin, 1908, ad loc.）。ディオンは、『オデュッセイア』本文にははっきり表わされていないが、オデュッセウスは「それをカリュプソから（詳しく）聞いた」と解釈しているのかもしれない。あるいは誤解しているのかもしれない。もしも、ホメロスが上記のように「全知の視点」からそれを叙述しているとすると、まさにここでも、「神々がお互いに話し合った言葉を、それも公の場で神々全員が居合わせているときの話のみならず、私的に行なわれた会話をも、彼（ホメロス）は躊躇なく伝えている」（一九節）わけであり、ディオンの弁護は彼自身の論旨にとって、いらざるもの、的外れのものになる。

のだ。

また、イダ山でのゼウスとヘラとの交わりと、その直前の彼の言葉を、あたかも自分で見て聞いたかのように述べているが、どうやらゼウスが、〔情交中の〕姿を隠すため、自分たちを覆わせた雲[1]も、詩人の叙述の妨げにはならなかったようである。

二二　こういうやり方に彼は、仕上げとも言うべきことを付け加える。というのは、どうして彼が神々の言葉を理解できるのかわれわれが不審に思うことのないよう、自分がほとんど神々の言語に通じているかのように講釈するのである。われわれのものと神々の言葉は同じではない、また、一つ一つのものに彼らはわれわれと同じ名称を用いはしない、と言うのである。ある鳥について彼はこのことを示し、神々はそれを「カルキス」[2]と呼ぶが、人間は「キュミンディス」と言う、とか、トロイアの前のある場所を人間は「バティエイア」と、しかし神々は「セーマ・ミュリーネース〔ミュリネの墓〕」と称する、としている。二三　また例の〔トロイアの〕河について、それは神々においては「スカマンドロス」ではなく「クサントス」と言われるのだと説いておいて、続く詩句で、もうその神々の呼称を自分で用いるのは、あたかも、ギリシア人の互いに異なる言語を彼が混ぜ合わせながら[3]、あるときはアイオリス方言を、あるときはドリス方言を、あるときはイオニア方言を用いることができるのみならず、またゼウスの言葉で語ることもできる、と言っているようなものである。

こういうことをわたしが述べたのは、上述のように、弾劾をするためなのではない。嘘に関してホメロスが誰よりも大胆な男だったということ、彼が嘘をつくことに、真実を語ることに劣らず自信を持ち、得意がっていたことをわたしが見て取るからである。

二四　このように考察すると、わたしが示したことはもはや何一つ、意外なことでも信じがたいことでもないと思えてくる。いや、それでもまだ小さな、人間じみた虚偽のように思われるのだ——神的な壮大な種類のものに比べたなら。

トロイア戦叙述における誤魔化しと糊塗

というのは、トロイア人に対して起こされたギリシア人の戦争の叙述を企てた彼は、ことの発端そのものからではなく、行き当たりばったりに語り始めるのである。これは嘘をつく者がだいたい皆することで、ことを縺れさせ、紛らわしくして、順序立って話そうとはしないのが彼らのやり口なのだが、それは、そうすることによって、見破られることがそれだけ少なくなるからである。そうしないと、事柄そのものによって論駁されてしまうわけである。二五　こういうやり方は、裁判所など、巧妙に嘘をつく者たちがいる場所でも見られることである。しかし、一つ一つのことを事実どおりに示そうとする者は、初めのことは初めに、

(1) ホメロス『イリアス』第十四歌三四二行以下。
(2) 以下の、神による呼称と人間のそれとを併記する三例は、それぞれ、ホメロス『イリアス』第十四歌二九一行、第二歌八一三行以下、第二十歌七二行に出る。
(3) ホメロスがギリシア語の諸方言を用いることについて、ディオン第十二篇六六参照。

第二のことは第二に、他のことも順次同様に、叙述してゆくものなのだ。[1]

一つにはこれが、自然なやり方で創作を始めなかった理由なのだが、もう一つの理由は、彼が作品の［対象素材の］初めと終わりをできるだけ曖昧にし、それらについて反対の印象を与えようと企んだ、ということである。二六　それで、出来事の最初［戦の発端］も、終わり［その終結］も、すぐに述べようとせず[2]、それについて話すことを約束もしない彼であり、ときにはそれに触れることがあってもおざなりにそうするだけで、ものごとを混乱させようとしていることも明らかである。こういう点について彼は自信がないし、進んでそれを述べることもできなかったのである。また、嘘をつく者にはたいていこういうことも見受けられる、すなわち、主題の他の点についてはよく言葉を費やすが、自分がいちばん隠しておきたいことは、語るとしても前面に出すことはないし、聴衆が熱心に耳を傾けているときはそれを避ける、また、置くべき箇所にはそれを置かず、できるだけ人目を引かないところでそれに触れるのである。このやり方は、上述の理由とともに、虚偽が、とくにそれが重大な事柄に関するときには、人を恥じ入らせ、それを用いることを躊躇わせるからでもある。二七　このゆえに、嘘をつく者は、この［核心の］点に到るときは、大きな声で話すこともないし、中には、口ごもったり不明瞭に話す者もいる。またある者は、自分の知っていることではなく他人から聞いたことだとしてそれを語る。しかし、何か真実を述べる者は、自信を持って、何も臆せずにそうするものなのだ。

だからホメロスは、［彼の作り事たる］ヘレネの略奪について、その発端そのものから、隠し立てをせずに、語ることはしなかったし、トロイアの陥落についても同様だったのである。上述のように大胆な男であったとはいえ、真実と反対のことを語っていることを、また、ものごとの核心について嘘をついていることを、自分で知っていたので、気後れを感じ、逃げ腰になっていたわけである。

二八　それとも、戦が起きるきっかけになった［と彼によって唱えられる］不正そのものから、つまりアレクサンドロス［＝パリス］の暴慢な行為［ヘレネ誘拐］から語り始めることほどふさわしいことがあったろうか？　そうすれば、作品に接する者は皆いっしょに憤り、決着をつけることをいっしょに求め、トロイア人がこうむる禍いの数々には誰も同情しないということになったのではないか。このやり方で、聴衆の好意と関心をそれだけ確保できたのではないか。

二九　あるいはまた彼が、いちばん恐ろしい事件の数々を、さまざまな受難や禍いを、さらに、皆がいちばん聞きたがる事柄を、語ろうとしたならば、トロイア市の陥落以上に重大な戦慄的な話題があっただろうか。このときほどたくさん、哀れな仕方で人々が、神々の祭壇に避難したり、妻子を守ろうとしたりして、

（1）この点に関して、同じ弁論術の観点から異なる意見として、クインティリアヌス四-八三参照「私は、常に陳述を事件が起こったとおりの順番でおこなうべきだと考えている人にはけっして賛同しない……むしろ効果的に陳述するほうが望ましいと思う」（森谷宇一・戸高和弘訳）。詩作術の観点からは、ホラティウス『詩論』一四七以下で、ホメロスは、トロイア戦争の遠い発端の話（ヘレネの卵）は放置して、「事件の核心」に聴衆を引き込む（in medias res ..... / auditorem rapit）と言われている。アリストテレス『詩学』第二十三章一四五九a三〇以下（ホメロスによる題材の取捨選択）、第二十四章一四六〇a九以下（ホラティウス引用箇所に似た評価）参照。

（2）トロイア戦争の発端と結末のこと。ホメロス叙述と伝承によれば、前者はパリスによるヘレネ誘拐、後者はトロイア陥落に相当する。いずれも本弁論者によって虚偽とされる。

死んだことはないし、これほどに王家の妻や娘たちが、奴隷の恥ずべき仕事をするため——夫から、両親から、兄弟姉妹から、また中には神像から引き離され、また、愛する夫が血糊の中に横たわっているのを見ながら抱擁することも目を閉じてやることもできず、いたいけなわが子が酷たらしく地面に打ちつけられるのを目にしつつ——異国へ連れ去られたこともない。三〇　それほどに神々の神殿が荒らされ、大量の財物が奪われ、全市が灰燼に帰したこともない。それほどに大きな叫喚が、ブロンズと焔の立てる物音が、焼かれたり投げ落とされたりするものから発せられたこともないのである。こういう事柄は、作中で、近いうちに起きるだろうとプリアモスに語らせているわけであるし、じっさいに生じつつある出来事として詩人の望むとおりに、いつのものやり方の戦慄的描写によって人を震駭させ、細部を凝らして叙述することもできたはずである。

三一　また、傑出した勇士たちの死を語りたいと思ったのなら、どうしてアキレウスや、〔エチオピア王〕メムノンや、〔ギリシア戦士〕アンティロコスや、アイアスや、他ならぬアレクサンドロスの戦死を取り上げなかったのか。またアマゾン族の軍隊とか、アキレウスとアマゾン女王〔ペンテシレイア〕の間でそれほどに華々しくまた意外な仕方で行なわれたという戦闘[1]のことはどうしたのか。三二　それでいて、何か驚くべきことを語ろうというので、作中で、彼〔アキレウス〕に対して〔スカマンドロス〕河を戦わせ、さらにヘパイストスとスカマンドロスの戦闘や、他の神々同士の間の勝利、敗走や、負傷を述べている[2]。話題に困って、何か大がかりな驚くべきことを言えそうな材料を欲しがったわけだが、あれだけ重要な事柄がまだあれほど残っていたはずなのである。

三三　したがって、こういうことから、次のように認めざるをえない。ホメロスは、題材の選択に関して無知な劣悪な判断をする者だったのであり、自分はより小さなつまらないものを選んでおいて、他人に重大なたいせつな事柄を残しておいたのである。あるいは、上述のように、虚偽を貫くことができず、これらの点において彼の作は、彼が隠そうとした諸事実を顕わしてしまっているのである。

三四　かくて、『オデュッセイア』においても詩人は、［オデュッセウスの故郷］イタケや、［彼の妻に対する］求婚者たちの死については自分で語っているが、最大の嘘である事柄については、つまり［怪物］スキュラやキュクロプスや［魔女］キルケの魔薬、さらにオデュッセウスの冥界下りについては、［自分では］述べる勇気がなく、代わりに［登場人物の］オデュッセウスにそういうことを、［スケリア王］アルキノオスとその取り巻きに向かって語らせているのだ。(3) あの作品ではまた、木馬とトロイアの陥落とについて、［楽人］デモドコスにその歌の中で語らせる形にしている。(4)

---

(1) アキレウスが、華々しい活躍を見せたペンテシレイアを倒したとき、その美しい死に顔に魅惑され、彼女の死を嘆いたという点を、「意外な」、叙述に価する話材と言っている。

(2) これらの点は、ホメロス『イリアス』第二十一歌で語られる。

(3) これらの放浪冒険談は、この英雄自身による回顧談の形になっている（ホメロス『オデュッセイア』第九―十二歌）。

(4) トロイア陥落という、本篇の論者が「嘘」と断じる話をホメロスは、堂々と物語る勇気がないので、作中の楽人デモドコス（スケリア島に住む）に、スケリア人（パイエケス）相手に語らせる（ホメロス『オデュッセイア』第八歌五〇〇行以下）、という間接的形式を選んでいる、ということ。ただし『オデュッセイア』第十一歌五二三行以下参照。

彼の誤魔化しは徐々に進められた

三五　わたしの思うに、彼はそもそもこういうことは、本来ありもしなかった事柄なので、［初めは］意図さえしていなかったのだろう。ところが、創作を進めるうちに、人々がすべてを容易に信ずることを見て取り、彼らを軽侮するとともに、ギリシア人とアトレウス一族［アガメムノンたち］の機嫌を取ろうとして、すべてをごた混ぜにし、ことの経緯を逆さまにしたのである。[1]

彼は、［『イリアス』の］冒頭でこう語る。

怒りを歌え、女神よ、ペレウスの子アキレウスの
呪われた憤怒を。それはアカイア人に多くの苦しみを与え、
英雄たちの剛毅な魂をたくさんハデスに
送りこんだ。その身体は、あらゆる犬や鳥どもの
餌食になさしめた。そしてゼウスの意図は成就していった。[2]

三六　ここで彼が述べるつもりだと言っているのは、アキレウスの怒りのことだけであり、ギリシア人の禍いと滅亡のこと、彼らが恐ろしいことをたくさん受難し、多くの人間が死んで埋葬されずに終わったということを最大の事件として、創作に価することとして、語ろうということである。またその間にゼウスの意図が成就したとも言っている。これらのことは現に起こったことである。ところが、その後の戦局の変転やヘクトルの死は、聴衆を喜ばせたはずなのに、ここで［当冒頭部で］約束してはいないし、後にトロイアは陥落したという点も言っていない。たぶんまだ彼が、すべてをひっくり返そうという計画を立てていなかった

からなのだ。三七　それから禍いの原因を述べようとして、アレクサンドロスとヘレネのことは放っておいて、クリュセスとその娘のことで戯言を言っている。

三、トロイア戦争の真相

エジプト神官から真実を聞いたということ

そこでわたしは、エジプトのオヌピス(3)で、とても年を取った神官から聞いた話を記すことにしよう。(4)ギリシア人は他の多くのことについても真実に関して無知であると彼は笑っていたが、とくにその証拠として持ち出したのは、トロイアがアガメムノンによって落とされたと信じている点、またヘレネがメネラオスの妻

---

(1)ヘクトルのほうがアキレウスを倒した、勝ったのはギリシアではなくトロイア側（ただし休戦協定に終わる）、といった本弁論者の「真説」に基づいて言っている。

(2)ホメロス『イリアス』第一歌一行以下。

(3)ナイル・デルタの中部にあった町らしい（ただしモレルの校訂案による）。アイリアノス『動物の特質について』一二‐一一では、エジプトの神聖な牛の名として出ている。類似の人名としてプルタルコス『イシスとオシリス』三五四E参照。

(4)「すべての歴史」（三八節）を記録しているというエジプトの神官を、史実に関する権威ある情報源として掲げるのは、ヘロドトス（第二巻三、一一三（トロイア戦争について）、その他）やプラトン（『クリティアス』一〇八D）らに先例がある。

でいたときにアレクサンドロスに恋したとされている点であった。しかもギリシア人は、一人の男［ホメロス］によってかくも欺かれているので、誰もがその真実を誓うほどであるとは、と。

三八　また彼の言うには、これまでのすべての歴史はそこ［エジプト］で記されていて、あるものは神殿に、またあるものは碑文に保存されている、またあるものは碑文が破壊されたので僅かの者に記憶されるのみであり、さらに、多くの碑文の記録は後代の人間の無学と無関心によってもう信じられなくなっている、と。また、トロイアに関する記録は最新のものに属している、メネラオスが［トロイア戦後に］自分たちのところにやってきて、すべての事実を語ったのだ、と。

三九　詳しく説明してほしいとわたしが求めると、初めは彼は躊躇った。そして言うには、ギリシア人はほら吹きで無知であるにもかかわらず、自分たちを博学であると考えている。個人においても集団においても、いちばん手に負えない病は、無知である者が自分を賢者と見なすときである。そういう人間はけっして蒙昧から脱することができないのだから、と。

四〇　そしてあなたたちは――と彼は言った――、こういう人間のせいで笑うべきさまに陥っており、その結果、ある別の詩人が、ステシコロス(1)だったと思うが、ホメロスに従ってヘレネのことをまったく同じ趣旨で創作したが、そのため、嘘つきの咎でヘレネによって盲目にされ、その後、［ヘレネは実はトロイアへは行かなかったという］反対の内容の作を創ってふたたび目が見えるようになったと伝えているが、こういうことをあなたたちは言う一方で、ホメロスの作もそれに劣らず真実であると唱えている。

四一　そしてステシコロスは、後のほうの［反対の］歌で、そもそもヘレネは［スパルタから］どこにも航海しなかったと述べたとされるのに、他の者たちは、アレクサンドロスによってヘレネは誘拐はされたが、行き着いた先はここ、われわれのエジプトだった、と言うありさまである。[2]そして、ことがこれほどに曖昧で、大いなる無知に覆われているのに、それでも人々は、欺瞞があるのではないかと疑うことができないのだ、と。

（1）ステシコロス（シケリア・ヒメラ出身の抒情詩人、前七―六世紀）は、初めは伝承どおりヘレネのトロイア行のことを歌う詩を作ったが、それで彼女の怒りを買い（女神ヘレネについて一四節参照、ただし懲罰を与えた神をディオスコロイとする説もある）、盲目になった、それで、彼女は実はトロイアには行かなかったという内容の「歌い直し palinōdia」を制作したところ、彼の目はふたたび見えるようになった、という。両作とも詳しい内容は分からない。「歌い直し」では、ヘレネは実はエジプトにいた、というもう一つの新機軸も導入されていたとする資料もあるが（エウリピデス『ヘレネ』、*Poetae Melici Graeci* 193 など）、ヘレネはどこにも行かなかった（つまりずっとスパルタにいた）とするディオンの説明（四一節）では、エジプト云々は別の者の説とされている。さらにエジプト説を明確に記すヘロドトス（次註参照）は、それが自分の新説であるかのように述べている。エウリピデス『ヘレネ』三一行以下などや『エレクトラ』一二八〇行以下で述べられる、トロイアに行っていたのは実は（ヘラまたはゼウスによって）ヘレネに似せられた幻像だったという点は、ステシコロスの創意にさかのぼると言われるが、またヘシオドスがすでにそれを導入していたとも説明される（「断片」三五八）。

（2）ヘロドトス第二巻一一二以下、エウリピデス『ヘレネ』プロロゴスなど参照。

四二　彼の言うには、これの原因は、ギリシア人が享楽的であるからだ、と。彼らは、誰かの話を楽しんで聞くと、それを真実と見なしもする。そして詩人たちに、何にせよそうしたければ嘘をつくことを許容し、彼らにはそれが許されているのだと言う一方で、彼らが語ることは何でも信じて、ときには、論争の的となっている事柄に関する証人として引き合いに出すこともある。

しかし、エジプト人のもとでは、何ごとも韻律をもって語ることは許されないし、そもそも詩というものがない(1)、なぜならそれが耳に対する快楽の魔薬であることを彼らが知っているからである、と。だから、渇いている者は水を飲めば事足りるのであり、ぶどう酒をまったく必要としないように、真実を知りたいと思う者も、［ホメロスの叙事詩のような］韻律を求めはせずに、ただ単純に［散文形で］聞くだけで十分なのだ。四三　しかるに詩は、虚偽に耳を傾けるよう人を籠絡する、ちょうどぶどう酒がよからぬ［、不摂生な］飲み方へ誘うように、と。

そこでわたしは、［トロイア戦について］彼から聞いたとおりに述べるべく努めよう。そして彼の話が真実だと思われる根拠も付け足すことにしよう。

少女時代のヘレネ

彼の言うには、スパルタにテュンダレオスという賢く偉大な王が現われた、彼とレダとの間に二人の娘があり、われわれの呼ぶとおりクリュタイメストラとヘレネという名であった、また、男の双子［カストルとポリュデウケス］があって、美しい偉丈夫で、他のギリシア人に優っていた。四四　ヘレネはその美しさが評

（1）エジプトには詩（ポイエーシス）がないという点は誇張と思われる。ヘロドトス第二巻四八（ディオニュソス讃歌）、同六〇参照。また同じくヘロドトス第二巻七九で、「エジプトには歌が一つしかない」（松平千秋訳）、つまりリノス（エジプト語でマネロス）のための哀悼歌しかなく、「エジプトの最初にして唯一の歌謡」であると言われているのを参照（エジプト人の保守性の一証拠として挙げられている。芸術における新傾向を禁じるエジプトの仕来りについてプラトン『法律』第二巻六五六D以下参照）。このヘロドトスの箇所に関して、じっさいは他の神々への讃歌や王への頌歌もあったはずだが、曲調が画一的なゆえにそう思われたのだろうと解されている。またディオドロス・シケリオテス一・八一・七では、エジプトでは、（レスリングと）音楽を子供に教えることはしない、音楽は聴く人の心を軟弱にするから、と言われている。他方、クセノポンは、アピスの神殿の周りで、子供たちがあるときは韻文で、あるときは散文で予言をすると記す（『エペソス物語』第五巻第四章九）。ギリシア人たちにエジプトの音楽や詩のことがよく知られていたとは思われず、それぞれの著者がそれぞれの思いこみや傾向に従って記述しているという面があるだろう。本箇所では、たとえばディオドロスの第一巻（ギリシアの宗教や神話などの源をエジプトに見る九六—九八節その他参照）によく現われているエジプト讃美の流れに乗っている（ディオドロスの引用箇所一・八一・七は、音楽という「快楽」への批判において、本箇所と通じ合う）。また、韻律（詩）形式は音楽と結びついているが、ギリシアには、音楽批評において、より素朴な性質のものを良しとする伝統がある。韻律などの「快楽」への批判と、「水を飲めば事足りる」という譬えに関して、クリュシッポス『初期ストア派断片集』Ⅲ七〇六（*SVF*）参照（理想国家論の中で）。なお、真正のエジプト人というより、マケドニア人の子孫としてだが、アレクサンドリア人は逆に歌に浮かれているとディオン第三十六篇六三—六六で非難されている（対照的にスパルタ人はキタラ琴を排除したという、同六七）。

判になり、まだ小さな少女のときたくさんの求婚者が現われたが、アテナイ王テセウスにさらわれるにいたった。そこでヘレネの兄たちがすぐにテセウスの国にやってきて市を蹂躙し、妹を取り戻した。捕らえた他の女たちは解放したが、テセウスの母［アイトラ］は捕虜として連れ帰り、彼への復讐とした。兄弟は全ギリシアを敵にしても戦えるほどであり、その気になれば容易に皆を屈服せしめただろう、と。

四五　そこでわたしは言った。われわれのもとでもそういうことは話されている、またわたし自身、オリュンピアにあるヘラ神殿の後陣で、その誘拐事件の記録が、キュプセロス奉献の木箱にしるされてあるのを見たことがあり、そこでは、ヘレネがアイトラの頭を足蹴にしながらその髪を引っ張っているのをディオスコロイ［カストルたち］が引き止めていて、古風な文字の銘文も書いてあった(1)、と。

パリスは、国際結婚の慣習の下で、ヘレネを正当な形でめとった

四六　その後――と彼は話した――アガメムノンがテュンダレオス一族を恐れ――というのも、自分が［小アジア出身の祖先を持つ］異邦人であり、よそから来て［ギリシアの］アルゴスを治めていることを自覚しているので――、姻戚になって彼らを味方にしようと思った。それでクリュタイメストラをめとったのである。またヘレネを弟［メネラオス］の嫁に求めたが、これはギリシア人の誰一人として許そうとはしなかった。めいめいが、生まれから言って、［小アジア人］ペロプスの孫たるメネラオスより、自分のほうこそそれにふさわしいと主張したのである。さらに異国からもたくさんの求婚者が、彼女の美しさの評判と、兄弟や親の勢力とのゆえに、やってきた。

四七　これも本当の話であるようにわたしには思えた。なぜなら、［ギリシア・ペロポネソス半島の］シキュオンの僭主クレイステネスの娘に対する求婚者には、イタリア人もいたというではないか。[2]また［ペロポネソス・ピサ市の王］オイノマオスの娘ヒッポダメイアをめとったのは、アジア［小アジア］出身のペロプスであるし、[3]テセウスは、［黒海に注ぐ］テルモドン河畔から来たアマゾンの一人といっしょになった。[4]四八　また彼の言うには、［アルゴス女］イオも嫁に出されてエジプトに着いたのである、［伝説のように］雌牛に変わり、そういう姿で虻に追われて狂乱しつつやってきた[5]のではない、と。

このように、遠く離れた有力な家同士がお互いに妻をやり取りする習慣だったので、アレクサンドロスも——と彼は言った——求婚のためにやってきたのである。それは、ほとんど全アジアを治める父［プリアモス］の権勢をたのんだからであり、またトロイアもそれほど遠くはなく、とくにペロプス一族［アガメムノンたち］がすでにギリシアで王家になっていて、［アジアとギリシアの］交流が大いに進んでいるからであった。

(1) パウサニアス五-一七-五以下参照。
(2) ヘロドトス第六巻一二七参照。
(3) タンタロスの子ペロプスは、小アジアのシピュロス（スミュルナ北東）からギリシアに来て、オイノマオスとの戦車競走に勝ち、ヒッポダメイアを嫁に得て、アトレウスをもうけた。アガメムノンとメネラオスの祖父。
(4) アマゾン族の女王と結婚してヒッポリュトスをもうけた。
(5) イオは、アルゴスのヘラの女神官。ゼウスに愛されたことがヘラに知れ、雌牛に変身させられた。そして虻に追われながらエジプトまで流浪し、そこで人間の姿に戻ってエパポスを生んだ（エパポスはエジプトの王となった）。

四九　彼は、求婚者としては莫大な富と大がかりな支度を伴い、美しさで際立ちながら、テュンダレオスおよびヘレネの兄弟と会談して、プリアモスの王国や財産の量やその他の権勢について語り、さらに、王国は自分の相続になると述べたという。[1]また言うには、メネラオスは嫡流ではない、アガメムノンの子たちに王権は属するのであって、彼にではない、さらに、自分は神に愛された身で、アプロディテから人間のうちで最高の結婚を約束されている、そこで自分は彼〔テュンダレオス〕の娘を選択した、その気になればアジアから、エジプトであろうとインドであろうと、どの王家からもめとることができるのだが、と。五〇　なぜなら、トロイアから始まってエチオピアまで、すべての民族を自分は治めている、[2]というのは、エチオピア王は自分のいとこ、つまりプリアモスの兄弟ティトノスの子であるメムノンなのだから、と述べたという。そして他にも気をそそることをたくさん言い、レダとその親族に贈り物をしたが、それはギリシア人が束になっても不可能な量だった。

また彼の言うには、自分はヘレネの親族でもある、というのは、プリアモスはゼウスの子孫であるが、彼ら〔ディオスコロイ〕とその妹〔ヘレネ〕もゼウスの子であると聞くからである。またアガメムノンとメネラオスが彼の祖国を難じるのはふさわしくない、彼らも〔小アジア・〕シピュロス出身のプリュギア人なのだ。アジアの王族のほうが、そこからの〔ギリシアへの〕移住者よりも、縁組相手としてずっとよい、〔トロイア前王〕ラオメドンも、〔アイアスの父〕テラモンに自分の娘ヘシオネを与えた、というのは、彼〔テラモン〕はトロイアへヘラクレスとともに求婚者としてやってきたのである、ヘラクレスを伴ったのは、この男がラオメドンの友であり、客友関係にあったからである、[3]と。

（1）これはパリスのはったりであろう（後で、プリアモスの後継者にヘクトルがなったことが語られる、ただしパリスはそれ以前に戦死した、と（一一七、一二四節））。ただ、通常の伝承においてプリアモス王が、ヘレネ誘拐という大それた事件を引き起こした彼にかなり甘い態度を見せている印象はある（プリアモスが、パリスの死後ふさぎこんだという一一八節参照）。またパリスがギリシアに来たのは、プリアモスに派遣されて（王女ヘシオネがテラモン（アイアスの父）に連れてゆかれたのでその返却を要求するためなど）、とする説も行なわれており（*RE*, XVIII, 4, p. 1500 sq.）、伝承一般において彼の高い地位が表現されている。プリアモス一族とトロイア戦の伝説において、本来の世継ぎ的王子、国の守護戦士はパリスであり、ヘクトルはより後代の創作によって新たに導入された人物という解釈も近代にはある（e.g. L. Preller-C. Robert, *Griechische Mythologie*, Berlin, 1921, II 977, M. P. Nilsson, *Homer and Mycenae*, London, 1933, p. 264 sq.）。三女神の審判において判定役を任せられるのもパリスであり、ヘラから彼は全アジア（またヨーロッパ）の王にしてやろうと約束される。本篇の設定において、「莫大な」財産を携えながらやってきた彼がこう言うのは、テュンダレオスたちにとって、必ずしも明々白々な嘘とは思われなかっただろう。

（2）ディオドロス・シケリオテス二-二二では、当時はアッシリアが全アジアの支配者だったと言われている。そして、ギリシアから攻められたトロイア（アッシリアの属国）の王プリアモスが、アッシリア王テウタモスに援軍を求めたとき、テウタモスは、エチオピア（ここでは「東のエチオピア」のことで、アフリカのそれとは異なる）人の将軍メムノンをトロイアに派遣した、と（プラトン『法律』第三巻六八五C参照）。メムノンは、通常の伝説では、（アフリカの？）エチオピア王で、戦争末期にトロイア側を援けるため参戦し、アキレウスに倒された。

（3）通例のヴァージョンでは、トロイアが海から現われる怪物に苦しめられるので、それを宥めるためラオメドンの娘ヘシオネが巌に縛り付けられて人身御供にされかかっているのを、アマゾン族への遠征から帰国途中のヘラクレスが解放した。しかしラオメドン王がそのために約束していた報酬を与えなかったので、その後ヘラクレスはテラモンらを伴ってトロイアを攻略し、一番乗りの手柄を立てた後者にヘシオネを贈った。彼女を連れてテラモンはギリシアに帰った（彼女から、大アイアスの異母弟テウクロスが生まれた）。五六節以下および一四七頁註（2）参照。

五一　こういう言葉を受けテュンダレオスは、息子たちと協議した。そして考えてみると、アジアの王族を〔姻戚に〕加えるのは悪くはないと思われた。すでに、アガメムノンの妻として、クリュタイメストラは、ペロプス一族の家をおさえている。今後は、プリアモスと姻戚関係になれば、かしこ〔アジア〕の権力を握ることになり、そうすれば、彼ら〔テュンダレオス一族〕がアジアとヨーロッパのすべてを支配することを誰も阻止できないことになる、と。

これにはアガメムノンが抵抗したが、もっともな理屈に負かされた。五二　自分らと縁者になれただけで彼には十分だとテュンダレオスは言い、それとともに、彼の弟〔メネラオス〕が同じ条件を得たら彼のためにはならないと諭した。その場合は弟はより陰謀に走りやすくなるだろう、アトレウスに対しても〔弟〕テュエステスは好意的ではなかったのだから、と。とくに説得的だったのは、他のギリシア人求婚者たちが――ディオメデスもアンティロコスもアキレウスも――、自分たちが選ばれなかったら我慢すまい、いや敵意を抱くことだろう、そしてこういうギリシアの最有力者たちを敵に回すことになるだろう、五三　だから、戦と内紛の原因をギリシアに残さないほうがよい、という言葉だった。

アガメムノンは渋い顔を見せたが、テュンダレオスの意向に逆らうことはできなかった。彼〔テュンダレオス〕は自分の娘〔ヘレネ〕のことを思いどおりに決めることができたからである。同時に、彼の息子たち〔ディオスコロイ〕を恐れる気持ちもあった。

このようにしてアレクサンドロスは正当な仕方で、ヘレネの両親とその兄弟を説得して、彼女をわがものにし、得意顔で、喜び勇みながら連れ帰ったのである。そしてプリアモスも、ヘクトルも、他の者も、皆がこの結婚を祝賀し、犠牲式と祈願とともにヘレネを受け入れたのだ、と。

ホメロスの叙述（＝伝承）への反駁

五四　また神官は言った。これと反対の話の単純さを考えてみよ、そういうことがありうるものかどうか。まずは、自分が見たこともない女に誰かが恋するということ、次には、夫と祖国とすべての肉親を、それに思うに小さな娘［ヘルミオネ］の母にもなっているというのに、それらを捨てて他の民族の男についてくるよう説き伏せる、などということが。こういう不合理さの［糊塗の］ゆえに、アプロディテに関するもっと馬鹿げた話が作り出されたのである。五五　またアレクサンドロスがそういうことを企てたとして、どうして父［プリアモス］は、愚か者ではなくむしろとても分別があると思われる人なのに、それを許してしまったのか。彼の母［ヘカベ］も同様である。またヘクトルは、後になってから、誘拐のことで彼を咎め難詰し、ホメロスの言葉では、

くそパリスめ、見目はよいが女狂いの詐欺師め、
お前など生まれてこなければよかった、結婚する前に死んでいればよかったのだ。
キタリス琴もアプロディテの贈り物も
その髪も見目形も、お前が土にまみれるときは、役に立たないぞ。(1)

（1）ホメロス『イリアス』第三歌三九—四〇、五四—五五行。

と言っているのに、五六　初めの頃は彼のそういう企てに譲歩したとはどうして考えられよう？　また、〔トロイア王子〕ヘレノスは占い師であるのに、〔トロイア王女〕カッサンドラも神の巫女だったのに、どうしてこれについて予言しなかったのか。彼らに加え、〔トロイアの貴族〕アンテノルも、分別ある男のようだが、そもそもヘレネを近づかせないこともできたはずなのに、そうはせず、後になって憤慨し、すでに行なわれたことを非難するとは。

馬鹿さ加減の甚だしさを、また虚偽が虚偽と矛盾し合っていることを、あなたがよく理解できるように、こういうことも言っておこう。伝えるところでは、その幾年か前に、ヘラクレスがトロイアを攻略したというが、理由は些細なことで、ラオメドンが馬たちを彼に与えると約束していたのに、けっきょく欺いたということで怒ったのだ――

五七　詩人がそういうことを述べている詩句をわたしは想起した。

彼〔ヘラクレス〕は、かつてここへ、ラオメドンの馬たちのことで、
たった六隻の船と僅かな戦士たちとともにやってきて、
トロイアの市を略奪し、街中の人影を絶やさせた。(1)

――これも、と彼は続けた、真実ではない。なぜなら、市がそのように攻略され荒らされたというのに、どうして僅かな期間でそれほどの復旧を遂げ、アジアで最大の国になることができただろう？　またヘラクレスは、長い間不落だった市を六隻の船で攻略したのに、どうしてギリシア人は一二〇〇隻でやってきても落とすことができなかったのか。あるいは、どうしてヘラクレスはプリアモスを王位に就かせたのか。彼の父

［ラオメドン］のほうは誰よりも憎い男として殺したのに、国の支配者としてその息子以外の者を指名しなかったとは。(2) 五八　また、もし話されるとおりだったとすると、トロイア人とプリアモスはギリシア人を敵に持つことをどうして恐れなかったのだろう。以前にも、それほどの罪は犯していないのに、滅ぼされ国を追われたことを知っているわけだし、多くの人が、陥落のさまを記憶しているのに、誰一人そのことに思いをいたさず、アレクサンドロスを阻止することもしなかったとは。

またどのようにして彼は、ギリシア到着後にヘレネと懇意になり、話を交わして、最後には国から逃げ出すよう説得することができたのか？　彼女が、両親も、祖国も、夫や娘も、ギリシアでの評判も気にかけず、さらには以前に彼女をテセウスから奪い返して、誘拐されたままにはしておかなかった兄弟［ディオスコロイ］のことも恐れなかったとは。五九　メネラオスがそこにいたとしたら、どうしてそういう画策に気づかなかったのだろう。もし夫が不在だったとしても、妻が異国の男とねんごろになったときに、彼らのはかりごとを誰も感知せず、気づいても隠蔽したとか、さらには、テセウスの母アイトラも、捕虜であったのに、彼女とともに船出した、とかいうことが考えられるだろうか。ピッテウスの娘［アイトラ］が、スパルタで

(1) ホメロス『イリアス』第五歌六四〇行以下。

(2) アポロドロス『ギリシア神話』二-六-四などで伝えられるヴァージョンでは、ヘラクレスによるトロイア陥落のとき、英雄から、彼女が望む捕虜一人だけを赦すと言われたヘシオネは、弟ポダルケスの命を乞うた。英雄が、彼はまず奴隷になってから買い戻されねばならないと言うと、彼女は自分のヴェールで彼を贖った。ポダルケスは、「買う（プリアスタイ）」という語に因んでプリアモスと改名された、と。セネカ『トロイアの女たち』七一八行以下では、英雄は、幼いプリアモスの涙に負けて赦した、と心理学的に説明される。

奴隷の仕事をするだけでは十分ではなく、トロイアまでついて行くことを自ら選び取ったというのであり、六〇 アレクサンドロスのほうも、大胆に好き放題にことを行ない、女を連れ出す、というだけでは事足りず、［メネラオスの］財産までそこに加えた、というのだから。

さらに、メネラオスの側からも、テュンダレオスの周囲からも、またヘレネの兄弟も、誰一人その後を追って船を出すことをしなかったという。ラコニア［スパルタ］地方には船があったのだし、さらに、［パリスたちは］まず徒歩でスパルタから海岸へ下っていったのだから、察するに、誘拐のことはすぐ知れ渡ったはずであり、そのようにヘレネがアレクサンドロスと出立したということはありえない。

彼女は、結婚のために、家族から進んで嫁に出されたのである。六一 アイトラが彼女と到着したということも、財産が運ばれたということも、当然のことだったのだ。これらは誘拐のしるしではなく、結婚をはるかによく指し示す証拠なのだ。

ギリシア人のトロイア遠征とトロイア側の抗戦の決意（伝承への反駁を含む）

さて、上述のように、アレクサンドロスが彼女をめとって立ち去ると、求婚に失敗したメネラオスは不快になり、裏切られたと言って兄を責めた。六二 アガメムノンは、彼のことを気にかけるというよりは、アレクサンドロスを恐れた。結婚を通じてつながりのできたギリシアの政治に、彼が介入してくるのではないかと疑ったのである。そこでギリシアの他の求婚者たちを呼び集めて言うには、彼らは皆虚仮にされ、ギリシアは見下された、いちばん優れた女性が蛮夷のもとへ嫁に出されて行った、あたかもここにはふさわしい男が一人もいないというかのように、と。

六三　こう言いながら彼は、テュンダレオスには罪はない、贈り物に惑わされたのだから許してやるべきだ、と勧める一方、すべての責任はアレクサンドロスとプリアモスにある、と言って、トロイアへいっしょに軍を進めようと呼びかけた。皆が力をあわせれば、陥落させる見込みは大きい、そうなれば彼らは多くの財産を奪い、きわめて優れた国を手に入れることになるだろう。トロイアはあらゆる都市の中で最も豊かであるし、人間のほうは贅沢のゆえに堕落しているのだ、また自分は、ペロプスの子孫の親族をアジアにたくさん持っている、プリアモスを憎んでいるから協力してくれるだろう、と。

六四　これを聞いて、ある者はこの件を真にギリシアへの侮辱であると憤ったが、またある者は出征によって利益が得られるだろうと期待した。アジアは財に充ちた、富のあふれる国と思われていたからである。もし彼らが、ヘレネへの求婚においてメネラオスに敗れていたなら、気にはしなかっただろう、むしろ逆に彼を祝賀したはずである。しかし今の場合は、皆がアレクサンドロスを憎んでいた。めいめいが、結婚の相手を奪われたと思っていたのである。かくて遠征が行なわれた。そしてアガメムノンは使者を派遣して、ヘレネは、ギリシアの女として、ギリシア人に嫁ぐのが当然であると主張し、彼女の返還を要求した。

六五　これを聞いてトロイア人とプリアモスは怒ったが、とくにヘクトルの憤りは大きかった。アレクサンドロスは掟どおりにヘレネの父から彼女を得、彼女も彼といっしょになることを望んだというのに、彼らのほうはこのように恥知らずな言葉を厚かましくも述べるのか、と。戦の口実を求めているのは明らかだ、自分たちのほうが強いが、戦を始めることはせず、それを仕掛けてくる彼らを撃退することにしようと人々は言い合った。こういう理由でトロイア人は、攻撃され、多くの禍いをこうむりながら──ホメロスが述べるほどではないが、土地は荒らされ、多くの人間が殺される中で──長い時を耐えたのだ。不正な振る舞いに及んでいるのはギリシア人であること、アレクサンドロスは何も悪いことはしていないことを知っていたからである。六六　もしそうでなかったら、トロイア人や兄弟たちの誰にせよ、また父［プリアモス］にせよ、彼のことを我慢しただろうか──市民たちが殺されてゆき、国全土が彼の無法行為によって灰燼に帰す恐れがあったというのに。

ヘレネを引き渡せば自分たちは助かったはずだが、彼らはのちにも、伝えによれば、アレクサンドロスが死んだとき彼女を留め置き、［彼の弟］デイポボスといっしょにさせたという。それは市の中に最大の幸を有しているかのようであり、それが彼らのもとを去ることを恐れていたかのようである。六七　しかし、以前はアレクサンドロスへの愛のゆえに彼女が留まっていたのなら、どうしていまさら留まり続けようと思ったのか──彼女が、言われるように、デイポボスにも恋したというのなら話は別だが。(1)［従来の説だと］トロイア人は、彼女を引き渡したがっていたはずなので、現実にそうするよう彼らを説得することはできたはずなのだ。しかし、［その障害として］彼女がギリシア人を恐れていたというなら、先に和解の条件(2)を講じる必要があったわけだが、彼らも、優れた戦士がたくさん死んでいたので、喜んで戦から手を引いたことだろう。

誘拐ということは真実ではなく、戦の原因をトロイア人が引き起こしたということもないのである。だから彼らも生き残れるだろうという希望を持っていたのだ。人間は、不正を受けている場合には、防戦しつつ最後の最後まで持ちこたえるものなのだ。

以上のまとめ

六八　まさにこういうことが、わたしの言うとおりに行なわれたのだと考えたまえ。なぜなら、こう説いたほうがずっと信憑性があるのだ。つまり、テュンダレオスはアジアの王族と進んで縁組を結んだのであり、メネラオスは求婚のことで望みを絶たれて不愉快になったのである、またアガメムノンは、自分の祖先のペロプスが〔アレクサンドロスと〕同じ地方から来て、〔ペロポネソス・ピサの王〕オイノマオスとの姻戚関係からペロポネソスを領有するにいたったことも聞いているので、ギリシアをプリアモス一族に支配されることになるのではないかと恐れたわけであり、他の領主たちは、自分が結婚できなかったことを根に持って戦に参加したのである。こう説いたほうが、アレクサンドロスは知りもしない女に恋し、彼の父〔プリアモス〕もそのような行為のために航海することを許した——しかも伝えによればトロイアはギリシア人〔ヘラクレス〕によってわりと最近落とされ、その父ラオメドンもそのとき殺されたというのに——とするよりも信じうるのである。六九　またその後攻撃され、それほどの禍いをこうむりながら、助かる見込みもないのに、アレ

（1）皮肉な表現であり、本篇では受け入れられない（七〇節も同様）。すでにパリスの生前に両者は愛し合っていたという説があった（イビュコス、シモニデス）。他方、パリスの死後、デイポボスがヘレネを犯して無理やり妻としたとも言われる（エウリピデス『トロイアの女たち』九五九行、ただしヘレネの自己弁護の中の言い分）。

（2）ヘレネをギリシア人は罰しない、という条件を織り込んで、彼女が帰国しやすくする、ということ。

クサンドロスの生存中も死後もヘレネを引き渡そうとしなかったとか、ヘレネが、そもそも知り合いになったこともなさそうな異国の男に恋し、祖国も肉親も夫も捨てて、彼女を憎む人々のもとへ、恥にまみれながらやってきたとか、こういうことが起きているのに［スパルタ人の］誰も何一つ阻止せず、彼女が出てゆくときも――それも徒歩なのに――、また船出してからも、追おうとはしなかったとか、テセウスの母［アイトラ］が、年寄りでしかもヘレネを当然憎んでもいるのに、彼女と航海をともにしたとか、七〇 そのあとで、彼女が愛していたというアレクサンドロスが死ぬとデイポボスといっしょになったとか――思うに彼にもアプロディテの約束があり、そのとおりになったということだろう――、彼女もトロイアを出て夫のもとに帰ろうとは思わず、トロイア人も力ずくで陥落させられるまで彼女を引き渡そうとはしなかった、とかいったもろもろのことは、何一つありそうにないし、ありえたことでもないのだ。さらに、いま述べた事柄に次のような点もある。

ヘレネの兄弟が遠征に参加しなかった理由（伝承への反駁を含む）

他のギリシア人はすべて、利害関係はより小さかったのに軍勢に加わった、ところが、いちばん侮辱を受けたはずのカストルとポリュデウケス［ヘレネの兄弟］だけはトロイアに来なかったとホメロスは言う。七一 こういう不首尾を隠そうとして彼はヘレネにこのことを不審がらせるが、後で弁明して、その前に彼らは死んでいたのだと付け加える。とすると、彼らの存命中に彼女の誘拐が起きたことは明らかである。それなのに彼らは、なんとかして航海中を捉えるか、それができなければ自分たちの兵力で戦を仕掛けるかするために、すぐ妹の後を追いかければよいのに、[1] そうはせず、アガメムノンが軍を集めるのに一〇年間ぐずぐずしているのを我慢した[2]というのか？　七二　こう言うのも、テセウスという、傑出したギリシア人で、多くの民［アテナイ人たち］を支配するとともに、ヘラクレスとペイリトオスの友でもあり、またテッサリアやボイ

（1）ディオスコロイ（ディオスクロイ）の死についてはホメロス『イリアス』第三歌二三六行以下参照。『キュプリア』では、ヘレネ誘拐の頃、イダスとリュンケウスとの戦いで、カストルがイダスによって殺され、ポリュデウケスがイダスとリュンケウスを倒した、その後カストルとポリュデウケスは、（ラケダイモンで）一日おきに不死になる（言い換えれば死ぬ）定めをゼウスによって与えられたと言われている（『キュプリア』プロクロス梗概）。妹の誘拐を放置したという流れは、ディオンの指摘のように奇妙なので、こういう辻褄あわせ的な説明が行なわれるが、もともとこの双子神ディオスコロイの神話とヘレネ誘拐を含むトロイア戦伝説とは別々のものなのでこういう不整備があると解されている。また、「追いかけ……はせず」という点について、ダレース『トロイア滅亡史』一一では、ディオスコロイは、ヘレネ誘拐を知るとすぐ船で追跡したが、レスボス島で消えうせた（神となったと噂された）と記されている。

（2）遠征実行まで「一〇年間ぐずぐず」していたというのは、ホメロス以降に発展したと見られる伝説で、トロイアそのものに攻め込むより先に、その南のミュシアに誤って上陸し、戦った後いったんギリシアに戻り、ふたたび遠征軍を、今度はトロイアその地に差し向けるのに、船隊の準備などで、合計としてその年数がかかったということを踏まえて言っている（アポロドロス『ギリシア神話』摘要三-一八参照）。

オティアを同盟者に持っていた男に対しては、〔少女のヘレネを彼が誘拐したさいは〕すぐに攻めていったのに、〔非ギリシア人の〕アレクサンドロスに対してはそうはせず、アトレイダイ〔アガメムノン兄弟〕が一〇年もかけて軍勢を集めるのを辛抱したというのはありえないことなのだ。たぶん〔娘ヘレネ奪還のためには〕テュンダレオスその人さえも戦に行ったであろうし、その年齢もなんら障害にはならなかっただろう。七三 〔ギリシア軍中の老将〕ネストルやポイニクスより年をとっていたのでもないし、彼らのほうが、父その人より、〔娘の誘拐のことで〕憤りを抱くのにふさわしい人物であるわけでもないのだ。

いや、〔真実は〕彼自身もその子供〔ディオスコロイ〕も戦には行かなかった。遠征軍のことは彼らの望むところではなかった。彼らは自ら進んでヘレネを嫁に出したのであり、それは他の求婚者たちよりもアレクサンドロスのほうが、権力の大きさと男らしさにおいて優っていると判断したからなのだ。彼の気性は誰にも劣っていなかったのである。(1)

だから彼らも、またラケダイモン人のなんびとも、遠征に来ることはなかった。またメネラオスがラケダイモン人を率いてきたとか、まだテュンダレオスの存命中に彼がスパルタを治めた(2)、とかいうことも偽りである。七四 なぜならネストルは、出発前も、トロイアから立ち去るときも、老齢のゆえに王権を息子たちに譲ることはなかったのに、テュンダレオスがメネラオスに地位を明け渡したとするのは奇妙だからである。こういう点にも問題がいっぱいあるのは明らかである。

戦争初期のこと

さて、攻めに来たギリシア人たちは、当初は上陸を阻止された。そしてプロテシラオスや他の多くの戦士が無理に下船しようとして殺された。そこで講和を結んで死体を引き取り、［トロイア対岸の］ケルソネソスに渡ってプロテシラオスをそこに埋葬した。それから周航してそこの地方に上陸しては、町々を攻略していった。

七五　アレクサンドロスのほうは、ヘクトルとともに、田舎の民衆をすべて市内へ集結し、海沿いの小さな町々は、全方面に救援軍を出すのは不可能なので、放置した。敵軍はふたたびギリシア軍の港に戻ってきて、夜の間にこっそり上陸した。そして停泊地に防壁をめぐらし、濠を掘ったのだが、それはヘクトルらト

明け渡した」というのはおかしいと論じられる。

（1）ホメロスではパリスは臆病者として描かれたり、他人からそうなじられることがある（『イリアス』第三歌三一行以下、同四五行など）。また「女狂い」とも言われる（同三九行など）。それに対する反論。

（2）ホメロス『イリアス』第二歌五八一行以下で、メネラオスがラケダイモン（スパルタを含む地域）の軍勢を率いて六〇艘の船でやってきたことが語られる。メネラオスは、スパルタ代々のテュンダレオス家の入り婿である。この点によって以下で、まだ元気な「テュンダレオスがメネラオスに地位を

ロイア人を恐れたからで、自分たちのほうがむしろ城攻めされる立場であるかのように準備を進めたのである。

七六　ある人々は、他の点ではホメロスの説明を認めるが、防壁については、［彼の記述をそのままでは認めず］それができたとは彼は述べていないという。なぜなら後のほうで彼は、アポロンとポセイドンが防壁に向け河流を集めてそれを消滅させたと言っているからだ、と。(1) いちばん納得できる解釈は、防壁の基部が冠水した［そして砂に埋もれて見えなくなった］とすることだ。今でも河の数々はこの地を沼地化し、沖合いにまで泥を運んでいるのである。

その後の状況とギリシア軍の苦戦

七七　残りの年月の間ギリシア人は害を加え、自分たちも被害をこうむった。戦場での戦いはあまり行なわれなかった。中にいる敵の多さと勇敢さとのために、トロイア市に近づく度胸がなかったのだ。ギリシア人は小競り合いと盗みを繰り返した。このようにして、［プリアモスの息子］トロイロスも、子供だったが、殺され、［同］メストルら、他の多くの者も倒された。アキレウスは、待ち伏せしたり夜襲をかけたりするのに恐るべき才能を発揮したのである。七八　こうしてイダ山でアイネイアスに襲いかかり、ほとんど殺しそうになったし、国中で多くの者をそのようにして襲撃し、守りの悪い砦を奪っていった。ギリシア人は陣営地周辺以外の土地は掌握していなかったのである。その証拠はというと、もしトロアス［トロイアの地方］が占領されていたら、［トロイア王子］トロイロスが城壁の外で、しかもだいぶ市から離れて、運動すること

（1）古代において、ギリシア艦隊の防壁はまったくの虚構であると論じられることがあった（ホメロスの記述はだいたいは史実に基づくという前提に立っている）。一つには、後代でも残っていた英雄たちの墓（一〇三節参照）などに比べ、詩人が描く海岸の防壁は跡形もないからである。アリストテレス（「断片」一六二）は、「それは（じっさいは）生じなかった、それをこしらえた詩人が消滅させた」と皮肉る。つまり、確かにホメロスは、ギリシア人たちがその防壁と濠を作ったこと（『イリアス』第七歌四三六行以下、同三三七行以下の「砦を作ろう」というネストルの提案による）、またその周りで激しい戦いがトロイア軍との間で行なわれたこと（同第十二歌は「防壁をめぐる戦い teichomachia」と題されている）を叙述しているが、まさに後者の主題に関わる詩的描写を行ないたかったがゆえにホメロスは防壁建築という虚構的創作を行なったのである、そして「しっぽ」を摑まれないように、それは戦後に、ゼウスが大雨を降らせ、ポセイドンとアポロンが諸河の水流を集めて押し流させることにより、消滅させられたと付け加えている（同第十二歌一七行以下、同第七歌四六一行以下参照）、と。本箇所の「基部が冠水した」（そして埋もれた、上部は当然朽ち果てたと前提される）という主張は、『イリアス』第十二歌二八行以下「（ポセイドンは）木材と石の基部を海の波に送りこんだ」による。ディオンの主張は、ギリシア人が「自分たちのほうがむしろ城攻めされる立場であるかのように準備を進めた」（七五節）という考えに立つので、防壁建造を認める。

もなかったろうし、[1]皆が認めるようにトロイア人が、［海峡を挟んだ半島］ケルソネソスに耕地を持っていることもできなかったであろう。また、［トロイア南西の島］レムノスからぶどう酒が彼らのもとにもたらされることもなかったはずだ。

七九　さて、ギリシア人は、戦いの成り行きが思わしくなく、期待したことは何も実現せず、それどころかトロイア側にたくさんの味方がつねに合流してくるという状況下で、悪疫と飢えに苦しめられるにいたり、指揮官たちの間で内輪揉めが生じるようになった。これは、うまくいっていない者たちにたいてい起こることで、勝っている側に見られることではない。八〇　この点はホメロスも同じように述べている。真実をすべて隠すことはできなかったからである。彼の叙述はこうである――アガメムノンがギリシア人を連れ帰ろうとして集会を催したが、[2]それは明らかに兵士たちが苦境のあまり帰国したがっているからだった。そして乗船するよう群衆を促したが、ネストルとオデュッセウスがかろうじて彼らを引き止めた。それは、ある占いを引き合いに出し、辛抱すべき年月はあと僅かだと彼らに説いたおかげだった。八一　以上のようであるが、その前の箇所ではアガメムノンは、くだんの占いをした男はけっして真実を予言することがないと評しているのである。[3]

ここまでの一連の事件に関してはホメロスはそれほど人々を見下す態度を表わしてはいない。むしろある程度真実に従っている。ただ、［ヘレネ］誘拐の件は別で、それも自分でそれが起きたと叙述するのではなく、作中でヘクトルにこのことでアレクサンドロスをなじらせ、[4]ヘレネにはプリアモスに向かって嘆き悲しませ、アレクサンドロス当人にはヘレネとの情交のさいにそれに言及させている。この点は、［もし本当のことだっ

（1）少年トロイロスが、城外、アポロン・テュンブライオス神域（テュンブリオス河がスカマンドロス河に合流するあたり）で馬術の運動をしていたとき、待ち伏せしていたアキレウスが襲い、馬で逃げる彼を走って追いかけ、神の祭壇のところで槍で殺したというのが、ソポクレス『トロイロス』の内容だったらしい。この事件では、泉という特徴、またそこで水汲みをしようとする（ヒュドリアを携えてきている）姉妹ポリュクセナの存在もあるが、祭壇での死と泉などとがどういうつながりになっていたか、はっきりしない（cf. T. Gantz, *Early Greek Myth*, Baltimore, 1993, p. 601）。まだ若い少年の首を切り取ったりするアキレウスの野蛮な行為は、少年が二〇歳まで生きるとトロイアは陥落しないという予言が動機になっているとも伝えるが、他方では、アキレウスが彼に恋し、それに報われぬ腹いせにそうしたという動機付けも行なわれた（この二つの動機付けに関して、Gantz, p. 601 以下参照）。ホメロスでは、すでにトロイロスは（七七節でいっしょに挙げられているメストルと同様）死んでいるという点だけが述べられ（ホメロス『イリアス』第二十四歌二五七行）、それ以上の細かい点には触れられない。悲劇ではソポクレス以外にトロイロスを題材にした作家は知られていない。ソポクレス以前の壺絵にはよく描かれており、『キュプリア』である程度叙述されていたかという説がある（ただしプロクロスの『キュプリア』梗概でもその点はごく簡単にしか記述されない）。なお、シェイクスピアの恋愛劇『トロイラスとクレシダ』は、中世の物語（ブノア）やボッカチオ『フィロストラト』に基づく。

（2）以下はホメロス『イリアス』第二歌八七行以下を参照。

（3）ホメロス『イリアス』第一歌一〇六行以下参照。

（4）以下の三点は、ホメロス『イリアス』第三歌四六行以下、同一七三行以下、および同四四三行以下参照。

たら］きわめて明瞭に真摯に語るべきことだったはずなのである。

いくつかの果し合いの箇所

さらに、果し合いに関する箇所である。八二［パリス対メネラオスの戦いの記述では］アレクサンドロスをメネラオスが殺したと述べることはできなかったので、［彼を討ち取ろうとしたとき］剣が折れたということにして、むなしい讃美とおかしな勝利を［メネラオスに］奉っているが、[1]彼のほうが圧倒的に優勢で、アレクサンドロスを生きたまま、武器ごと、ギリシア陣地まで引きずってゆこうとしたほどなのに、相手の剣を使うことはできなかったのだろうか？　かぶとの革紐で絞め殺そうとする必要があったろうか？

八三　アイアスとヘクトルの果し合い[2]も嘘話であり、終わらせ方も馬鹿げている。そこでもアイアスが勝っていたがなんら決着はつかず、友人同士であるかのように互いに贈り物をし合うのである。

その後のことは今や真実を語っている。つまり、ギリシア軍の敗北、遁走と、ヘクトルのいさおし、［ギリシア側の］戦死者の多さを約束どおりに述べる。しかし、一種いやいやという形であり、それも［ヘクトル打倒などの機会を残しておいて］けっきょくアキレウスの名誉につながるようにするのである。

八四　とはいえ、この市は神々に愛されていると彼は述べるし、作中でゼウスに、陽のもとにあるすべての都市でトロイアを――そしてプリアモスやその民を――いちばん愛顧すると明白に言わせている。[3]ところがその後で神は、諺にあるとおり、まるで陶片がひっくり返るように、[4]がらりと気を変え、ただ一人の男［パリス］の罪のゆえに――それを罪とするならば――、すべての市のうち最も愛されていたこの都市を、

〔ホメロスの説によると〕最も哀れな仕方で滅ぼしてしまうのである。

ヘクトルの活躍とギリシア軍の絶望的状況

とはいえ作者は、ヘクトルの活躍を隠蔽することはできない。勝ち進みつつ敵軍を船まで追い詰める彼の姿に、主だったギリシア人の誰もが震え上がる。あるときは彼をアレスに譬え、あるときはその力を炎になぞらえて記述する。その勢いを誰もこらえられない。アポロンもそのかたわらに立ち、ゼウスも風と雷の兆しを上空から送って寄越す(5)――八五 こういうことを不承不承はっきりと述べているが、真実のことなので言い始めた以上避けられなかったというわけだ――、また苦悩に充ちたその夜のギリシア軍の意気消沈ぶり、アガメムノンの動転と慨嘆、そして夜の集会における、逃亡の仕方についての協議、また助けてくれる

(1) ホメロス『イリアス』第三歌三四〇行以下。
(2) ホメロス『イリアス』第七歌二〇六行以下。
(3) ホメロス『イリアス』第四歌四四行以下。
(4) 陶片や貝殻を投げ、どちらの面が出たかに応じて、一方の側が逃げ、他方は追う、という子供の遊びに基づく表現。
(5) ここあたりは、ギリシア船隊の防壁をめぐる戦いとヘクトルの活躍を描くホメロス『イリアス』第十二―十五歌に関連する。「アレスに譬え」――第十三歌八〇二行、第十五歌六〇五行、「その力を炎になぞらえて」――第十二歌四六六行、第十三歌六八八行、第十五歌六〇五―六〇八行など、「アポロンもそのかたわらに立ち」――第十五歌二三九行以下、「ゼウスも風と雷の兆しを上空から云々」――第十五歌三七九行以下参照。

かどうかアキレウスに嘆願する様子を述べている。(1)

八六　その翌日には作者はアガメムノンに、またディオメデスやオデュッセウスやエウリュピュロスに、一場のいさおしを捧げるが、成果のあるものではなく、アイアスも必死に戦ったと述べはするが、けっきょくすぐにトロイア方が戦場を支配し、ギリシア軍の防壁と船のところまでヘクトルが迫ってくる。こういう叙述では彼が真実をそのまま語っていることは明らかである。事柄そのものによってそのように導かれるからである。だがギリシア軍を称揚しようとするときの彼には障害がいっぱいあり、嘘をついていることが誰にも明らかとなる。アイアスには、ヘクトルに対して、成果のない勝利を二度――決闘のときと石を投げつけたときとに――挙げさせる。ディオメデスはアイネイアスを負かすが、この場合にも実質的なものはなく、ただ馬どもだけを奪う。これは反駁しうることではなかったのである。八七　そしてギリシア人を嬉しがらせることが他になかったので、アレスとアプロディテがディオメデスによって傷つけられたと述べるのだ。これらの箇所すべてで明らかなのは、彼がギリシア人をひいきし、彼らを持ち上げようとしていること、しかし真実のことは何も言えないので、窮するあまり、ありえない不信心な題材に走っていることである。(2)これは多くの場合、真実に逆らう者が誰しも陥る事態である。

八八　だがヘクトルについては作者は、そのように、どういう偉大などういう驚くべき働きを述べようかと困惑することはない。それは、思うに、事実を語っているからである。彼は、ギリシア人が、皆、「ヘクトルの攻撃を受けて」あたふたと逃げてゆくさまを、それも主だった者たちの名を一つ一つ挙げながら、記してゆく――イドメネウスも、アガメムノンも、二人のアイアスも留まろうとはしなかった、ネストルだけはやむをえざる状況でそうしたがもう少しで殺されるところだった、ディオメデスが救助に来てしばらくは勇ましく戦ったが、すぐその後で、雷が彼を阻むという理由で回れ右して逃げに転じた、八九　とうとう、［ギリシア船陣の］濠は乗り越えられ、船陣は攻囲され、ヘクトルによって［防壁の］門は破られ、ギリシア人たちは今や船の中に閉じ込められて、すべての戦いが兵舎の回りで行なわれるにいたり、アイアスが船の上から戦うが、最後にヘクトルに追い払われて退却し、いくつかの船が焼かれてしまう、と。

九〇　ここにおいては、アプロディテに救助されるアイネイアスも、人間に傷つけられるアレスも、他のそういう類いの信じられない事柄もない。真実のこと、事実に似たことだけである。この敗北の後はギリシア人はもはや新たに戦う力もなく、元気を出すこともできない。あまりにも絶望的な状況で、濠や防壁に助けられることもできないし、船そのものを守ることさえできない。九一　いったいどんな戦力の持ち主がい

（1）「意気消沈ぶり……協議」は、トロイア軍の防壁・船陣攻撃のさなかの経緯（ホメロス『イリアス』第十四歌三八以下）に対応しうるが、アキレウスへの嘆願は、それより前の箇所（第九歌）のアキレウスへの使者派遣を言う（ただし第十四歌一三一行以下参照）。その他のホメロス叙述に関する議論でも、事実経過の順序は、「すべてをごた混ぜに」（三五節）するホメロスの記述どおりでは必ずしもないという立場にたっている。

（2）先に触れられた「アレスとアプロディテがディオメデスによって傷つけられた」という、神々対人間の戦闘および後者の勝利の場面（ホメロス『イリアス』第五歌八四六行以下、同三三〇行以下）を言う。

ま立ち現われて、すでに破滅している者たちを救けることができただろう？　そのような力を持つどういう不敵の神的能力を持つ男が残っていただろう？　なぜなら、［アキレウス指揮下の］ミュルミドネスの兵力は、全体の軍勢に比べればたいしたものではなかったし、アキレウスにしてからが、そのとき初めて戦うわけではなく、それ以前の長い年月において何度も戦闘を行なったのだが、ヘクトルを殺すわけでもなく、他の立派な功績を挙げるのでもない、ただ少年トロイロスをあやめただけ、というありさまだったのだから[1]。

九二　ここにいたってホメロスは、もはや真実について何も顧慮しなくなった。あらゆる破廉恥を行なうようになり、ものごとすべてをすっかりひっくり返して逆さまにした。それは人々が、他のこともそうだが、とくに神々のことに関してきわめて容易に信じるのを見て、彼らを軽侮したためであるし、また、真実を語っている詩人や記述者が他にはいず、彼自身がこれらの事件について書こうと企てた最初の人間であることや、それが起きて何世代も後になってから記述するわけなので[2]、それを知る者もその子孫も消えうせており、とても古い事件に関することによくあるように、おぼろげな貧弱な噂が残っているだけということ、さらに自分の作品を語り聞かせようとする相手［ギリシア人聴衆］は大部分が素人で、しかもギリシア側のことをえこひいきして叙述するので、ものの分かった人たちも反駁はしない、ということからだった。九三　かくて彼は、じっさいに起こったこととは反対の叙述を臆せずにするにいたったのだ。

アキレウスの再出陣

アキレウスが――船陣が攻撃されるに及び、主に必然的状況に迫られ、自分自身の安全のためもあって

――、援軍に現われると、[3] トロイア軍はいったん敗走に転じ、船陣からすぐに退却して、火も消し止められた。突然アキレウスが襲撃してきたからである。他の者と同様、ヘクトルも濠とギリシア陣地周囲の狭い場

(1) ホメロス『イリアス』では、パトロクロスが、のちにはアキレウス自身が、しばらく戦線離脱していた後再登場して、苦境下のギリシア軍を救助する（第十六歌）。また、アキレウスがそれまで（九年目まで）たいした手柄を立てていないという点については、伝プルタルコス『ホメロスについてI』八で、それまではアキレウスを恐れてトロイア人たちが立ち向かってこなかった、彼が戦線離脱するに及んで戦うようになった、というように説明されている（アポロドロス『ギリシア神話』摘要三-三一―三二も参照）。

(2) 伝ヘロドトス「ホメロス伝」（松平訳、前掲書四八五頁以下）では、詩人の生まれは、トロイア戦から一六八年後とされている。トロイア戦争と同時代人という説も含め、他の説についてピロストラトス『英雄が語るトロイア戦争』四三、伝プルタルコス『ホメロスについてI』五および同『ホメロスについてII』三参照。

(3) 以下は、主に、『パトロクロスの歌』と題されるホメロス『イリアス』第十六歌での叙述を基にしている。パトロクロスがアキレウスの代わりに現われ（その武具を借りて身に着けている）、すでにギリシア軍の防壁を破って船のあたりを攻撃していたトロイア軍を押し返した（ヘクトルによって火がつけられたプロテシラオスの船の火災を鎮火させた）。トロイア軍は退却したが、遁走したのではなく、「ホメロスも述べているように」（第十六歌三〇五行）抵抗しながらだった。サルペドンも、アキレウスではなくパトロクロスに倒される（同四八一行）。その後パトロクロスはヘクトルに殺される。しかし、本篇ではパトロクロスは、アキレウスの代替の虚構人物と見なされる（九七節以下）。

所から後退していったが、しっかり反撃しながらであったということはホメロスも述べている。九四　それからふたたび合戦に及ぶと、アキレウスが部下たちとともに見事な戦闘を行ない、トロイア軍やその同盟軍の戦士をたくさん殺したが、とくにゼウスの子といわれるリュキア王サルペドンを倒した。そして渡河地点(1)で多くの退却者が殺戮されたが、彼らが一目散に逃走したというのではなく、そのときどきに幾度も向き直って抵抗したのである。

ヘクトルがアキレウスを倒す

九五　ヘクトルは、この間、時機をうかがっていた。戦闘のタイミングを計る経験を積んでおり、アキレウスが元気いっぱいで勢い盛んな間は彼とは手合わせせず、他の者たちを励ますだけだった。しかし彼がもう疲れてきてそれまでの気勢がだいぶ落ちてきたのに気づくと――戦闘で彼は自分の力を抑えなかったし、増水した河を無鉄砲に渡ろうとして疲れてしまったし、パイオンの子アステロパイオスには傷つけられ(2)、アイネイアスが彼に立ち向かって長いこと戦い、その気になったとき無事に立ち去っていったし(3)、アゲノルを追いかけ始めたが、誰よりも足が速いという評判でこの点では傑出していたはずなのに彼を捕まえられず(4)――九六　こういうもろもろの理由から彼が、戦いに長けたヘクトルにとって倒しやすい相手になっていることは明らかだった。それで、自信をもって戦場の真ん中で彼に立ち向かったのである。しかし最初は逃げるふりをして彼をかわし、彼の力を試しながら、また疲れさせようとして、あるときは立ち止まり、あるときは逃げたりしたが、相手の速度が落ち、遅れがちになってきたのを見て取ると、向きを転じて、もう武

器を持つこともできない彼に自分から向かっていった。そして手合わせに及ぶと彼を殺し、ホメロスも述べ

(1)以下は、ホメロスの叙述においてじっさいにアキレウスの活躍として示される箇所に関連する。パトロクロスがヘクトルに倒された後、やっと再参戦したアキレウスがトロイア軍を遁走させ、クサントス（スカマンドロス）河のところで殺戮をするさまは、第二十一歌『河畔の戦い』で語られる。

(2)ホメロス『イリアス』第二十一歌一六六行以下。アキレウスの右手の肘を、パイオネス族（ギリシア北部トラキア・マケドニア地方の国）の王アステロパイオス（ホメロスではペラゴンの子）が投じた槍がかすめ、血も流れた（軽傷）。けっきょく彼はアキレウスに倒される。

(3)ホメロス『イリアス』第二十歌一五八行以下（同七九行以下参照）。ホメロスでは、危うくなったアイネイアスをポセイドンが救出したと語られる（同二九一行以下）。本篇では神的介入は排除されるので、アイネイアス自身が「その気になったとき」退いた、と。

(4)ホメロス『イリアス』第二十一歌五四四行以下で、アンテノル（トロイア貴族）の子アゲノルは、攻め寄せるアキレウスを城門の前で待ち設ける。しかしアゲノルは、アポロンによって離れた場所に送り出され、代わりに彼に化けた神が、逃げるふりをしてアキレウスに追いかけさせ、別の方面へ誘導する。本篇では、ここでも、神的介入なしに、あくまで人間的レヴェルでアゲノル対アキレウスの話にし、俊足の後者が追いつけないのはおかしいとしている。なお、アポロンに援けられる（第二十二歌二〇四行）ヘクトルを追いかける場面について一〇七節参照。しかし『キュプリア』で描かれていたトロイロスとの場面では、彼が馬に乗って逃げるのをアキレウスが走って追いつき捕らえる。ホメロスの叙述では、アキレウスのそういう超人的脚力はあまり強調されない。

ているように武具を奪った[1]。しかし馬のほうは、ヘクトルは追いはしたものの取り押さえることはできなかったとしているが、本当はこちらも手に入れたのである。

九七　アキレウスの死体は二人のアイアスがかろうじて船陣まで救出した。というのは、トロイア側はもう自信をつけて自分たちの勝ちだと考えていたので、追撃もより緩やかになったのである。ヘクトルは、模様の入ったアキレウスの武具を身につけ、敵を殺しながら海岸まで追い詰めた。これもホメロスが認めている点である。しかし夜がやってきて、船を全部焼くことは阻まれた。

パトロクロスはアキレウスとのすり替え

これらの事件がこのように起きたのだが、ホメロスは真実を隠すことはできないので、ミュルミドネスとともに後から加わったのはパトロクロスであると述べる。アキレウスの武具を取って身につけた彼がヘクトルに殺され、かくてヘクトルがその武具を奪い取ったのだ、と。

九八　しかし、いったいアキレウスが──自軍がそれほどの危機にあり、船陣はすでに焼かれており、恐ろしい事態がほとんど足もとにまで迫っているというのに、またヘクトルが、自分に敵しうる者はいない、ゼウスが自分に味方して吉兆をあらわしてくれていると豪語するのを聞いているのに[2]──、ギリシア軍を救けようという気になったとき、最強の勇士たる自分はテントの中に留まり、代わりに自分よりはるかに劣る者［パトロクロス］を送り出すという行動に出るだろうか？　そして一方では、トロイア軍に激しく襲いかかり撃退せよと彼に指示しながら、同時に、ヘクトルとは戦うなと言いつけるとは[3]！　いったん戦場に出れば、自分の望む相手と戦えるかどうか、自由にはならなかったはずである。九九　それほどにパトロクロスのことを軽んじ信用しない彼が、兵力と自分の武具と馬を彼に委ねただろうか。それはまるで自分の利害について最悪の計画を立てる男のようであり、何もかも台無しにしてしまおうというがごときである。それでいてその後で、パトロクロスがすべての武具と戦友とともに戻ってこられるようゼウスに祈願するのだが、そのように無思慮に彼を送り出した戦闘相手［ヘクトル］は、彼より優れた戦士であり、ギリシア方の勇士は挑発されても誰も応じようとはしなかったほどの男である。一〇〇　そしてアガメムノンは、ずばり、アキレウスも彼を恐れていて手合わせをすることを望まない、と言っているのだ(4)。それだから、そのような計画を立てた彼は、朋友［パトロクロス］や他の多くの友を失うことになり、馬もとられそうになり、武具もな

（1）ヘクトル対アキレウスの戦いは、ホメロス『イリアス』第二十二歌で描かれる。アゲノルの場合のように（『イリアス』ではダブルの場面がよく現われる）アキレウスを城門前で待ち受けたヘクトルは、恐怖心に絶えられず逃げ出し、都城の周囲を三度逃げ回ったあと立ち向かう。本篇では、わざと「逃げるふりをして」疲れさせたなどと言われる。他方、武具を奪ったというのは、第十七歌一二五行で、アキレウスの朋友パトロクロス（「アキレウスの代替」）がヘクトルに倒されたあとのことを言う（後ヘクトルはそれを身に着けたと語られる、同一九一行以下）。なお、次の馬の件は第十六歌八六六行以下参照（神から授かった神的な馬たちだったので逃げおおせた、と）。

（2）ホメロス『イリアス』第十三歌一四九行以下参照。

（3）ホメロス『イリアス』第十八歌一四行。

（4）ホメロス『イリアス』第七歌一一三行。

くしたとホメロスは語っている。しかしこういう行動は、アキレウスは、気が狂ってでもいないかぎり、しなかったろうし、そうでないとしても、とにかく［老指南役］ポイニクスが阻止したことだろう。

しかしホメロスの言うところでは、［アガメムノンから和解の］贈り物を得るまではアキレウスはギリシア軍をすぐに危機から解放するつもりもなかったし、怒りもまだ抑えていなかったのだという。一〇一　だが、自分の気が向く程度に戦場に出てふたたびまた怒りにふけるということはできたはずだ。こういう不合理を自分で意識しているので詩人は、もし［戦場に］出てくればアキレウスは必ず死ぬことになるという予言のせいで［テントに］留まっていたのだと匂わす。[1] ずばり彼を臆病者と指弾しているわけである。しかし、アガメムノンと仲たがいしているのだから、この予言を盾にとって、船で帰ってしまうことも彼にはできたはずである。それのみならず彼は、パトロクロスの運命についても母［テティス］から聞き及んでいた。[2] 自分の命と同じほどに尊重し、彼の死んだ後は自分も生きているつもりはないとアキレウスが言うパトロクロスだが、[3] 一〇二　その彼に、自分の槍を持ち運ぶことができないのを見て取ると、他の武具を与え――その槍につりあうほど重いものだったに相違ない――、それを運べるかどうか心配はしなかった。それでそのとおりのことが戦闘で起こったと詩人も言うのである。

だが、すべてのことを反駁していたらたいへんな仕事になるだろう。その虚偽性は、注意して見れば、おのずから明らかであり、どれほど迂闊な読者でも、パトロクロスが代替のようなものであること、ホメロスがアキレウスに関する真実を隠そうとして彼と取り替えた人物であることが分かるのだ。[4]

一〇三　しかし詩人は、誰かがパトロクロスの墓を探そうとするのではないか、察するに、トロイアで戦死した他の勇士たちの墓がはっきりしているようにこれもあって当然と思われるのではないか、と心配し、先回りして、彼だけのための墓は作られずにアキレウスとともに埋葬された、と述べる。[5] それでもネストルは、

(1) ホメロス『イリアス』第九歌四一〇行以下で、母神テティスの予言として、アキレウスには二とおりの運命が用意されていると言われている、つまり、トロイアに留まって市をめぐって戦えば帰国はできないが不死の名声を得る、というのと、祖国に帰れば名声は失われるが長い生が恵まれる、というのとである。第十八歌九五行などにも出てくる。

(2) ホメロス『イリアス』第十八歌九—一一行参照（Vagnone）。

(3) ホメロス『イリアス』第十八歌八一行以下、九〇行以下参照。

(4) この議論は、近代のホメロス学者の解釈を先取りしている面がある。「パトロクロスはホメロスの自由な創作」であり、『アイティオピス』（一七五頁註（8）参照）中のアンティロコスの物語をモデルにしていると言われ（W. Schadewaldt, *Von Homers Welt und Werk*, Stuttgart, 1965, p. 178）、あるいは、『イリアス』におけるパトロクロスの最後の活躍、その死、彼の死体をめぐる戦い、葬儀と競技は、古い叙事詩（『アイティオピス』の手本、『原アイティオピス』）でアキレウスについて語られていた物語に倣ったものであり、「パトロクロスは『イリアス』においてアキレウスの代替であり、（本来の）アキレウスの運命を担う者にされた」（A. Heubeck, *Die Homerische Frage*, Darmstadt, 1974, p. 40 sq.）、などと唱えられる。一七三頁註（1）参照。

(5) ホメロス『イリアス』第二十三歌二四三行以下参照。しかし「パトロクロスの墓」にストラボン（一三・一・三二）が言及している（アキレウス、パトロクロス、アンティロコス、アイアスの墓に当時のイリオス人（トロイア）人が供物をささげる習い、と）。

自分を救うために犠牲になったアンティロコスの骨を、国に持ち帰った後で[1]、自分といっしょに埋葬すべきだとは思わなかったではないか。ところがアキレウスの骨はパトロクロスのものと混ぜられたというのか？

ホメロスの叙述によるアキレウスの死とそれに対する批判

ホメロスがいちばん欲したのは、アキレウスの最期という点を曖昧にし、トロイアでは死ななかったとすることだった。一〇四　しかし伝承が普及しており、墓も示されていたので、それは不可能だと見て取ると、よりによって彼がヘクトルによって倒されたという点を抹消し、逆に、万人にあれほど優っていた彼がアキレウスに殺されたのだと言ってのける。さらにはその死体が辱められ、［ギリシア軍］防壁まで引きずられていったと述べるが、ヘクトルの墓の存在や、彼が市民に敬われていたことを知っているので、ゼウスの促しによって身代金が支払われ遺体が返されたこと、一〇五　その間アプロディテとアポロンが注意して遺骸が腐らないようにしたことにしている[2]。しかしアキレウスについてはどうしたらよいか分からず、どうしてもトロイア人の誰かに殺されたことにしないといけないので――アイアスと同様彼にも自決をさせ、彼の殺害者が得たはずの名声を与え渋るというのはこの場合はするつもりがなかった――、アレクサンドロスが彼を殺したと述べる。この男は作中で最も弱く臆病なトロイア人とされており、またメネラオスにほとんど生け捕りにされかけるのだが、こちらはこちらで軟弱な戦士としてギリシア人たちにつまはじきされ、いつもけなされる男として叙述しているのである。一〇六　これは、アキレウスを倒したことが明らかなヘクトルの名声を剝奪し、前者の死をそれだけずっと価値の劣る、語るに足らないものにするためだった[3]。

ホメロスの叙述によるアキレウスの戦闘とヘクトルの死およびそれへの批判

最後には、〔真相は〕もう死んでいるアキレウスに出てこさせ、戦わせる。しかし武具がない。それはヘクトルが身に着けている――この点は真実を述べていることを詩人は気づいていない――、それで上空から〔母神〕テティスが、〔鍛冶神〕ヘパイストスによって造られた武具を持ってきたと彼はいう。(4) このようにして、馬鹿げたことに、アキレウス一人にトロイア人を敗走せしめ、他のギリシア人のことは、誰もいないかのように、まるで忘却してしまっている。そしていったんこういう嘘を大胆につくと、もうあらゆる事柄をめちゃくちゃにしてゆくのだ。神々にはここで互いに戦わせて、(5) 自分には真実などどうでもよいと認めてい

---

(1) アンティロコスは、父ネストルがエチオピア王メムノンに迫られて危機に陥ったとき、彼をかばって戦う中で戦死した。ふつうの伝承では、彼はトロイアで埋葬された（ホメロス『オデュッセイア』第三歌一一一行以下、ピロストラトス『英雄が語るトロイア戦争』二二参照）。アンティロコスの親友アキレウスが、彼の死に復讐するため、メムノンを殺すという、パトロクロス関連の話にパターンが似ている（パトロクロス――アンティロコス、ヘクトル――メムノン）ところがあるので、彼を持ち出しているらしい。

(2) ホメロス『イリアス』第二十三歌一八四行以下。

(3) 「軟弱な」パリスにも殺せた相手だから、アキレウスを倒すというヘクトルの手柄（これはけっきょく誰にも「明らか」だった）はたいしたものではないように見せかけた、と。『アイティオピス』によると、メムノン殺害後アキレウスはトロイア城内に押し入ったが、アポロンに援けられたパリスの矢で右足の踵を（もう一本を胸に）射られて死んだ。

(4) ホメロス『イリアス』第十九歌三行以下。

(5) ホメロス『イリアス』第二十から二十一歌にかけて、神々同士の戦闘（アレス対アテナ、ヘラ対アルテミス等々）が描写される。古くから、神々にふさわしくない叙述と批判されてきた部分。

るも同然の叙述をするし、一〇七　アキレウスの武勇のことをまったく無能な、納得しがたい仕方で語って、あるときは彼に［スカマンドロス］河と戦わせ[1]、あるときはアポロンを脅し追跡させたりする[2]。こういうもろもろのことから、彼がほとんど叙述に窮していることが見て取れる。真実に即している場合は、彼の語りは、これほどに眉唾的でもなく、不快でもない。

しまいには、他のトロイア人が市内に逃げ込むという状況のもと、ヘクトルに城壁の前でアキレウスを勇敢にも待ち受けさせ、［城壁内に入ってくれという］父母の要請にも従わない、という形にする。それから彼は、中に入ることもできたはずなのに、市の周囲を逃げ回り、アキレウスのほうは、誰よりも速い人間と詩人がいつも語っているのに、追いつくことができない。一〇八　ギリシア人は、まるで見物に来ているかのように、皆眺めているだけで、アキレウスを援けようという者は誰もいない[3]――ヘクトルにあれほどひどい目に会わされ、彼が死体になってからも傷つけようとするほど憎んでいたはずなのだが。それから［ヘクトルの弟］デイポボスが城壁から出てきて、というよりアテナがデイポボスにわが身を似せ、ヘクトルを騙して、戦闘中の彼から槍を奪い取る[4]。それから詩人は、どうやってヘクトルの始末をつけたらよいか分からなくなり、嘘のつき方について一種途方にくれて、まるで夢を見ているかのような語り方をする。じっさい、その戦闘の叙述は奇妙な夢見に似ているのだ[5]。

一〇九　ここまで進むと詩人は、残りについてはお手上げになり、どう創作を続けたらよいか分からなくなり、自分の嘘にやましさを覚えて、ただ［パトロクロス］の葬儀の折の競技会を、しかもずいぶんおかしな仕方で、付け足す[6]。またプリアモス王が、ギリシア陣地のアキレウスのもとに、他のギリシア人は誰も気づかない中でやってくるということや、ヘクトルの遺体の受け渡しのことを述べる。(7) メムノンやアマゾン族による救援(8)についてては、それほどに驚嘆すべき大きな事件であるはずなのに、語る勇気はなかったし、アキレ

(1) ホメロス『イリアス』第二十一歌二二一行以下。
(2) ホメロス『イリアス』第二十一歌五九九行以下(アゲノルに化けたアポロンを追いかける彼)。神を「脅して」というのは、第二十二歌二〇行で、アポロンに騙されていたことに気づいた彼が、自分にその力があったらあなたに復讐してやったのに、と言う言葉参照。
(3) アキレウスの前をヘクトルが逃げ回る箇所は、ホメロス『イリアス』第二十二歌一三六行以下。アリストテレスも、この、他のギリシア人たちはただ見ているだけという点は本来おかしい(ただ叙事詩ではその不合理さは目立たない、劇だったらより明白になる)と述べている(『詩学』第二十四章一四六〇a一四以下)。
(4) ホメロス『イリアス』第二十二歌二二六行以下。
(5) ホメロス『イリアス』第二十二歌一九九行以下で、夢の中では、追いかける者も相手を捕らえられない、逃げるほうも逃げ切れない、という譬えが述べてあるのを踏まえている。
(6) ホメロス『イリアス』第二十三歌二五七行以下。
(7) ホメロス『イリアス』第二十四歌一四一行以下。
(8) 一一四、一一六—一一七節参照。いずれも『アイティオピス(エチオピア物語)』という、『イリアス』『オデュッセイア』よりやや後の成立(前八ないし七世紀)と見られる叙事詩(作者はミレトス人アルクティノス)で語られていた話。『アイティオピス』では、時間的に先に女王ペンテシレイアがアマゾン族(黒海南岸に住む女子戦士族)を率いてトロイアの援助に到着し、華々しい活躍をしたがアキレウスに倒され、次いでやってきたエチオピア王メムノンが、アンティロコスを殺すなどした後、やはりアキレウスによって命を奪われる。

ウスの死やトロイアの陥落ということについてもそうである。一一〇　それは察するに、［ヘクトルの手で］とっくに死んでいるアキレウスがふたたび殺される形にするとか、負けて敗走し続ける側［ギリシア軍］を勝者にするとか、勝利を得たトロイア市が略奪されるとかいった創作は彼もすることができなかったからである。後代の作家たちは、彼に騙されてもいたし、嘘が幅を利かしてゆく中で、今や自信をもってそのように書き続けていったわけだが、事実は以上のようだったのだ。

ギリシア艦隊がトロイア対岸ケルソネソスに退却

一一一　アキレウスが、船陣での救援の戦闘でヘクトルに倒されると、トロイア側は以前のように船の近くで野営をし、ギリシア軍を見張ろうとした。夜間に彼らが逃げ出すのではないかと疑ったからである。ヘクトルは戦闘の上首尾を喜びつつ、市内の両親と妻のもとへ帰ってゆき、軍の指揮にはパリスを残しておいた。一一二　しかし彼本人も大部分のトロイア兵も疲れていたし、悪い事態は何も予測されず、きわめて順調な状況だったので、当然のことながら眠り込んでしまった。この間にアガメムノンはネストルとオデュッセウスとディオメデスとを相手に協議をし、大部分の船をそっと水に浮かべた(1)。前日にはほとんど滅ぼされそうになったので、今後は逃亡もままならぬ情勢であることを悟ったからである。焼かれた船はプロテシラオスのものだけではなく、少なからず焼失していたのである。このようにして彼らは、ケルソネソスへ航海し、立ち去った。多くの捕虜や、少なからざる持ち物をそこに残しておいた。

一一三　日が昇るとともにこのことが明らかになった。ヘクトルは怒り、残念がり、敵軍を手中から逃したとパリスをなじった。トロイア人はギリシア軍のテントを焼き、残されていたものを略奪した。安全な場所で――そこへ渡航するだけの船隊の準備がヘクトルたちにはなかった――協議をしたギリシア人は、皆、帰国するのに合意したが、多くの兵と勇士たちが殺されたし、敵がすぐに船隊を作ってギリシア遠征に向かう危険があった。二四　だから、やはり初めのように略奪を繰り返しながら現地に留まる必要がある、パリスが、うんざりしてきて、自分たちと和解し友好関係を結んでくれたら、ギリシアへ帰ることができるかもしれないから――そう決定すると、対岸に留まりながらそのように実行した。

この局面で、トロイア側の加勢に、エチオピア〔王〕のメムノンや、ポントス〔黒海南岸〕のアマゾン族や、他の同盟国の大軍がやってきた。それは、プリアモスとヘクトルの形勢がよく、ギリシア軍のほうはほとんど全滅状態だと聞いたからである。ある者は好意から、ある者はトロイアの力に対する恐怖から、来たのだが、誰しも、苦境に陥っている敗者によりも、どんな敵をも打ち負かすような勝者のほうに加勢したいと思うものなのだ。

（1）ホメロス『イリアス』第十四歌七五行以下でアガメムノンが、あらかじめ前方の船を水上に引き降ろし、錨で停めておいて、夜になったら他のすべての船も水に浮かべて逃げ出そうと将軍たちに提案する場面がある。ただ、そこでは、オデュッセウスにいさめられ、その案を引っ込めたことになっている。

ギリシア軍のトロイア再上陸と戦闘再開

一二五　ギリシア側も、国元から、援けになりそうな者は呼び寄せた。ギリシア以外の国は彼らを相手にしなかった。アキレウスの子で、とても若いネオプトレモスや、病のため無視されていたピロクテテス(1)や、本国の似たような貧弱な非力な援助者たちを加えられただけだった。彼らが到着すると少し元気を取り戻した彼らは、ふたたびトロイアへ渡航し、二つ目のずっと小規模な防壁をめぐらした。以前の波打ち際の場所ではなく、もっと高い地点を占領してそこにそれを設けたのである。一二六　船のうち一部は防壁の下側に舫《もや》ったが、一部は対岸に留まった。勝つ望みはまったくなく、上述のように講和を結びたいと思っていたので、堅忍不抜に戦うというのではなく、むしろやる気があるかどうか分からないような仕方で、本心は帰国するほうにあるという戦いぶりだった。

それで彼らはたいてい待伏せや奇襲攻撃の戦法をとった。それでも、あるときはトロイア軍が砦を奪取しようとして激しい戦闘になり、アイアスがヘクトルによって、またアンティロコスが父をかばう中でメムノンの手によって、倒された。一二七　しかしメムノン自身もアンティロコスに傷つけられ、負傷者として運び出される途中で命を引き取った。そのときはギリシア軍にも以前にはなかったようなよい戦況がおとずれたのである。高い誉れを得ていたメムノンは急所を傷つけられたし、アマゾンがものすごい勢いで船陣を襲撃し火をつけようとしたときは、ネオプトレモスが船上から船いくさ用の槍で防戦し、殺した。またパリスがピロクテテスの矢で射抜かれ死んだのである。

停戦協定

二八　それでトロイア側も、いつまでも戦は終わらないのか、勝っていてもなんら得るところはないのかと意気消沈してきた。プリアモスも、パリスの死後ふさぎこみ、ヘクトルの身を案ずる気持ちもあり、別人のようになっていた。しかし、アンティロコスとアイアスに死なれたギリシア軍の状況はもっと悪く、協定のため使者を派遣して、こう申し出た——講和を結んで、今後はギリシアからアジアへ、またトロイアからアルゴスへ軍を進めることはしないという誓約が交わされれば、自分たちは帰国しよう、と。

二九　これにはヘクトルが反対し、自分たちのほうがずっと強いのであり、砦は力ずくで落とせるだろう、と述べた。とくに彼はパリスの死に憤っていたのである。しかし父［プリアモス］が彼に懇願し、自分の老齢や子供たちの戦死のことを口にし、民衆も和解を望んだので、講和に同意した。ただギリシア軍に対して、

(1) ネオプトレモスは、アキレウスが一時住み、そこの王女と結婚していたスキュロス島から、父の死後連れてこられた。とても「若い（ネオス）」、という表現はその名前にかけている。本来はピュッロス「赤毛」の名だったが（これも父がそうだったからとも考えられる。アキレウスが「少女」でいたときの名はピュッラ「赤毛娘」だったらしい（ヒュギヌス九六））、父アキレウスがまだ若い頃（アポロドロス『ギリシア神話』摘要三-一六によると一五歳）、戦争（プトレモス）に出陣したのに因んで、ネオプトレモス「若い戦士」という新たな名を付けられたとパウサニアス（一〇-二六-四）らでは説明されているが、ここではむしろ彼自身のこの時の年齢にふさわしい命名だと言おうとしているか。つまり、青二才のニュアンス。ピロクテテスは、蛇に噛まれた脚の傷が腐敗したのでレムノス島に置き去りにされていたのを、所有するヘラクレスの弓とその術を買われて復帰した。

戦に使った費用を弁償し、罪を償うよう要求した。何も悪さをされていないのに遠征軍を寄越し、何年にもわたってこの国を荒らして、多くの優れた男を、とくにパリスを殺した、それも彼から何か害を受けたわけではなく、ただ彼が他の求婚者に優っていると判断され、決定権を持つ人々の承認のもとにギリシアから妻をめとっただけなのに、と。

二〇　すると、和平の交渉に当たっていたオデュッセウスが反論し、喫した敗北に劣らぬ活躍をギリシア軍は見せた、ということを示したうえで、戦争の原因も相手のせいにした。なぜなら、アジアにこれほど女がいるというのに、トロイアからギリシアまでやってきて求婚し、ギリシアの主だった者たちを金の力で負かして、愚弄しながら帰国するという振る舞いをパリスはけっしてすべきではなかった。単に求婚するということだけだったのではなく、むしろこれを通じて彼がギリシアの政治に影響力を持とうと企てていたことは自分たちには分かっている。だから、今後はこういうことはもうやめるべきだ、［アガメムノンら］アトレイダイ一族とアジア側はペロプスを通じて姻戚関係にあり、親族であるにもかかわらず、双方がこれほどの災禍をこうむったのだから、と。

二一　賠償金については彼は一笑に付した。ギリシア人には金はなく、今回も多くの者は本国での貧乏のゆえに進んで遠征に加わったのだ、と。こう言って、トロイア人がギリシアへ攻め込もうとする気を殺《そ》ごうとしたわけである。

しかし［と彼は続けた］、何か体裁上償いがいるということなら、自分に考えがある。自分たちは、女神アテナのために美しく大きな奉納物［木馬］をここに残そう、そしてその上に

トロイアのアテナへ、アカイア人より、宥《なだ》めの供物として

と記しておこう。これはトロイア人には大きな名誉をもたらし、自分たちにとっては敗北の証《あかし》になるものだ、と。

一二三　またヘレネにも、和平が成るよう力を貸してほしいと呼びかけ、彼女も進んで協力した。トロイア人たちが、彼女のために多くの禍いをこうむっていると考えていることに悩んでいたからである。それで休戦することとなり、トロイアとギリシアとの間に協定が結ばれた。しかしホメロスは、事実を知っているのに、この点も虚偽の中に組み込んで、トロイア人は協定を破ったと語っている。(1)

ヘクトル、アガメムノンとその他の有力者たちは、以下のように誓約し合った、すなわち、プリアモスの一族が治めている間、ギリシア人はアジアに遠征しない、プリアモス一族も、ペロポネソスやボイオティアやクレタやイタケやプティアやエウボイアに攻め入らない、と。これらの土地だけが特定され、一二三　他の場所についてはトロイア側も誓いの対象にしたがらず、アトレイダイもその点にこだわらなかった。

こういう誓いがなされると、例の馬［木馬］がギリシア人によって造り上げられ——巨大な製造物だった——、トロイア人はそれを市まで引っ張っていったが、門から入れられなかったので城壁の一部を取り壊した。それで、市がこの馬によって陥落したという笑うべき話が行なわれるようになったのである。

(1) ホメロス『イリアス』第四歌一五七行で、パンダロスがメネラオスを射たので、トロイア人は（和約の）誓いを踏みにじったとアガメムノンが言う箇所参照。

ギリシア軍は協定に基づき、このようにして立ち去った。ヘレネをヘクトルは、彼に次いで兄弟のうち最も優れているデイポボスにめあわせた。一二四　彼の父は、誰よりも幸せな男として世を去ったが、子供たちの死には悲嘆を味わわされた。彼［ヘクトル］自身も、長い間、王として君臨し、アジアの大部分を支配下に置いて、年老いてから世を去り、市の前に葬られた。王権は、子のスカマンドリオスに遺した。

上述の要約と再度のホメロス批判

事実はこのようであったということを受け入れる者は誰もいないだろう。それは、わたしにはよく分かっている。思慮ある人々以外は、皆、ギリシア人のみならずあなた方［現代のトロイア人聴衆］も、それは嘘だと言うことだろう。非難に同調するのは難しいことであるし、長い間騙されてきたということも今さら認めがたいからである。一二五　しかし、これと反対の説明がいかに馬鹿げているか、思いこみと先入観を捨ててよく考えてほしい。ギリシア全軍が馬［木馬］の中に隠れていた、トロイア人は――過つことなき女占い師［カッサンドラ］が彼らの間にいたというのに――誰もそれに気づかず、疑りもしなかった、それどころか敵兵を自ら市内に引き入れてしまった、と［伝承では］いう。またそれ以前には、全軍が敗北する中で、一人だけ［つまりアキレウスが］、武具もつけずに現われ、声を上げるだけで、何万もの敵兵を敗走させた(1)、そしてその後、武具がないので天から［ヘパイストス製の］それを得たうえで、つい前日ギリシア軍を打ち負かした敵に勝利し、一人だけで彼ら全部を追っていった、という。一二六　また彼自身も、それほどに抜きん出た戦士だったのに、トロイア人たちが自ら言うごとく、誰よりも臆病な者［パリス］の手にかかって死んだ、しかし死んだ者とは別の男［パトロクロス］が武具を奪われた、また将軍の中で彼［パトロクロス］だけ墓が作られなかった、という。別のある勇士［アイアス］は、それほどの年月の間戦っても敵に倒されることはなかったのに、自分で命を絶った(2)――憤りのあまり、というが、朋友の中で最も威厳ある温厚な人物と思われていたのだが(3)。一二七　そして詩人は、トロイア戦争を語ろうと企てながら、最も華々しい大きな事件の数々は飛ばし、市の陥落についても述べなかった、とは。

このように詩人の作品では語られているのだ。アキレウスは、自分の配下の軍も含めて他の者が一度ならず敗北を喫しているのに、彼だけ生き残り、［再登場すると］それほどの急転をもたらした。しかし、ヘクトルを倒したその彼が、彼らの間で――トロイア人たち自身が言うように――最も劣っているパリスに殺された。パトロクロスが戦死したとき、剥がれて奪われたのはアキレウスの武具である。パトロクロスは埋葬されなかった。一二八　またアイアスの墓はあり、彼がトロイアで死んだことは皆知っていたので、この勇士を倒した者［ヘクトル］に栄誉を与えないため、詩人は彼に自殺をさせる。またギリシア人はこっそりアジアから逃げ出し、兵舎も焼き払い、停泊地はヘクトルに火をつけられ、防壁も奪われ、ギリシア人は、敗北者

---

(1) ホメロス『イリアス』第十八歌二〇三行以下。

(2) アキレウス亡き後、その武具を誰が受け継ぐかという争いでオデュッセウスに敗れた大アイアスは、狂気の中で、ギリシア将軍たちを殺すつもりで羊たちを屠り、のち正気に返って自分の行為を恥じ自害した。ホメロス『オデュッセイア』第十一歌五四三行以下参照。本篇では、ヘクトルによって倒された、と（一一六節）。

(3) 大アイアスの、ふだんは「おとなしい節度ある」性質について、ピロストラトス『英雄が語るトロイア戦争』三五参照。

の仕来りどおりに銘文を記した奉納物をアテナに捧げた――それにもかかわらず［伝承によると］ギリシア軍はトロイアを落とし、木馬の中には軍兵を潜ませておいた、トロイア人はその企てにうすうす気づき、この馬を焼くか切り刻もうか話し合ったが、けっきょくそういうことは何もせず、酒を飲んで眠り込んでしまった、しかもこういうことはカッサンドラが彼らに予言していた。

二二九　このようなことは、まことに夢や信じがたい嘘に似ていないだろうか。じっさい、ホロス[1]によって書かれた『夢見』という作品で、人々がそのような幻想に襲われるという記述がある。あるときは自分が死んで衣服を剝ぎ取られると思い、別のときは蘇って裸のまま戦ったりし、またあるときは他人を追いかけたり、神々と話をしたり、何も恐ろしいことはないのに自殺をし、また場合によっては空を飛び海上を歩く、と妄想するのである。だからホメロスの作品についても、それは夢である、それも、不分明なぼんやりした類いのものである、と言うのが正しいだろう。

ギリシア人たちの帰国（伝承への反駁を含む）

二三〇　上述のことに加えて、こういうことも考えるべきである。誰もが口をそろえてこう言っている。ギリシア人はもう冬になってからアジア［トロイア］から出航した、そしてこのため軍の大部分がエウボイア［ギリシア本土東方の島］の周辺で失われた、と。さらに、全員が同じ航路を行ったわけではない、軍の間に、またアガメムノンとメネラオス兄弟の間に、不和が生じたので、ある者は前者に、ある者は後者について行き、また別の部隊は独自に出発した、と。これはホメロスも『オデュッセイア』で触れている点である[2]。

理《ことわり》から言えば、成功を収めている者たちは互いに心を同じくし、王にはできるだけ忠誠を尽くすものであるし、メネラオスも、兄から恩恵を受けた直後に彼に盾突くこともしないはずである。逆に、負けて苦境にある者たちには、そういうこと［内紛］が必然的に起きるものなのである。一三一　さらに、恐怖のあまり敵地から逃げ出す者は、できるだけ早く立ち去るものであり、留まり続けて危険を招かないようにする。逆に勝者となり、自分たちの所有物に加えそのように多くの捕虜や財物を得た者は、敵地を支配してすべてを豊富に手中にしているのだから、安全な時季になるまでじっと待つはずである——ただし一〇年も待ち続けてほとんど滅ぼされそうになる、ということはしないが。

また、帰国した者たちを襲った禍いも、彼らの挫折と非力を明らかにしている。一三二　人は、羽振りのよい勝者たちには手を出さないものだ。そういう者には讃嘆と畏怖を向ける一方、失敗者に対しては外部の人

（1）ホロス（ホーロス）は、エジプトの神、イシスの子。ホロスの書について、ルキアノス『夢または鶏』一八参照（ピュタゴラスは、エジプトに旅して神殿の奥陣でホロスとイシスの書を学んだ、と。プロペルティウス四-一-七八—八〇、プルタルコス『イシスとオシリス』三五四E参照）。ここで触れられる夢の一部について、アルテミドロス『夢判断の書』二-五五、四-三五参照（Vagnone）。

（2）トロイア陥落の時季については、アイスキュロス『アガメムノン』八二六行「スバル星の沈む頃」参照。スバルが日の出前に沈む時季は十一月初め。ただしこのアイスキュロスの句は、一日の時間、すなわち夜のある時点を表わすとも解される（E. Fraenkel, *Aeschylus: Agamemnon*, Oxford, 1950, ad loc.）。古代の学者は、むしろ初夏（タルゲーリオーン＝五月）とすることのほうが多かった（Preller-Robert, II 1289 参照）。また、アガメムノンとメネラオスの不和については、ホメロス『オデュッセイア』第三歌一三六行以下参照。

間は――また親族の一部も――軽侮を抱くのである。アガメムノンが、敗北によって、妻から見下されていたことは明らかであり、［妻の不義相手］アイギストスが、彼を襲ってやすやすと勝利を収めたのもそのせいである。［アガメムノンの領地］アルゴスの民が、ことの収拾に当たり、アイギストスを王に指名したのもそうである。もしアガメムノンが、言われるほどの名声と権力とともにアジアの征服者として帰国したのであれば、人々は、彼を殺したアイギストスをそうは扱わなかったであろう。一三三　またディオメデスは、戦争で誰にも劣らぬ手柄を立てたのに、故国から逃亡した。ネオプトレモスも、ギリシア人によってかそうでないかはともかく、やはり追放された。その後しばらくして皆がペロポネソスから亡命し、そういう災難によってペロピダイ一族［アガメムノンらの子孫］は崩壊し、以前は非力な蔑まれる人々だったヘラクレイダイ一族［ヘラクレスの子孫］がドリス族とともに入ってきた[1]。

一三四　オデュッセウスのほうは、意図して帰国を遅らせた。一つには恥じる気持ちがあり、他方では国の状況を疑っていたからである。このゆえに、［イタケの隣の島］ケパレニアの若者たちが、［オデュッセウスの妻］ペネロペへの求婚と財産の略奪に向かったのである。それなのにオデュッセウスの友人は誰も助けようとはせず、あれほど近くに住むネストルもそうしなかった。なぜなら、遠征に加わった者は、誰もがおちぶれた苦しい状況にあったからだ。勝者だったら、逆に、皆に畏怖を与え、誰にも襲われはしなかったはずである。

一三五　メネラオスはというと、ペロポネソスにはまったくやってこなかった。エジプトに留まっていたのである[2]。エジプトに彼が来たという証拠は他にもあるが、とくに、彼に因んだ名を持つ地区があることである。これは、彼が漂着者として僅かの間しか来ていなかったのならありえないことである。そして彼は王の娘をめとり、遠征のことについても何も隠さずに神官たちに語った。ある人々の説では、彼はヘレネもそこ

(1) 以上は、トロイア陥落後の不幸な帰国伝説の数々。アガメムノンは、帰国したとき、妻とその愛人に謀殺された。ディオメデスは、やはり留守中に男を作った妻から逃れ、リビア、イベリアを経て、南イタリア・ダウニア地方（アドリア海南岸、アプリア北部）に到り、いくつかの町を建設。ネオプトレモスに関する文はやや意味不明だが、彼は、故国プティアに帰国後、父アキレウスを（パリスの矢を通じて）殺したアポロンから弁償を求めるため、あるいはそこの宝物を略奪するため、デルポイに赴きそこで命を落とした。妻アンドロマケとその子は、エウリピデス『アンドロマケ』の末尾（エクソドス）で、テティスの命により、ギリシア北部に行き、モロッシア王国の祖になると言われている。このような点で、ネオプトレモスは故国の土に眠ることができず、その子孫も、祖先の地から出て行ったことになる。「ギリシア人によってかそうでないかはともかく」というのは、人間によってか、神の意向によってかは分からないが、という意味か。次のペロピダイとヘラクレイダイ一族に関する文は、いわゆるドリス人の、およびアイオリス人の移住に関わる。伝説では、ギリシア中央部ドリス地方に住み着いていたヘラクレスの子孫（ヘラクレイダイ）が、元からのドリス人とともに南下し、何度か挫折を味わってからとうとうペロポネソスを手中に収めた（アレクサンドリアの学者エラトステネスが利用したらしいスパルタの古記録によると前一一〇四／〇三年（cf. R. Pfeiffer, *A History of Classical Scholarship from its Beginnings to the End of the Hellenistic Age*, Oxford, 1968, p. 163)）、それからペロプスの子孫（ペロピダイ）でアガメムノンの子オレステスがスパルタ・アミュクライから（別の所伝ではオレステスの子ペンティロスがボイオティアから）移住団を率いて、アイオリス地方のレスボスおよびテネドス島に住み着き、後には小アジア沿岸部の一部（キュメなど）も支配した。祖先ペロプスの国（のあたり）に戻ったことになる。

(2) ホメロス『オデュッセイア』（第三―四歌）では、メネラオスは帰国途次にエジプトへ流され、七年間そこに留まったとされる。次出「彼に因んだ名を持つ地区」は、「メネラオスの港」（ヘロドトス第四巻一六九など）と呼ばれる土地を指す。

で見つけたという――信じがたい話である――、そしてその間、［陥落後の］トロイアから連れてきていたのは彼女の幻だということに気づかなかった、一〇年にわたる戦争は幻をめぐって行なわれたのだ、という。[1]

一三六　ホメロスもこのこと［メネラオスのエジプト定住］はほぼ知っており、作中で匂わしている。つまり彼の言うには、メネラオスは、死んだ後、神々によってエリュシオンの野に送られた、そこは雪も冬嵐もなく、一年中澄んだ穏やかな空に恵まれている、ということだが、[2]エジプトの風土がまさにそのようなのである。のちの詩人たちの幾人かも、このことに感づいていたように思える。なぜなら、ある悲劇作家［エウリピデス］は、ヘレネが帰国早々オレステスの陰謀の的になった、しかし兄弟［ディオスコロイ］が現われて［ヘレネを天上にさらい］、彼女は姿を消した、と語っているが、[3]もしヘレネがその後ギリシアに定住してメネラオスといっしょに過ごしたことが明らかだったのなら、このような創作はしなかっただろう。

トロイア人による植民

一三七　ギリシア方は、戦後、このような不遇と屈辱に陥ったが、トロイア側は前よりはるかに強大な誉れ高い国になった。一つには、アイネイアス［ローマ建国の祖］がヘクトルによって、船隊と多大な兵力とともに、派遣され、ヨーロッパで最も恵まれた地域たるイタリアを支配したし、またヘレノス［ヘクトルの弟］はギリシアの中部にいたって、モロッシアおよびテッサリアの近くのエペイロスを治めたのである。

だが、どちらのほうがありそうなことであろうか、敗者が勝者の国まで船隊を送りそこを支配するのと、逆に、勝者が敗者の国へ向かうのと？　一三八　さらに、トロイアが陥落したのでアイネイアスやアンテノルやヘレノスの一党が逃げ出したとするなら、ギリシアやヨーロッパに逃げ込むよりは、どんなところでもよいから他の地域へ逃げたのではないか。アジアを占領して、どこか他の場所で満足しようとしたのではないか。自分たちを国から追い出したその敵のところへすぐに航行しようとするであろうか。では、［比較的小さな］ギリシアを占領することも彼らにはできたのに［そうはせず］、なぜ皆が、大きな名だたる地域［イタリア］を支配したのだろうという疑問もあるが、それは誓約のせいだったのである。(4) とはいえ、ヘレノスはギリシアの小さからぬ部分たるエペイロスを切り取ったし、アンテノルはヘネトイ人の一帯、アドリア海周辺の最良の地［北イタリア地区］を支配し、アイネイアスは全イタリアを治め、(5) あらゆる都市で最も大きな都市［ローマ］を建国した。一三九　これは、亡命者たち、祖国の災厄に打ちのめされた人々のしそうなことではな

(1) エウリピデス『ヘレネ』(彼女の幻像については同三四行など)、『エレクトラ』一二三〇行参照。ここの一文は、校訂者によって削除されることがあるが、とくにその根拠もないと思われるので訳出する。
(2) エリュシオンの描写についてはホメロス『オデュッセイア』第四歌五六一行以下、エジプトの気候のよさについては、ヘロドトス第二巻七七-三(気候の変化がないので健康に良い、という)、ディオドロス・シケリオテス一-一〇-一(その「エウクラーシアー(気候の穏やかさ)」が「ナイルの賜物」と並べられている)参照。
(3) エウリピデス『オレステス』一六二五行以下参照。
(4) 一二二—一二三節参照。
(5) これは、アイネイアスの(はるか後世の)子孫がイタリア全土を支配、統一したという通例の伝承とは異なる。多くの領土を、の代わりの誇張表現。なお、アイネイアスがラティウムではなくローマそのもの(ふつうは、彼の子孫ロムルスによる建設とされる)を建国したという説は他の者によっても唱えられた(ヘラニコス、サルスティウスなど(オデュッセウスがその際協力した、と))。

い。そういう人々は、住み着く事を許してもらえさせすれば満足するのである。とくに、そういう者たちが到来したとき、どれほどの財物や兵力を携えて来られたか、考えてみるがよい。敵軍の真っ只中を逃げてきたわけであるし、市は消滅してすべてが失われており、壮健な若者でも自分の身体を救うだけがやっと、という状況である。子供や妻や親や財物を伴って立ち去ることなどできはしない。しかも市は、［伝承どおりなら］不名誉な、思いもよらぬ仕方で陥落したのであり、ふつうのように講和に従って少しずつ出てゆくというのではないのだ。いや、ことの成り行きはそういう形ではなく、起こりうる仕方で起きたのだ。

一四〇　人々の言うには、ギリシア人の船隊が立ち去ると、多くの民が［トロイア］市内に集まり、同盟軍も誰一人去ろうとしなかった。そしてアイネイアスが、戦を戦い抜いてギリシア人を追い払ったらそうするとプリアモスから約束されていたので、支配権の一部をもらわなければ承知しない様子を見せているのをヘクトルは目にすると、財物を惜しまず彼に与え、軍勢も欲するだけ彼につけてやって、気持ちよく送り出してやった。一四一　そして彼の言うには、アイネイアスは［トロイア地方の］王になって自分に劣らぬ権力を持つに価する男だが、むしろ他の土地を所有したほうがふさわしい。全ヨーロッパを支配することも不可能ではないからだ。そうなれば、自分たちの子孫が、一族の存するかぎり、両大陸［アジアとヨーロッパ］を治めることになると期待できる。一四二　ヘクトルのこのような考えにアイネイアスも同意した。彼の意を迎えたということもあるし、より大きな土地を獲得できると期待したからでもある。かくて移民が、大きな勢力と思慮ある計画とともに行なわれた。順境に恵まれた者たちの下、その国［ローマ］はすぐに力を伸ばし、その後も栄えていった。アイネイアスの派遣を見てアンテノルもヨーロッパを治めたくなり、同じような遠征団が繰り出された。彼らに加えヘレノスも、デイポボスより待遇が劣っていると愚痴をこぼし、父［プリアモス］に要請して船隊と軍兵をもらうと、海上をギリシアまで進み、協定外だった地域を――これをギリシアは覚悟していたかのようだった――すべて占領した。一四三　同様にディオメデスもアルゴスから亡命すると、アイネイアスの遠征を聞き及んで、彼のところにやってきた。講和と友好関係が二人の間にはあったのだ。そして援助を懇願し、アガメムノンと自分の災難を語った。アイネイアスは彼とその少数の船隊を歓待し、軍の一部を分け与えた。［イタリアの］全土地が彼の所有だったからである。

一四四　その後、ドリス族によって追い出されたギリシア人は、非力のためどこに向かったらよいか途方にくれたあげく、協定の下に友好関係にあるということで、プリアモスとヘクトルの子孫のところへ逃れてきた。そしてレスボスその他の狭からざる地域に住むことを、友誼に基づき、許されたのだ[1]。

四（結部）、虚偽に対する事情斟酌、本論はギリシア人の名誉のためでもある

古くからの思いこみのため、上述のことを信じられないという人は、欺瞞から解き放たれて虚偽と真実を弁別する能力を自分が持っていないことを知るべきである。一四五　長い間愚かな人々に信じられてきたということ、過去の世代に嘘が語られてきたということは、重大なことではない。他の多くの事柄についても

（1）一八七頁註（1）参照。

人々は意見を異にし、反対の考えを持つものである。たとえば、ペルシア戦争に関して、ある人々はサラミス海戦をプラタイアイ戦の後の事件とするが、別の者は、プラタイアイの出来事が最後の戦闘であったと唱えている[1]。戦役のすぐ後に［そういう歴史書は］書かれているはずなのに、このありさまである。一四六　たいていの人間は正確なことは知らず、噂を聞くだけであるからだ。そのときに生まれ合わせた人ですらそうなのだ。それが第二、第三の世代の後ともなれば、完全に事情に疎く、誰かが何かを言うと容易に受け入れてしまう。人々が、ラケダイモンのスキリテス部隊というものを、トゥキュディデスの記すごとくじっさいには存在しなかったのに、口にする場合がそうであるし[2]、アテナイ人がハルモディオスとアリストゲイトンを祖国の解放者、僭主の殺害者として誰よりも尊ぶようなときもそうである[3]。一四七　だが、人間界のことを持ち出す必要はなかろう。詩人たちは、ウラノスがクロノスに去勢され、クロノスはゼウスにそうされたと大胆にも述べ、人々に信じさせている[4]。よくあることだが、誰かが最初にそういうことを受け入れると、もはやそれを信じないことが法外なのである[5]。

　しかしわたしはホメロスのことを弁護もしたいと思っている。彼の虚偽に同意することは不当だとばかりも言えないのである。第一に、神々に関する嘘に比べれば、彼の虚偽はまだましである。次に、それは当時のギリシア人にとってある程度役に立つものだった。アジアの人間と戦になったらどうしよう――じっさいそう予測されていた――という不安を取り除く働きをしたのである。ギリシア人たる彼が、同国人をあらゆる仕方で助けようとすることに憤るいわれはない。

一四八　またそういう戦略は多くの人に用いられている。たとえば、ペルシア人はギリシア人の［ペルシア戦争に関する］説にまったく同意していないとあるメディア人から聞いたことがある。彼らが言うには、ダレイオス王は、［エーゲ海の島］ナクソスと［エウボイア島の都市］エレトリアに向けて、ダティスおよびアルタペルネス指揮下の軍隊を派遣した、そして彼らはこれらの都市を落として王のもとに帰還した、しかしその途次エウボイア［ギリシア本土東方の島］の付近で停泊中に僅かの船が、二〇隻を超えないが、アッティカ地方へ流されたあげく、船員と土地の者との間にちょっとした戦が生じたという。一四九　その後クセルクセス王がギリシアに進軍し、ラケダイモン軍をテルモピュライで破って、その王レオニダスを殺した。またアテナイの都を占領して破壊し、逃げ出さなかった者たちを奴隷にした。このようにしてから朝貢を課すとア

（1）サラミス海戦は前四八〇年九月、プラタイアイ戦は前四七九年八月と、一致して伝えられる。それを逆の順にしたのは、クニドス出身の歴史家クテシアス（前五から四世紀、『ペルシア記』の作者）らしい（Vagnone）。

（2）スキリテス（スキロス）部隊はじっさいには存在した（トゥキュディデス第五巻六七）。トゥキュディデスは、スパルタのピタネ部隊と言われるものはじっさいはなかったと言っており（第一巻二〇）、ディオンはこちらと混同している。

（3）同じくトゥキュディデス第一巻二〇。じっさいは、僭主ヒッピアスの弟ヒッパルコスが殺された。

（4）ウラノスのクロノスによる去勢の話は、ヘシオドス『神統記』一六一行以下にある。クロノスがゼウスによってそうされたという話は、『オルペウス派文書断片』一五四（Kern）に見える（蜜によって酔わせ樫の木に縛り付けたクロノスをゼウスは去勢した、と）。

（5）ここの写本テキストは不確かである。

ジアに帰ったという。これらが嘘であることは明らかであるが、[1] ペルシア内陸の国々に［ギリシア軍が］攻めてくることはありえないことではなかったので、彼らが騒がないよう大王がそのような作り話を命じたということはありそうなのである。ホメロスが同様のことをしたとしても寛恕すべきである。

一五〇　ひょっとして、不見識な者は、お前がギリシアを貶めようとするのは、［敵への恐怖を増大させるから］正しい振る舞いではないと言うかもしれない。だが今は、そう懸念すべき状況はもはやなく、アジアの人間がギリシアに攻め寄せてくるのではないかという恐れも存しない。ギリシアもアジアも他の国［すなわちローマ］の支配下にあるからである。しかるに、真実というものはなおざりにできないものである。さらに、こういう議論が人を説得させられると分かっていたら、わたしは……［テキスト不確か］……決めていたことだろう。だがわたしは［少なくとも］ギリシア人にとってより大きな、より耐えがたい不名誉を取り除けたはずだと主張する。一五一　つまり、一つの都市を落とせなかったということは、けっして異常なことではないし、自分たちにもともと属さない国に進軍して、そののち講和を結んでから帰るということもそうである。優れた男子が、同じほどに勇敢な男と戦って命を落とすことも不名誉ではない。人が死ぬ間際にそういうことを認めることもありうるのである、ちょうど作中でアキレウスが、

　この地で最強の男として生まれ育ったヘクトルが、わたしを殺してくれていたら！[2]

と言うごとく。

一五二　だが、ギリシア人で最強の者［アキレウス］が、敵で最も劣った男［パリス］に倒されるというのは

まことに不名誉である。同様に、ギリシア人で最も分別に富む思慮ある男と思われていた者［アイアス］が、武器のことで、まず王たちを殺すつもりで羊と牛を屠り、次いで自殺してしまう、[3]というのは、きわめて恥ずべきことである。

一五三　さらに、優れた戦士［ヘクトル］の息子アステュアナクスをかくも野蛮に――しかも軍と王たち一同の決議によって――城壁から投げ落とし殺害するとか、乙女ポリュクセナを［アキレウスの］墓のわきで屠り、そのような血の注ぎの儀式を女神の息子［アキレウス］に捧げるとか、神聖な娘つまりアポロンの神官たるカッサンドラが、アテナの神殿内で、女神の像にしがみついていたところを汚される――それも卑し

（1）ダレイオス王時代のナクソスとエレトリア陥落（前四九〇年）は事実（ヘロドトス第六巻九六、一〇一）。次の、エウボイアの付近で云々は、むしろその一〇年後、クセルクセス時代に行なわれた第二次侵攻のさい、エウボイア島北部アルテミシオン岬で起きた事件に基づくらしい（ただし、ヘロドトス第六巻四四記述のアトス沖遭難参照）。このアルテミシオン海戦（陸のテルモピュライ戦と同一日に起きたという）そのものはどちらにとっても大きな勝敗なしに終わったが、このときにペルシア軍の別働艦隊二〇〇隻が、エウボイア島を周回してアテナイ艦隊を本軍との間に挟み撃ちにしようとして派遣された後、その晩この地域を襲った暴風と豪雨のためエウボイアの岩礁に乗り上げて全滅するという被害をこうむった（ヘロドトス第八巻一三）。こういう点、「僅かの船が云々」（一四八節）というここの主張は「明らかな嘘」である。またクセルクセス関係の主張では、彼がレオニダスを倒したり、アテナイを破壊したことは事実だが、その後サラミス海戦（前四八〇年）で大敗を喫し、ペルシアにほうほうの態で逃げ帰るので、「朝貢を課し」というのもまったくの「嘘」である。

（2）ホメロス『イリアス』第二十一歌二七九。

（3）一八三頁註（2）参照。

いつまらぬギリシア人ではなく、指導者の一人〔小アイアス〕によって――とか、一五四　アジアの王プリアモスが、老齢のきわみにおいて、祖神ゼウスの祭壇のわきで傷つけられ屠られる――そしてこれも無名の男の仕業ではなくて、アキレウスの子〔ネオプトレモス〕の仕業であり、老王は以前に彼の父〔アキレウス〕にもてなされ、命を許されたことがあるというのに[1]――とか、それだけ多くの子たちの哀れな母となったヘカベ〔トロイア王妃〕が、侮辱を受けるためオデュッセウスに与えられ、禍いのあまりもの重みに、ずいぶん滑稽な話だが、犬になってしまったとか[2]、ギリシア人の王〔アガメムノン〕はアポロンの聖なる娘〔カッサンドラ〕を――神のゆえに誰もめとる勇気がなかった女性だが――自分の妻として連れてゆき、そのため殺されるのが[3]正当と思われるにいたったとか、こういう数々の話は、ギリシア人の名誉にとって、事実ではなかったほうが、トロイアを落とせなかったということより、どれほど重大なことであろう。

（1）ヘクトルの死体を請い受けるため、プリアモス自ら、夜中に、アキレウスのテントを訪れたという話のこと（ホメロス『イリアス』第二十四歌）。

（2）陥落後の戦利品の分配において、ヘカベはオデュッセウスに割り当てられたが、ギリシアへ運ばれる途中船から海中に飛びこみ、雌犬に変じた、といった話がある（エウリピデス『ヘカベ』『トロイアの女』など）。その墓がケルソネソス半島にあり、「犬の墓 Kynos sēma」と称した、と。この奇妙な神話に関して、ヘカベは、アルテミスの類いの大地母神であり、その名も、弓矢の神（女神）ヘケーボロス（アポロンとアルテミス）の語の短縮形である、犬はこの神に関係する動物の一つであり、そういう宗教的起源をそれは持つとする説があり（Preller-Robert, *op. cit.*, II 974）、また他に、その名の類似性のゆえにヘカベを黄泉の女神ヘカテと結びつけ、ヘカテには犬が仕えている、ヘカベはヘカテの従者の一人とされる、とする説もある（J. G. Frazer (ed.), *Apollodorus*, II, London, 1921, 241 n. 4）。

（3）彼は、妻のクリュタイメストラとその間男アイギストスによって、帰国時に謀殺される。

オリュンピアのゼウス像と神の観念——詩と彫刻の比較（第十二篇）

内容概観

オリュンピアで行なわれた演説。そこのゼウス神殿に据えられていたゼウス像を前にして、ゼウスと神々とに関する観念の発達について述べたあと、そのゼウス像を制作したペイディアス（フィディアス）の彫刻術と、彼が参考にしたといわれるホメロスの詩とを、仮想裁判の形式を通じて比較する。全体は、前置きを除くと、四部に分かれる。

前置き、フクロウの譬え〔一―一六節〕
一（序）、ゼウスについて語ろう〔一六―二六節〕
二、神に関する観念の発生と発達〔二七―四七節〕
初期の人類に自然に発生した神観念〔二七―三四〕
動植物による崇神〔三五〕
エピクロス派への批判〔三六―三七〕
脱線の修正とこれまでの論の要約〔三八―三九〕
後天的な神観念の源――詩と法律〔三九―四三〕
演説の紆余曲折の弁明〔四三〕

前置き[1]、フクロウの譬え

一　いったいわたしは、聴衆諸君よ、いわゆるフクロウの奇妙ないぶかしい体験を、あなたたちや他の多くの人々のもとで味わっているのだろうか。それは他の鳥たちより賢くもなく、姿がより美しいということもない。われわれが知っているとおりの鳥である。それなのに、悲しげな不快な鳴き声をそれが上げると、他の鳥たちが寄ってくる。そしてそれが一羽だけでいるのを見ると、ある鳥は近くに止まり、ある鳥は周囲を飛び回る。それは、わたしの見るところ、フクロウの卑しさと非力を彼らが軽蔑しているからである。しかし人々は、フクロウを鳥たちは讃嘆しているのだ、と言う[2]。

(1) 前置き＝「プロラリアー」は、序論的な「おしゃべり」の意。この語はビザンツ時代の文献において初めて見いだされるが、「ラリアー（おしゃべり）」は古くから用いられ、弁論用語としても、弁論家メナンドロス（後三世紀）によって、正規の演説に対する、より短い簡単な、くだけた調子の弁であること、ソフィストたちにとくに有用であることが説かれている（三八八-一七—三九四-三一）。「プロラリアー」の語は、それが本体の弁論全体への序として位置付けられる場合に使われる。ラテン語の「プラエファーティオー」に対応する（小プリニウス『書簡集』二-三-一参照）。一般にプロラリアーは、それ独自で、複数の演説のために使い回しされることもあったかもしれない（cf. Russell, p. 11）。本来の「導入部」（プロオイミオン、エクソルディウム。本篇では一六節以下）とは異なる。ディオンのここの語り口は、フクロウの比喩なども含め、まさしく「おしゃべり」的であり（一六節参照）、論の進め方も、少なくとも一見上は、錯綜している感を与える。たとえばディオン自身に譬えられるフクロウに関して、あるときは（自己）軽侮的に、あるときは賢い鳥として、述べられ、矛盾しているように見えるので、二つの異なる談義が後の編者によって強引に合わされたものだという解釈もある。しかしむしろ、人の憫笑を誘うみすぼらしい外見をしているが（ソクラテスが愛用したぼろマント参照、また第七十二篇二参照）、同時に一種不気味な知恵を思わせる相貌も持つ（同様にフクロウの譬えを持ち出す第七十二篇七における哲学者への一般人の警戒感という点を参照）フクロウ、すなわち哲学者に対する一般人の軽侮と畏怖感の混じったアンビヴァレントな気持ちが、ここのディオンのフクロウに関する提示法に間接的に表わされているか。なお現代のヨーロッパにおいても、フクロウは、ときには英知のイメージで、ときには愚かしさまたは不吉のそれで捉えられている（次註参照）。

（2）昼間目の見えないフクロウをからかおうとして鳥たちが寄ってくる、そこを鳥もちで捕獲するという狩猟法が西洋古代で行なわれ（本篇七、一三節、アリストテレス『動物誌』第九巻第一章六〇九a参照）、今日のイタリアでも用いられているという（RE, VI, 1, p. 1068）。わが国でも、フクロウ（ミミズク）を囮《おとり》に利用する同様の狩猟法があった（『日本国語大辞典第二版』、小学館、二〇〇一年「ずく引き」）。鳥たちはフクロウを「讃嘆」して集まってくるのだと世間では言われていると、アリストテレス（引用箇所）も記している（彼自身は、鳥の種族の間の憎しみがその真の原因と考えている）。フクロウが他の鳥たちにかける「魔法」についてアイリアノス『動物の特質について』一・二九参照。自分は「無知」だ（五節）などと、少なくとも表面的なスタンスとしては卑下的に自己提示するディオンは、彼の演説を聴こうと群衆が集まってくるのを、自分を笑おうとしている（一二節）のだと否定的に解する点では、世間一般の見方ではなく、アリストテレス的な少数意見の側に与する。

二　しかし、どうして鳥たちはむしろ孔雀[1]を眺めて讃嘆しないのだろう？　あれほどに美しく多彩な鳥であり、雌に向かって気取るときは、いっそう得意げに羽根の美しさを見せびらかす彼である。尾を折って上げ、形のよい劇場のように、あるいは星を散りばめた空を写す絵画のように、それを自分の周りに広げるのである。また、他の身体の部分も嘆賞に価し、紺青色を混ぜた黄金に近い色を呈しているし、羽根の先端には、形などの類似から言って目の玉か指輪のような模様が入っている。三　他の点も挙げよというなら、その羽根がいかに軽いか見てみるがよい。そのため、長くても、扱いにくく持て余す、ということがないのである。皆の前でこの鳥は、悠然と落ち着き払って自分を衆目にさらし、あたかもパレードをしているさなかであるかのように旋回する。誰かを驚かせようとするときは、羽根を振るって快い音を出す。それは、強くはない風が、繁った森を揺する風情である。

ところが、孔雀のそういうもろもろの衒《てら》いを鳥たちは見ようともしない。また歌鳥［夜鳴き鳥］が朝早くから聞かせる声を耳にしても[2]、彼らは別に感銘を受けない。四　さらにまた白鳥をその音楽ゆえに歓迎するわけでもない。たとえそれが、高齢のため最後の歌を唱えようとし、これまでの生の辛さをもう忘れて、喜びに満たされながら快哉を叫び、どうやら憂いを免れさせてくれることになりそうな死に向かってわが身を憂いなく送り出そうとしているときでも[3]、鳥たちが、その白鳥の歌に魅せられて、川岸とか広い草地とか清らかな湖岸とか川中の青々とした小島に集まってくるわけでもないのである。

五　あなたたちも、［このオリュンピアで］楽しい見ものがいっぱいあり、聴くべきこともたくさんあると[4]いうのに——恐るべき弁論家たちや、韻文また散文でものを書く甘美な作家たちや、華麗な孔雀のように名

声と弟子たちとを羽根よろしく見せびらかすソフィストたちがいるというのに——それにもかかわらずあな

---

(1) 華やかなソフィストたちの比喩（五節）。次出の歌鳥（夜鳴き鳥）や白鳥も同様（ただし、ディオン第四十七篇一六では、あるソフィストがディオンを非難して歌鳥と言ったとあり——この場合は「おしゃべり」のニュアンスらしい——、鳥のメタファーでけなし合うのは弁論家たちの常套的やり方）。聴衆は、見栄えしない、歌声も聞かせない「フクロウ」より、むしろそういう「鳥」（弁舌の見事な華麗な姿のソフィスト）のほうに向かえばよいのに、とソフィストたちを推薦するのはもちろん皮肉である。弁論術での手法たるエクプラシス（客観的、絵画的な叙述）において孔雀はよく取り上げられる。ここでの華麗な描写（四節にはソフィスト的美辞のパロディーがあるとRussell, p. 164は見なす）には、「孔雀にもなろうと思えばなれるが、むしろフクロウに留まる」、つまり自分はソフィスト的な技量も持っているが、それには頼らない、というディオンの主張があるとKlauck（p. 109）は註する。

(2) 夜鳴き鳥（ナイチンゲール）のギリシア語「アエードーン」は、「歌鳥」の意。この鳥は、夜も眠らず、「ずっと起きている」（アイリアノス『動物の特質について』一二-二〇）と信じられていた。「朝早く」からも——森が繁り始める時期には夜も昼も（アリストテレス『動物誌』第九巻第四十九B章六三二b二一以下）——鳴くという点では、「夜鳴き鳥」「ナイチンゲール」という名称は必ずしもふさわしいとはいえないが、夜も鳴くという目立つ特性には照応する。古代では、徹夜するための薬としてこの鳥の肉が食せられた。

(3) 死に対する白鳥の態度や臨終の際の「白鳥の歌」について、プラトン『パイドン』八四C（死後アポロン神に迎えられるという期待で、臨終のときに喜びの歌を唱える）、アイリアノス『動物の特質について』五-三四など参照。なおコブハクチョウの種類は鳴かないが、北方から渡り鳥として冬季にギリシアやイタリアへ来るオオハクチョウは大きな声で鳴く。

(4) 全国から人が集まってくるオリュンピアの祭典は、運動競技を観戦するのみならず、詩人、歴史家や弁論家たちの公演を聴く場でもあった。ヘロドトス、ゴルギアス、ヒッピアス、リュシアスらの公演例がある。

たたちは、むしろわたしのほうに近づいて、わたしの弁を聴こうとする。無知(1)であるし、何かを知っていると広言してもいないわたしなのであるが。だから、あなたたちの熱心さを、フクロウをめぐって起きる騒ぎに譬えるのが正しいであろう。ただ、そこには、ある神的な意向が関わっていないわけでもない。(2)六　そのおかげでこの鳥は、最も美しく賢い神であるアテナにも愛されているというし、アテナイで［彫刻家］ペイディアス(3)の妙技の対象にもなった。彼は、フクロウを、アテナといっしょに据えて祀《まつ》るに価するものと考えたのだ(4)——これは民意によっても認められたことだったが、他方では、ペリクレスと自分の像をこっそり女神の盾に描きこんだという(5)——。しかしこれは、フクロウの単なる好運であったと考える気にはなれない。それが、平凡ではない理性を持っていなかったら、そうはならなかったであろう。

七　この点から、わたしの思うに、イソップも、あの寓話を作ったのだ。すなわち、樫の木が初めて生《は》え出てきたとき、賢いフクロウはそれを放置しないよう、むしろ何が何でもそれを滅ぼすよう、鳥たちに忠告した(6)——鳥たちを捕らえて離さぬ薬、鳥もちが、樫の木から取られることになる(7)だろうから、と。また今度は、人間たちが亜麻の種をまいているとき、この種を啄《ついば》んでしまうよう勧めた、それが成長する［そして網の素材になる］のは彼らの為にならないだろうから、と。八　三度目には、狩りをする男を見て予言した、「この男は、お前たちのもの、つまり羽根を用いて、お前たちを出し抜くことになるだろう、自分は徒歩だが、翼ある矢を射かけることによって」と。(8)

しかし他の鳥たちは、フクロウの言葉を信用せず、それを愚かである、狂っていると考えた。だが後になってそういう目にじっさい会うにいたって、彼らはフクロウを讃嘆し、真に賢い鳥だと見なすようになった。このゆえに、それが現われると、何ごとにも通じているとして、他の鳥たちが近寄ってくるのだが、フクロウのほうはもう何も忠告しようとはせず、ただ嘆くだけなのだ。

（1）半ばアイロニー。「無知の知」を自称するソクラテスを聴衆に想起させる（二〇節の皮肉な表現のもじりを参照）。ディオンはしばしばソクラテスを意識した言動を取る。

（2）以下では、知恵の女神アテナにも愛されるフクロウへの人々の讃嘆（八節）を、否定的な見方（二〇三頁註（2））とは逆に、むしろ正当なものと認める。ただ、讃嘆を受けるに価するフクロウ的な知恵の持ち主は、ソクラテスのような昔の哲学者の場合と限定し、自分のような現代の哲学者にはそれを期待しないように、と釘を差そうとする。ただしこれも半ば自己韜晦的である。

（3）ペイディアス、英語式呼称でフィディアスは、前五世紀の彫刻家、建築家。とくに有名な作品はアテナイ市アクロポリスのアテナ・パルテノス像と、本篇後半で焦点にされるオリュンピアのゼウス像。当時の指導的政治家ペリクレスの友人。ペリクレスの政敵から、アテナ像制作用の黄金を横領したという咎で告発されたという経緯が以下で言及される。

（4）ペイディアスによるアテナ・パルテノス像（の頭部ヘルメット）にフクロウ像も付けられていた。

（5）前註（3）の告訴が不発だった後、敵たちは、女神の左手に握られていた盾の浮き彫りに、ペイディアス自身とペリクレスの像が描きこまれている（禿頭の老人像がこの彫刻家に、アマゾン族相手に戦うテセウスがペリクレスに擬せられている）という別の訴えを起こした、そしてペイディアスは投獄されそこで死亡したといわれる（プルタルコス『ペリクレス伝』三一参照）。しかしエリスに逃れ、その地で死んだとも伝えられる。

（6）第七十二篇一五でも同様のフクロウの寓話が語られている（二〇九頁註（1）参照）。なお、フクロウの代わりにツバメを主人公にする類話もある。

（7）樫の木に寄生するヤドリギの実から作られる（プリニウス『博物誌』一六-二四八参照）。

（8）アイスキュロス『ミュルミドン人』断片一三九に類似の寓話がある（アリストパネス『鳥』八〇八行参照）。

九　おそらく諸君は、かつて哲学が昔のギリシア人たちに与えた、真実の言葉に満ちた忠告のことを伝え聞いているだろう。当時の人々は、それを理解できず敬わなかったのだが、今の人たちは、それを思い出し、わたしのなりを見て近寄ってくる。哲学をフクロウのように敬ってのことだが、じっさいはそれは言葉を出さず、率直な物言いもしない。なぜならわたしは、自分がかつて傾聴に価することを言った覚えもないし、今も、諸君より知識がある者ではないことを自覚しているのである(1)。

一〇　しかしわたし以外なら、知恵ある恵まれた人々［ソフィストたち］がいる。彼らのことを、お望みなら、一人ひとり名前を挙げて教えてもよい。じっさい、ゼウスにかけて、わたしが知っている有益なことはこの一点だけ――知恵があり、畏怖すべきであり、知らないことは何もないという人間は誰であるか識っている、ということだけなのだ。あなたたちが彼らの弟子になることを欲し、他のことはすべて放《ほう》っておいて――両親も祖国も神殿も先祖の墓も打ち捨てて――、彼らが連れてゆく場所、彼らが腰を据えて滞在する処にはどこでもついてゆくなら――それがニノスやセミラミスのバビュロン(2)だろうと、バクトラや(3)［ペルシアの］スサ(4)、あるいは［インド・ガンジス河畔の］パリボトラ(5)であろうと、また他の名だたる豊かな都市であろうと、彼らにお金を払って［弟子としてついてゆくことを］承知してもらえれば――　一一　あなたたちは「幸福」そのものよりも幸福になれることだろう。もしあなたたち自身は、自分の乏しい才能や貧乏や老年や肉体の弱さを障害に挙げて、そうすることを望まないと言われるなら、せめて息子たちには、物惜しみせずに、そういう最大の幸運を授けてやるがよい。彼ら［ソフィストたち］が承諾してくれれば子を預けて託し、よい顔を見せないときはあらゆる仕方で口説き、あるいは無理強いしてでも預け、息子たちが立派に教育されて賢者になれるように、そして将来、ギリシアであろうと異国であろうとあらゆるところで名を謳われるようにしてやるがよい。そのとき彼ら［息子たち］は、徳や名声や富など、ほぼあらゆる種類の力において他人に優るようになっていることだろう。世に言う「富に、徳と誉れは付き従う」(6)ということのみならず、富が徳におのずから随伴するということもあるのである。

一三　こういうことを諸君に対して、好意と親愛の情に導かれながら、この神［オリュンピアのゼウス（像）］

(1) 昔のフクロウ（哲学者の比喩）と今のフクロウという対比について、第七十二篇一五参照「（樫の木に用心するよう忠告したフクロウを他の鳥たちは讃嘆した。）そのような気持ちを今でも彼らは、頭の切れる賢い鳥だということで、フクロウに対し抱いており、交わることで何かよい教えを得られると考えて、近くに寄ってくる。ところが、わたしの思うに、彼らが［そのように］足を運ぶのは無駄であり、［むしろ］悪い結果になる。というのは、昔のフクロウはほんとうに思慮があり、忠告する能力があったのだが、今のフクロウたちはあの［賢い］フクロウの翼と目と嘴を持っているだけで、それ以外の点では他の鳥たちよりも思慮がないのである」。この自己卑下は、自己韜晦（アイロニー）的でもある。

(2) 伝承によれば、バビュロンを建てたのは女王セミラミスで、ニネヴェの建国者ニノス王はそれに関係しない。ディオンの勘違いか。ここを含めて、以下は、遠い異国にあるが、ギリシア・ローマ文明とともにかく交流のある大都を並べる。マゴイやゾロアスター、ブラーマンというオリエントの英知を誇るそういう異国の都で大きな名声を得れば、ソフィスト的教師たちは、また彼についてゆく弟子たちは、世界中に名を響かせることができよう、と。

(3) バクトリア地方（現在ほぼアフガニスタン北部バルフ地方）の首都。絹の交易拠点としてローマ世界に知られる。

(4) 古代ペルシアの首都。現イラン南西部に遺跡がある。

(5) チャンドラグプタの王国の首都。歴史家メガステネス（前四—三世紀）がここに滞在し、後に『インド誌』を著わした。ディオン第五十三篇六参照。

(6) ヘシオドス『仕事と日』三一三行以下。

の前で(1)あらかじめ告げて忠告しておきたい。本来は、肉体的、年齢的に可能なら、わたし自身を口説き、わたし自身をそのように［当今のソフィストたちに付き従うよう］励ましていたことだろうが、健康にすぐれないので、それが可能なら、以前から投げ捨てられ腐りかけているような知恵の残り物を、古人のもとで見つけねばならない。それに優る生きた教師が不足しているからである。

また諸君が、わたしの言葉を笑ってやろうと思っているなら、わたしが他にも味わっているフクロウ同然の事柄をお話しよう。一三　すなわち、この鳥は自分では、近くまで飛んでくる鳥たちから利益を得ることはないのに、鳥を獲《と》る者にとってはそれは、彼の所有物のうちでいちばん役に立つのである。彼には、おびき寄せるための餌を撒く必要も、鳥たちの声を真似る必要もない。ただフクロウを見せるだけで、鳥たちをいっぱい捕らえるのだ。同様にわたしにとっても、多くの人々の［この演説への］熱意は、なんの得にもならない。自分独自の知識はなく、何も教えることはないだろうと承知しているので弟子をとらないわたしであるし、空約束をして騙《だま》し、欺《あざむ》くという度胸はわたしにはない。ソフィストの誰かと手を組み、わたしのほうに群衆を集めてからそれを彼に委ね、好きなように獲物を処理させる、(2)ということをすれば、大儲けできることだろう。だが、どうしてか分からないが、ソフィストの誰もわたしを［仲間に］採用しないし、わたしを見て喜ぶこともないのだ。

一四　わたしの未熟さと無知に関するこういう言葉をあなたたちは信じてくれるだろうと確信する。諸君自身が知識と思慮を持っているからだ。(3)そしてわたしに関してだけではなく、ソクラテスが［いまこの場で］、皆に向かって、自分の完全な無知を自己のために同様に言い立てたとしても、(4)諸君はやはり信じることだろう。他方では、［ソフィストの］ヒッピアスやポロスやゴルギアスという、いずれも自分自身を讃嘆し自分に対して驚愕を感じた人々を、あなた方は、知恵ある恵まれた人たちだと思ったことだろう。

一五　とはいえ、あなたたちにはっきり言っておこう、諸君がこれほどの群衆をなし、熱意を持って話を聴きに来たこの男［わたし］は、姿は美しくなく、強壮でもなく、年齢《とし》はすでに盛りを過ぎ、弟子は一人もいず、技術や知識については、それが尊ばれるものであれ、もっと軽い種類のものであれ──占い術も、ソフィスト術も、弁論や諂《へつら》いの才能も──ほとんど何も約束できない人間であり、ものを書くことも巧みではなく、賞賛や注目に価する功績を挙げたこともない者である。ただ言えるのは、［哲学者の流儀で］髪を伸

（1）オリュンピアのゼウス神殿に置かれていた像（座像）は、ふだんはカーテンで覆われていたが（パウサニアス五-一二-四参照）、祭典のときには皆の目に触れるようそれは引き下ろされた。今、ディオンとその聴衆は、その巨大な（一二メートル強）像の前にいる。

（2）ソフィストたちによる「人間狩り」について、プラトン『ソピステス』二二三B、クセノポン『狩猟について』一三-九参照。

（3）「賢い」聴衆たちは、ソクラテスの文字どおりの「無知」を信じ、はったり屋のソフィストたちに「知恵」を認めたことだろうと次の文で言われるので、皮肉な表現だが、シニカルな口調のものではないだろう。聴衆も、ここのプロラリアー全体でのディオンの皮肉を、半ば楽しみながら聴いていると思われる。

（4）オリュンピアにおけるソクラテス、というのは完全に非事実仮想だが（イストモス祭には行ったことがあるという）、ディオンは自分を彼に擬している。また、以下で名の挙げられるソフィストたちのうち、ヒッピアスとゴルギアス（ソクラテスの同時代人たち）は現実にオリュンピアで演説をしたことがある。

ばしているということだけなのだ。[1]

だが諸君にはこのほうがもっと良く、より望ましいことと思われるのなら、[2]この弁論を、わたしの力の及ぶかぎりいっしょうけんめい行なわねばならない。

一六　とはいえ、あなたたちが聴くことになるのは、当今の誰かのような弁舌ではなく、もっとずっとつまらない奇妙なもの[3]であろう。じっさいそのことをもうあなた方は見て取っているわけであるが。しかし、簡明に言うと、わたしが自分の思いつきを何でも好きに追ってゆくことをあなたたちは許してくれないといけない。そしてわたしが話の途中で彷徨《さまよ》っているように見えても[4]――じっさい以前にわたしは放浪の人生を送ったことがあるのだが――けっして憤慨せず、寛恕してくれないといけないのだ。なんといっても、諸君に話をするのは素人の、おしゃべり好きな男なのだから。

一（序）、ゼウスについて語ろう

ちょうど今わたしは、長い旅から帰ってきたところである。イストロス〔ダニューブ河〕とゲタイ族[5]の国へ――ホメロスが今ふうの民族名のとおりに呼んでいるのに従うとミュシアまで[6]――行ってきたのだ。[7]一七　品物を扱う商人や、軍の用をつとめる荷物持ちや、牛追い人といった形で赴いたのではない。また同盟国からの使節とか、何か縁起のよさそうな口上を述べる使者として、口先だけで成功を祈ってみせる者たちに混じっていたのでもない。いや、わたしは

(1)「軟弱」な流儀に対して髪を伸ばすことをよしとする(『エウボイアの狩人』七頁註(3)参照)。師のムソニウスにも髪のことを論じた作品がある(ムソニウス第二十一篇)。

(2)ホメロス『オデュッセイア』第一歌三七六行、第二歌一四一行。

(3)ロウブ版(Cohoon)の読み方には従わず、写本どおりにする(atopōterōn)。

(4)「風の吹くように」自由気ままに自分の議論は進む、というソクラテスの言葉(プラトン『国家』第三巻三九四D)参照。そういう哲学者的談話の流儀をディオンはまた、自分の放浪の実体験(次出)にも結びつける。表面的には、まともな生活ではない流浪の人生を送ってきた自分には、まともな話し方もできないと言っている形だが(cf. Klauck, p. 118)、この弁の進め方を意識的に採るディオンのアイロニーがそこにあることは言うまでもない。キュニコス(犬儒派)的ストア派的「談論 diatribē」スタイルの一例。

(5)イストロス河下流の南北、現ルーマニアあたりに住んでいた民族で、ローマ人の言うダキア人の一部とされる。トラキア地方の一部。ディオンには、ゲタイ旅行を基にした『ゲタイ誌 *Getika*』という歴史的地誌的著作があったが、失われた。

(6)ホメロスはミュシアという地名を小アジア北西部の地域のために用いているが、後にポセイドニオス(前二―一世紀)はミュシア人をギリシア本土トラキアの部族だと主張した。他方、ローマ時代にモエシアの名で知られるようになったトラキア地方(現ブルガリアのあたり)があり、ホメロスのミュシアはラテン語のモエシアに相当するとディオンは言う。つまりゲタイ、ミュシア、モエシアの三民族(地域)名を同一視する。

(7)ディオンのゲタイ族訪問は数回にわたった可能性がある。ここで言及される旅行は、トラヤヌス帝による第一次ダキア戦(後一〇一年)の前年、あるいは第二次ダキア戦(後一〇六年)の前年のことか。ディオンはトラヤヌスに従ってローマからダキアの前線まで行き、それからここオリュンピアへやってきたのだろうとラッセルは推測する(Russell, p. 171)。他方、ピロストラトス(『ソフィスト伝』一-八-三)に、ディオンは、ドミティアヌス帝暗殺(後九六年)の知らせをダキア前線(ダキア王デケバルス対ドミティアヌス軍)で聞いたという記述があり、これによって、本箇所の旅行をドミティアヌスによる追放中のものとする解釈もある。

丸腰で、かぶとも盾も、剣も持たず(1)、
他の武器もなしに赴いたのだ。

一八　それでわたしは、そういうわたしを見て人々がよく我慢してくれるものだと訝《いぶか》しく思ったものである。騎馬の術は知らない。手だれの弓使いや武装兵でもない。また重装備なしの軽装隊に属する投槍や投石の兵でもない。材木を切ったり、濠を掘ったり、敵側の草地から、「何度も背後を確かめつつ(2)」、飼い葉を刈り取るという能力もない。軍についてきている非戦闘員の従者のようにテントや柵を立てることも知らない――　一九　そういうことすべてに無能なわたしが、そこに行って出会ったのは、のらくら者ではなく、誰かの話を聴く暇のある人間でもなかった。いや、それは、意気軒昂として闘志にあふれ、ちょうど競走馬が、スタートの仕切り棒を前にして、今か今かとじれったそうに勇みはやりつつ、蹄《ひづめ》で地面を踏みしだく、という態《てい》の人々だったのだ。そこでは、剣が、よろいが、槍がいたるところに見られ、あらゆる場所が馬や武具や武装兵でいっぱいだった。そういうものたちの間で、わたしだけがまるで呑気《のんき》な太平楽な観戦者の風情であった(3)。身体は弱く、年も取っている。二〇　黄金の杖や神の聖なるリボンを手にして娘の身受けに余儀なく陣地まで足を運ぶ(4)、という事情があったわけでもない。わたしの望みは、一方は帝国の権力のために、また他方は自由と祖国の「独立の」ために、戦い合う男たちを眺めてみたいということだったのだ。それから、危険におびえてというのではなく――誰もそのように思わないでほしい――、むしろわたしの昔の祈願(5)を想い出してこちらへ、君たち「オリュンピアに集っている人々」のもとまで、戻ったというわけなのだ。わたしには、いつも、神に関することのほうが、どれほどのものであれ人間的な事柄よりも、優れていて有益

なことと思われるのである。

二一　諸君にはどちらがより楽しく、この場によりふさわしいことと思えるだろうか(6)——かの地のことを叙述して、その河の大きさ、土地の性状や、気候のことや、民族の系統や、また場合によっては人口と兵力のことについて語るほうがよいのか、それとも、もっとたいせつな重要な記述として、いまわれわれの面前にいるこの神のことに言い及ぶほうがよいのか？　二二　というのも、この神は、人間と神々との共通の王、

---

(1) ホメロス『イリアス』第二十一歌五〇行。

(2) クセノポン『アナバシス』第六巻第一章八。

(3) 「太平楽な」は直訳すると「平和的な eirēnikos」。その前の、好戦的な人々に関する一見讃美的な記述と対比的だが、ここの箇所にもアイロニカルな含みがある。以下で明らかになるように、ディオンは、ゼウスに関しても、神の恐ろしい面よりも平和の守護者的な性質を謳いあげる。

(4) ホメロス『イリアス』第一歌一三—一五行で、老人クリュセス（アポロン神官）がトロイアにおけるギリシア陣営までやってくる描写による。

(5) どういう祈願か不明だが、追放解除に関してゼウスに願ったものかとクラウクは解する（Klauck, p. 120）。

(6) 以下、(A) ゲタイ（ダキア）の地誌やそこの戦争に関する（『ゲタイ誌』的な）叙述がよいか、(B) ゼウスについて語ることがよいか、という主題の選択に関して、ゼウス像の前に集っている聴衆に（形式的だが）問いかけ、後者Bに決定する。しかしBは、さらに三つの細かい選択肢に分かたれる、すなわち (b1) ヘシオドス的な讃歌を神に捧げるか、(b2) あるいはただ無言の讃嘆を神像などに向けるべきなのか、(b3) それとも神（の観念）に関係する詩句や像について哲学的な議論と考察に及ぶか、ということであり、b3が選ばれる（ただしb1も内包する）。この主題提示は、本論（二七節以下）を導入する役割を果たし、法廷弁論における立証（肯定的または否定的な証明 argumentatio）を導入する事件経緯の説明（narratio）に相当する（cf. Klauck, p. 120）。

支配者であり、統轄者にして父である。また、昔の経験も知恵もある詩人たちが考えたように、平和と戦争を司る神でもあるのだ——まさにそういう点を述べながら、神の性質と力とを、この、神の尊厳を語るには不十分な短い演説で、わたしが満足に讃美できたら、という前提で言うのだが。

二三　では、ヘシオドスという、ムーサイ〔詩歌女神〕に愛された立派な詩人の仕方に倣って話し始めるのがよいであろうか？　彼は、とても賢明にも、自分で考え出したことをあえて自分自身で語り始めることはせず、むしろ彼女たちの父〔ゼウス〕について述べてくれるようムーサイに呼びかけるのである。あらゆる点で、女神たちに当てたこの歌のほうが、〔ホメロスのように〕トロイアに出征した男たちのことを数え上げるよりも——大部分が愚か者であった[1]彼ら自身のことや、整列した船々の甲板のことを数えるよりも——ふさわしいことなのだ[2]。そして、この〔ゼウス讃美の〕行為へ次のように呼びかける者ほどに賢明な優れた詩人がいようか[3]？

二四　ピエリアの女神たちよ、歌の力によって人々に誉れを授けるムーサイよ、
こちらに来てあなた方の父ゼウスのことを語り、讃《たた》えたまえ。
この神により、死すべきものは無名にも有名にもなり、
大いなるゼウスのおかげで人は、世の噂ともなり、無視もされる。
神は人をたやすく強者にし、強者をたやすく圧《お》し拉《ひし》ぐ。
際立った者をたやすく低め、目立たぬものを偉大にする。
曲がった者をたやすく匡《ただ》し、驕った者を萎《しお》れさす。

至高の宮に住む、上天の雷の神ゼウスとはそういうお方。(4)

二五　では、エリス(5)の諸君よ、わたしの問いに答えてほしい。こういう語り方とこういう讃歌が、この［オリュンピア祭の］集まりには合っているだろうか？［こう聞くのは、］あなたたちがこの大会を取り仕切る統率者であり、あなた方が、ここで為《な》され語られることを管理し監視しているからである。

あるいは、ここに来る者は見物するだけにとどめるべきだろうか――他の麗しい誉れ高い見ものもさるこ

---

(1) ホラティウス『書簡』第一巻第二歌八行（「愚かな王や民たちの……熱情」）参照。

(2) もっぱら恐ろしい神としてゼウスを描くホメロス的提示法（七八節参照）よりも、世界を統治する神の摂理を讃美しようとする本篇の主旨に沿った文。また『ホメロスとヘシオドスの歌競べ』での対比的主題（戦争の詩人に対する農業（つまり平和的生産）の詩人）も想わせる。

(3) テキストはロウブ版に従うが、ラッセル（Russell, ad loc.）らの読みに従うと「……次のように呼びかける詩人［ヘシオドス］のほうが賢明……」となる。いずれにしても、ここでは、『ホメロスとヘシオドスの歌競《くら》べ』におけるようにヘシオドスをホメロスよりも上と判定する。しかしディオン第二篇六―八では、若いアレクサンドロス王の視点から、ホメロスの詩は王者にふさわしいが、ヘシオドスのそれは羊飼いや農民のためのものとして、前者のほうが評価される。

(4) ヘシオドス『仕事と日』一―八行。

(5) より正確には「エーリス」。競技が行なわれたオリュンピアの北方に位置する国。オリュンピアの所有をめぐって、小都市ピサ（オリュンピア北西部）と争ったが、前五七〇年頃よりエリスがオリュンピアを支配・管理した（ピサはエリスに吸収された）。

となから、とくに、神への奉仕の様や、まことに至福な姿の像を眺めるだけにすべきだろうか？　この像は、あなたたち［エリス人］の祖先が、惜しみない出費をし、最高の技術者［ペイディアス］を得て作り上げ、奉納したもの。地上にあるすべての神像のうち最も美しく、最も神に愛されている作である。[1]　伝えによると、ペイディアスは、ホメロスの詩と競い合おうとしたのだという。[2]　つまり神が、眉を少しうなずかせるだけでオリュンポス全体を揺り動かすという詩句のことである。二六　詩人は、以下のように、とても生き生きとした描写を、確信を持って行なっている。

クロノスの子［ゼウス］はそう言うと、青黒い眉でうなずいた。
神々しい髪が、王の不死の頭から
ゆさゆさと垂れ、高大なオリュンポスは震動した。[3]

あるいは、こういう詩句や奉納物［神像］そのものについても、また総じて、神に関する人間の考えをなんらかの仕方で造形して表わしているものがあればそれについても、われわれはもっと念入りに考察すべきだろうか？　なんといってもわれわれは、いま、哲学的な談義をしているのであるから。[4]

二、神に関する観念の発生と発達

初期の人類に自然に発生した神観念

二七　神々の、またとくに全存在の統率者たる神［ゼウス］の一般的な性質について、最初に、初期の人間

（1）「世界の七不思議」の一つに数えられたこのゼウス像（前四三〇年頃完成と推定される。Bäbler, p. 231 参照）に関する記述として、他に、パウサニアス五-一一-一以下、クインティリアヌス一二-一〇-九（伝統的な宗教に新たな要素を付け加えた、という）、キケロ『弁論家について』二-八以下、エピクテトス『ディアトリバイ（談論集）』一-六-二三（これを見てから死ねという趣旨のことが言われている）など参照。組み上げた木材を中核とし（ただし骸骨状で中空であり、ネズミが巣食っていると諷刺家ルキアノス（『鶏』二四）は皮肉っている）、肌の部分には象牙が、髪、衣服部やサンダルには金箔が張られていた（髪の房の一部は金塊製だったかもしれない。cf. Bäbler, p. 225）。黄金の総量は一トンを超えたかとBäbler（p. 227）は推測する。黒檀製の王座に坐し、立ち上がれば神殿の屋根を持ち上げてしまうだろう（ストラボン八-三-三〇）と思われた巨大さ（一二メートル強）を有していた。カリグラ帝がローマに運ぼうとして失敗。しかし後五世紀初めまでには、コンスタンチノープルのラウソスという廷臣の宮殿に運び去られ、そこで四七五年に火事に会って炎上した。コンスタンチノープルにあった五、六〇年の間に、この像は、ビザンツのキリスト聖像（イコン）にも影響を与えたと言われる（Bäbler, p. 237 sq.）。

（2）ストラボン（八-三-三〇）では、何をモデル（パラデイグマ）にしてゼウス像を作るつもりかと甥のパナイノス（像の共同制作者の画家）に訊かれたペイディアスが、このホメロスの句を挙げたと言われる。ウァレリウス・マクシムス三-七-ext. 四などにも類似のエピソードがある。

（3）ホメロス『イリアス』第一歌五二八—五三〇行。

（4）ラッセル（Russell, ad loc.）は、写本で一七節「混じっていたのでもない。」の次に記してある以下の文章をここへ持ってくる（ロウブ版では削除している）。「他のことにはかかずらうべきではなく、聞くべきでもない。耳を傾けるべきなのは、ただ、［競技の触れ役の］聖なるラッパや、至福をもたらす［優勝］発表であり、少年の勝者は誰か、壮年では誰か、拳闘では、パンクラティオンでは、五種競技では、短距離走では誰が勝って、ほとんど一歩あゆむだけで幸あるものになり、自分や祖国や一族全体を讃美の的にしたか、ということだけである」。

の間で、ギリシア人と異国人とを問わず、全人類共通の考えと観念が生じた[1]。それは、理性的な存在すべてに生来備わっているものであり、出現すべくして現われたのである。そして、その本来の性質に従って、死すべき者の教示や秘儀伝授なしに、虚偽を含まぬまま発達していった。またそれは、人間の神々との親族関係[2]を明らかにし、真実のしるしを数多く示して、太古の大昔の人類に惰眠や無頓着を許さなかった。

二八　人々は、神的な存在から遠く離れて自分たちだけで住んでいたのではない。いや、まさにその真っ只中に生まれ、あるいはむしろそれといっしょに生まれて、あらゆる仕方でそれに注意を払っていたので、長い間非理知的なままに留まることはありえなかった。とくに人々は[3]、周囲のいたる方向から、天の、星々の、また太陽と月の神的な偉大な現象に照り輝かされ、それらのさまざまな多様な形姿に夜昼となく遭遇し、驚くべき光景の数々に接し、また、風の、森の、河の、海の、さらに、飼われたまた野生の動物のあらゆる声を耳にしたのだ。彼ら自身は、最も快く明瞭な音声を発するがゆえに、自分たち人間の声の誇らしい知的な性質を愛しつつ、知覚されるものごとに記号を付して、認識するものすべてを名づけて明示するようになり、無数の事柄の記憶と概念を容易に得るにいたった。

二九　だから、自分たちの種をまいて植え、保護し、養ってくれている神のことを彼らが、無知なまま、感知しないということになるはずはなかった。なぜなら彼らは、いたる方面から、視覚や聴覚や、総じてあらゆる感覚を通じて、神的な自然に充たされていたのであり、地上に住みながら天の星を眺め、始祖の神があらかじめ準備し供給してくれるふんだんな糧を得ていたのである。

三〇　大地から生じた最初の人間たち[4]は、地を最初の糧とした。泥はその頃はまだ柔らかく肥沃だった。

（1）ここのストア的自然神学、つまり神観念の発生因を人類生得の理性に求める見方は、ポセイドニオスの思想に多かれ少なかれ拠っているとも言われるが、彼の著作はほとんど残っていないので確認は困難（ポセイドニオスは、前二から一世紀の中期ストア派の人、シリア・アパメア出身だがロドス島に住み、キケロらローマ人にも多大な影響を与えた）。他方、弁論教育においても、神の摂理という課題がカリキュラムの一つとしてよく取り上げられた（cf. Russell, p. 177）。なお、クリュシッポスによる神観念の起源について、『初期ストア派断片集』Ⅱ一〇〇九（*SVF*）参照。

（2）syngeneia（xyn-）. 類似の考えを述べるピンダロス『ネメア第六歌』一行目以下（プラトン『プロタゴラス』三二二A参照）では、神々と人間がともに大地に起源を持つというヘシオドス的神話に拠っていると見られる（その子ヘレンを通じて全ギリシア人（ヘレネス）または人類の始祖となったデウカリオンとピュッラは、プロメテウスないしエピメテウスの子、後者二神は、他の神々同様、大地とウラノス夫婦に起源的にさかのぼる）。他方ストア派では、人間の理知的魂は、宇宙を統治する神的理性（「ゼウス」）の一部という思想が唱えられた。アラトス（『星辰譜』五）やクレアンテス（『ゼウス讃歌』四）にある「われわれ人類は彼［ゼウス］の（または「あなたの」）子孫」という句は、『新約聖書・使徒行伝』第十七章二八でも引用されている。ただし本篇では「大地から生まれた人類」とも言われ（三〇節）、これは文字どおりこの「母」から植物のように生まれたという意味らしい（ストア派的汎神論の観点からは、上記の神的理性の理論と矛盾しない）。

（3）以下に続く句は、ラッセル（Russell, p. 179）に従って削除。

（4）autokhthones. 神話において「大地生まれの gēgenēs」人間や神々のことがしばしば物語られる（アテナイ王エレクテウス（エリクトニソスと同一視される）、ティタン神族など）。また生物学的に、たとえばウナギは「大地のはらわた」から発生するとアリストテレスは論じている（『動物誌』第六巻第十六章五七〇a）。ディオンが、太古の人類は大地から生まれたとじっさいに信じていても奇妙な考えではない（二二三頁註（1）も参照）。なお autokhthones の語の「大地（そのもの）から生じた」の意味については、ピンダロス「断片」二五三参照（ヘパイストスの精液によって大地から生まれたエリクトニオス（とその子孫アテナイ人）に関して）。

ちょうど今日の植物がそこから水分を吸い上げるように、彼らは、母たる大地から養分を舐《な》め取った[1]。第二の糧として、すでに進歩した人間たちに、自然に成る実と、固くはない草が与えられ、それとともに、甘い露と、「ニンフたちの住まう、飲みうる流水[2]」があった。さらに彼らは、周りを取り巻く大気に依存し、絶えざる風の息吹きに養われながら、がんぜない子がいつも乳首をくわえて乳に不足することがないごとく、湿った空気を吸っていた。

三一　こちら［空気や風］のほうが［大地よりも］、最初の人類にもその後の人間たちにとっても、一様に糧となったと言うほうがより正しいかもしれない。なぜなら、胎児が子宮から、まだ鈍《のろ》く弱い状態で、生まれ落ちる[3]と、真の母たる大地がそれを受け止めるのだが、空気は、それに息を吹き込み、冷《さ》まして、乳よりも流動的な糧で［魂を］すぐに呼び起こし、［呱々《ここ》の］声を上げさせる[4]。自然は、生まれる者に、［いわば］こういう乳首を最初に差し出すと言うのが正当だろう。

三二　こういう恵みを受け、それに思いをいたすようになった彼ら［初期の人類］は、神を讃嘆とともに愛さずにはいられなかった。またさらに諸季節に関して、われわれの保護のためにそれらがとても正確に、［寒暑の］両極端に陥らないように生じるということに気づいたということもあるし、また、他の動物に比して、理知を働かせながら神々について考えるという能力を卓越的に授かっている[5]、という点も寄与した。

三三　したがってこれは、ギリシア人や異国の者を秘儀の奥所に入れる場合におおよそ似ている[6]。美と大きさに秀でたそういう場所で、人は、多くの秘儀的な見ものを目にし、そういう種類の声を多く聞き、闇と光が交互に彼に現われ[7]、その他のこともたくさん起きる。また、仕来りのとおり、座席の儀[8]と称される行為

（1）初期の人類は、「母」なる大地から文字どおり直接養分を吸収していたという考えを唱える者は、ストア派に限らない。自然哲学者アルケラオス（ソポクレスやソクラテスの友人）は、「[まだ]暖かい状態にあって、ミルクに似た泥（ilys）を食物のように産出する大地から、動物は生まれた。人類も同様に作られた」（「断片」第六十章A一（Diels-Kranz）＝ディオゲネス・ラエルティオス第二巻七。「断片」第六十章A四も参照）と述べている（ilys の語は本箇所でも用いられている）。他に、エピクロス「断片」三三三、ルクレティウス第五巻八〇五行以下、ディオドロス・シケリオテス一-七-一〇参照。

（2）（抒情）詩からの引用らしい（コリアンボス＝長短短長律の句が二つ）。

（3）母親が立った、または坐った姿勢で、出産するのが、古代ではふつうの仕方。

（4）プルタルコス『ストア派の自己矛盾について』一〇五三C—D参照。「彼［ストア派三代学頭クリュシッポス］によると、魂が生じるのは、胎児が産み出されるときである、あたかも［金属が］焼入れされるように、［風の］冷却によって、［胎児の］気息［＝生命、魂］が変化を受けるのだ、と」。psykhē「魂」の語は、psykhō「冷やす」と関連付けられた。また pneuma「気息、生命」はその類義語になるが、pneō「（風が）吹く」の派生語なので、このような思考法の根拠にされる。

（5）しかし三五節では動物に、また植物にまで、とにかく理性的性質が認められている。

（6）宇宙を秘儀入信の聖所に、また宇宙を眺める人間を入信志願者に譬えることは、ストア派においてよく行なわれる。クレアンテス（第二代学頭）『初期ストア派断片集』Ｉ五三八（*SVF*）、セネカ『書簡集』九〇-二八、またプルタルコス（プラトン派だが、ストア派にも影響を受けている）『心の平静（euthymia）について』四七七C参照。

（7）たとえばエレウシスでの秘儀入信式で、入信志願者たちがしばらくの間入信殿（telestērion）の暗闇の中を不安な気持ちで歩かされていると、突然灯された松明が内部を明るく照らす、という儀式があった（プルタルコス「断片」一七八）。

（8）ここで記述されるようなコリュバンテス（キュベレ崇拝者）の儀式について、プラトン『エウテュデモス』二七七D参照。そこでは本来の入信への導入儀式とされているが、ディオンはここでより高次の儀式を意味しているように見える（Klauck, p. 128）。

において儀式を行なう者が、秘儀を受ける人を坐らせてその周囲を踊り回るという場合に似る。この人は、かりに辺鄙で無名の蛮夷の地から来ていたとしても、また説明者も解義者[1]も居合わせなかったとしても、人間の心を持っていたら、当然何かを心に感じ、そこで起きていることが知性と賢明な仕掛けの下に行なわれていることを察知するのではないか。三四　あるいはこれは不可能だとしても、[2]人類全体が、［宇宙の観照を介した］完全完璧な秘儀に共通に入信しつつ、僅かな群衆を収容すべくアテナイ人たちがこしらえた小さな建物[3]ではなくこの宇宙、この精妙な巧みな製造物の中にいながら、そのつど驚くべき現象が無数に見られ、入信する者と同じ存在たる人間が彼らを入信させるのではなくて不死なる神々が死すべき者たちを入信させつつ、夜も昼も陽の光と星々とともに、こう言ってよいならいつも文字どおり踊りめぐっているという状況にあるとき、そういうもろもろの［神的］存在[4]を人々がなにかしら感じ取り、察知するのは当然ではないか。とくに、ちょうど巧みな舵取りが、十分に申し分なく装備した船を操るように、合唱舞踊隊[5]の長［ゼウス］が万物を取り仕切り、天と宇宙全体を導いている、というのであれば。

動植物による崇神

三五　人間の身にそのような［神の導きについての］観念が生じるという点は驚かれないだろう。もっと驚かれるのは、それが、思慮なき理性なき動物たちにまで行き渡り、彼らまでが神を認識して尊び、その掟に従って生きようと欲する、ということなのだ。さらに思いがけないのは、なんら意識を有せず、魂もなく声も発せず、単純な本性に統御される存在たる植物ですら、自ら進んで、おのおのにふさわしい果実を生産する、ということである。[6] これほどにここの神〔オリュンピアのゼウス〕の知と力は、〔どの存在にも〕明らかで顕著なのである。

エピクロス派への批判

三六　だがわれわれは、時代遅れの笑うべき議論をする人間と思われてしまうだろうか、もし、そういう理知は、われわれ人間に未熟さと無知がつきものである以上に、[7] 動物や樹木に付随していると唱えたら？　ある人々〔つまりエピクロス派〕は、自分たちのことを、どのような知恵〔の持ち主〕よりも知者であると誇る

(1) exēgētēs と hermēneus. 秘儀所や神託所で、入信者や参拝者に奥義や神意を解説し指導する役目をつとめる者。エレウシスでは、最高神官のヒエロパンテースと称する職（エウモルピダイ一家の管掌）の者がそれに当たった。
(2) 異国人がギリシアの秘儀を解説者なしに理解するのは困難としても、「宇宙の秘儀」に感銘を受ける力は人類全体に生来備わっている。
(3) エレウシスのテレステーリオン（入信殿）はかなり大きい建物で（五二×五四メートル）、何千人も収容できたが、宇宙に比べればもちろん小さい。
(4) 諸天体は、魂を持つ神的存在と考えられた。
(5) 天空を踊りめぐる諸天体が成す合唱舞踊隊（コロス）をゼウスは、その長（コリュパイオス）として統括する。
(6) 動物、さらに植物などまでが、神を認識するという考えについては、マニリウス二-九九以下、シンプリキオス『エピクテトス注釈』九五「人間のみならず、理性のない動物も、植物も、石も、他のものも総じて、それぞれの能力に従って、神へ心を向けている」など参照。ポセイドニオスの思想の一特徴と見られ、ディオンもそこから影響を受けていると言われる（Russell, p. 186）。
(7) 以下で述べられる、エピクロス派の無思慮への批判を先取りする。

が、そういう彼らは、耳には、イタケの船乗りらがセイレンたちの歌声を聞くことのないようその耳穴に詰めたという蜜蝋(1)を、いや、どんな［霊妙な］声にも貫かれない柔らかい鉛(2)を詰め込み、さらに、どうやら目には、神を覆ってその姿が気づかれないようにしたとホメロスが語る靄《もや》や大量の闇(3)をかぶせて［われと自ら無感覚になったうえで］神々のことを軽侮する。そして、ただ一体の不良な奇妙な神を祀りあげ——奢侈とか、ひどい逸楽とか、放縦放埒とかいった、彼らの呼称で「快楽」と呼ばれる(4)真に女にふさわしい神を据え奉って——そちらを崇めつつ、鳴り響くシンバル(5)や暗闇で吹く笛によって奉仕する。三七　そういう宴は、彼らの智なるものがそのような歌に留まるのであれば、饕餮を買うものではない。だが彼らはわれわれから神々を奪い、彼らを移住させて、自分らの国と支配圏から、この宇宙全体から、追放し、奇妙な領域へ、さびしい島々へ、あたかも不運な人々をそうするように、追い払う(6)。そしてこの宇宙は知を有さず、無思慮で、主人も持たず、支配者も管理者も監督者もいないまま漫然とさすらい、動いているのだと彼らは言う。今でも世界に心を配る存在はなく、かつてそれを創った者もいない、子供が［輪転《ころ》がし遊びで］自分から輪を転ばし始め、次いでそれが自分から離れてゆくに任せる(7)、という仕方に［宇宙のあり方は］よるのでもない、と。

脱線の修正とこれまでの論の要約

三八　わたしの話は自然に脱線してこういうことを論じてしまったが、それはたぶん、どういう話題に向かうにせよ哲学者の心と談話を、そのときどきに思いつくことから引き止めることは——それが聴き手に有益で、耳にすべきことであるなら——、容易でないからだ。それは、誰かが言ったように(8)、［裁判所の］水時計と裁判の規則に合わせて準備されてはおらず、むしろ大いに自由な、好きな仕方で進むからである。だから、戻ることも困難ではない、ちょうど、それほど大きく［航路から］逸れてはいない船の上で働く有能な舵取りにとってのように。

三九　神的存在に関する考えと思想のいちばん最初の源は、どの人間にも生まれつきある観念であるとわ

(1) ホメロス『オデュッセイア』第十二歌一七三行以下で、イタケ人オデュッセウスの部下たちは、セイレンの声を聞いてたぶらかされないよう、耳の穴をこのようにして塞いだ。

(2) 鈍重、愚かさの比喩。

(3) ホメロス『イリアス』第十四歌三四一行以下で、ゼウスが、ヘラとの逢引のさいに、自分たちを黄金の雲で覆って姿が見えなくなるようにする、という箇所参照。ただし「目を覆う（視覚を妨げる）」という点は、同第五歌一二六行以下参照。

(4) 事実、「快楽は、至福な生の初めであり終わりである」とエピクロスは言って（『メノイケウスへの書簡』一二八）、それをあたかも神のように祀るがごとくであるが、それは「肉体の健康と魂の平安（アタラクシアー）……が至福な生の終わり（テロス、完全態）」という文（同所）を受けており、「女にふさわしい」と非難されるような意味での快楽とは異なる。

(5) テキスト、不確か。以下のシンバルや笛は、放縦だとして非難された東洋的秘儀宗教（イシス、キュベレ崇拝）における夜間の儀式に関連する。

(6) エピクロス派においては、神々は人間界から離れて「（諸）中間世界 metakosmia, intermundia」（無数の世界の間に位置する領域）に住んでいる、彼らは人間界の出来事に関心を払わない、と唱えられた。

(7) プラトン『政治家』二六九C参照。

(8) 以下については、プラトン『テアイテトス』一七二D―Eで、法廷での弁論に長けた者と哲学するのをこととしてきた者との弁を比較して、前者はいわば時間（と裁判員）の奴隷であり、水時計を気にしながら弁じねばならない制約下にあるが、哲学者はいわば自由人の閑暇を持ち、真実に到達するまで次から次へ議論を続ける自由さに恵まれていると言われているのを参照。

れわれは唱えた。それは事実そのもの、真実から生じるのであり、思い違いによって、あるいは偶然によって成立したというものではない。それはとても強固なものであり、悠久のときから永遠に流れ［存し］ており、あらゆる民族のもとで発生し留まり続けていて、理性を持つ種［人類］にほとんど共通する一般的な特徴なのだ。

後天的な神観念の源——詩と法律

さて、［神観念の］第二の源とわれわれが言うのは、後天的な種類のものであり、別の原因によって[1]人間の魂に生じるものである。すなわち、言辞［法律］によるか[2]、神話［詩］によるか、慣習によるかするものである。一方［慣習］については、作り手は分からず、書かれざる種類のものであるが、他方［法と詩］は文字に書かれ、とても有名な作者たちに由来する。四〇 そういう［後天的発生による］観念の一方は、言い聞かされて自発的に生じるものであり、もう一方は命じられて強制的にできるものだとわれわれは唱えよう。言い聞かされて自発的に生じるものに属するとわたしが唱えるのは、詩人たちを通じて得られる観念であり、命じられて強制的に、というのは、立法家たちを介してできる観念である。これらの観念のいずれも、あの最初の［生来の］ものが基になかったら、強固であることはできなかっただろう。後者の力によって、そういう命令や言い聞かせが、すでに一種予備知識を与えられてそのようなことを欲している人々の心の中に根付くのである。［ただし］詩人や立法家の一部は、真理と人々の［生得の］概念とに合致する正しい仕方で説明しているが、一部にはいくつかの点で迷妄に陥る者もいる。

四一　くだんの二つの観念のうち、どちらが、少なくともわれわれギリシア人において、時代的により古いと言うべきか――詩か、法か――という問題は、今は詳しく論じられそうにない。しかし、たぶん、刑罰なしに、説得を通じて働きかけるもののほうが、刑罰と命令によってそうするものよりも古い、というのが妥当である。

四二　おおよそこの時点までは、人々の間で、ギリシア［の地］を共有する者たちによって「父祖なる神ゼウス」とも呼ばれる最初の不死の親に対する思いと、死すべき人間的な親に対する思いとは、同じ仕方で発達する。親たちへの子孫の親愛感と奉仕の気持ちは生得のものでもあり、受けた恩のゆえもあって、教えられずとも生じるものなのである。彼を産み、養い、慈しむものを、産み出されたものはすぐに、あたうかぎり、愛し返し、世話して報いるのだ。四三　そして第二および第三の、詩人たちおよび立法家たちに由来する観念がそれに加わる。前者は、より年を経た親族(3)でもありまたわれわれの生と存在の元でもあるものへ、

(1) ラッセル（Russell, ad loc.）らの読み方を採る。

(2) これをクラウク（Klauck, p. 132）は、哲学のことと解する。しかし次の文では、書かれざるものと書かれたものという対比がされる。このうち前者は慣習に、後者は法律および詩に当てるほうがよいであろう。法律（立法）家（ソロン、ユダヤのモーゼ等々）も詩人も有名な人々が伝えられるが、慣習についてはそうでない。以下で、慣習についての考察は省略される。その伝では、哲学者のことも「第四の源」として言及はされるが（四七節）じっさいは扱われない。ここらはディオンは「自由」に論を進めている（三八節）と見られる。なお、古代では一般に、「三区分の神学 theologia tripertita」（法律、詩、哲学を通じての神学）が行なわれたが、ディオンはそれを修正変更して用いている。

(3) 二二一頁註（2）参照。

当然の感謝を返すよう忠告する。後者は、強制を加えながら、従わない者に懲罰を与えると脅すが、そういう親たちがどういう者で、どういう恩義への返報を払うよう命じているかは明らかにしていない。他方、神々に関する叙述と物語〔詩〕においては、両方の点についてこれがもっとよく行なわれていることが認められる。

演説の紆余曲折の弁明

わたしの見るところでは、大部分の人間にとって緻密さはいつも煩わしいものである。とくに、その長さだけに心を配る者には、弁論の緻密さがそうである。そういう人たちは、何も前置きなしに、主題をよく整理もせずに、またしかるべき始まりから弁を始めず、いきなり、世に言う「足も洗わず〔準備不十分なまま〕」という仕方で、自明な一目瞭然な事柄を陳述する。洗わざる足の場合は、泥と多量の芥《あくた》の間をやってくる足であっても、その害は大きくはない。だが、未熟な口舌が聴衆に及ぼす害は小さくないのである。しかし、教養のある人々は――そういう人々のことを顧慮すべきなのだが――、曲がりくねった難所から真っ直ぐな道にこの弁論を向かわせるまで、いっしょに苦労しつつ完成させてくれるはずである。

さらなる神観念の源――美術

四四　人々の間に見られる神に関する観念について、それを発生させる三つの源が上で述べられた――生得の、詩による、そして法によるものである。第四のものとしてわれわれは、神々の像と絵に関係する者たちの、彫塑と制作の技術によるものを挙げよう。わたしの言うのは、画家、塑像家、石工、また総じて、自分の技により神々の本質を模写しうると唱える者すべてである。彼らは、目を惑わす朦朧とした陰影画法[1]によったり、あるいは色の混合と、輪郭をほぼ正確にめぐらす線画とによったり、あるいは石を刻んだり木材を加工したりして、その技が少しずつ余分なものを取り除いてゆき最後に人の目に見られる姿そのものだけを残すという仕方によったり[2]、あるいはブロンズやその類いの高価な金属を溶解して火の力で延ばしたり一定の型に流し込んだりしたり、あるいは蝋[3]という、職人の手先に容易に応じ、考え直しを最も受け入れやすい材料を捏ねたりすることによる。

四五　それは、たとえば、ペイディアス、アルカメネス、またポリュクレイトス、さらにアグラオポンに

(1) skiagraphia. ゼウクシス（前五世紀、四五節参照）の得意の技と伝えられる（対する線画は同時代のパラシオス、と）。これを含め以下で六種類の芸術表現法が列挙される。陰影画法、色彩画法、石による、木による、ブロンズによる、そして蝋による像制作である。

(2) 彫刻家は、石や木の材料にすでに内蔵されている姿を彫り出すだけという、夏目漱石の『夢十夜』でわれわれに馴染み深い考え方は、他にキケロ『神託について』二―四八にも見える。ミケランジェロやアディソンが述べている類似の考え方について、ラッセル参照（Russell, p. 192）。

(3) 蝋（ミツバチの巣を煮て得る）から、子供の玩具などの他、神像や胸像、あるいは実物大の像まで作られた。

ポリュグノトスにゼウクシス、また彼らの先輩のダイダロスといった人々である。(1) 彼らは、自分たちの妙技や巧みさを他のことだけに示すのでは満足できず、さらに神々に関してもその像や描写をもろもろの形で提示した。私的に、また公に、いろいろな都市をパトロンに得て、その市民たちの心を、神的なるものに関する豊富な多彩な観念で充たした。その際、詩人や立法家たちとそれほど相違することはしなかった。一つには、法に反していると思われてそういう場合に定められている処罰に合うことのないようにするためであり、他方では、自分たちより詩人たちのほうが先行しており、彼らによる模写のほうがもっと古い、ということを認識していたからだった。

四六　それで彼らは、新しい試みをすることによって、大衆に、信用できない嫌悪すべき連中であると見られることを欲しなかったので、だいたいは［詩の叙述による］神話に従い、それを擁護しつつ制作したが、一部は自分たち自身の考えによるものも導入して、詩人たちに対し一種ライバルでもあり同業でもある技術者となった。そして詩人たちが聴覚を通じて示したように、彼らのほうは単純に視覚を介しながら、より無知な大衆に神々のことを説き明かした。(2) これらのことすべては、神的なるものを敬い喜ばせるためになされたものであり、最初のあの［生得の］源から力を得ていたのである。

哲　学

四七　さらに、(3) 神々に関する観念で、生まれつきすべての人間の中で理性とともに成長する素朴な、最も古い［生来の］ものは別として、これら三つの解明者であり教師であるもの——詩と立法と技芸とによるもの――に加え、第四のもの(4)を入れねばならない。この［神々に関する］問題をけっしておざなりに扱うことはしないし、それについて知識もあると自負する人、つまり哲学者のことである。不死なる者の本質をおそらく最も真実どおりに、また完全に、説明し解き明かす人である。

(1) 以上は、神話的ダイダロスを除き、前六世紀末から四世紀初めにかけての芸術家。アルカメネスはアテナイまたはレムノス出身、ペイディアスの弟子で多くの神像を作った。ポリュクレイトスはアルゴス出身、とくに人体像で有名。アグラオポンはタソス出身、画家として有名で、ポリュグノトスの父・教師。後者もタソス出身、アテナイのストア・ポイキレ（アゴラ内の「絵画（パネル絵）柱廊」、ストア派の名称の由来）やデルポイの建物（レスケー）に収められたトロイア伝説や神話に関する作品で有名。ゼウクシスは南伊ヘラクレイア出身、女性像で知られ、南伊クロトンのヘラ神殿に収められたヘレネや、雌ケンタウロスを描いた作品などがあったと伝える。ダイダロスが実在したか疑わしいが、パウサニアス（九-四〇-三）は、彼の作品といわれる像数点を挙げている。（大）プリニウスの著名な芸術家たちのリスト（三五-五三―一四九）に比べると、プラクシテレスや、プリニウスが絶賛するアペレスなどが抜けていて、かなり偏った表であり、年代的にも神話的、アルカイック的、古典的な時代に限定している。

(2) 百聞は一見にしかず、という趣旨のことがギリシアでも言われる（ヘロドトス第一巻八）。詩と美術の比較（後出の詩と彫刻の比較という主題の先取り）については、シモニデス「詩は語る絵、絵は沈黙せる詩」（*Ad Herennium* 四-三九、他）、ホラティウス「詩は絵のよう ut pictura poesis」（『詩学』三六一）参照。

(3) 以下ディオンは、神観念の哲学的源流に触れるが、詳しくは立ち入らない。

(4) 最古の観念を計算に含めると、第五の観念になる。

三、ペイディアスの仮想裁判または詩と彫刻の比較

導入部

四八　さて、今は、立法家のほうは、［裁判にかけて］弁明させるのは免除することにしよう。謹厳な人間であり、他の人々を弁明の場に立たせるのが彼であるから。というのは、［話が長くなるのを避けて］わたし自身の力を節約しないといけないし、(1)［忙しい］あなた方の時間を取ってもいけないからだ。そして残りの種類［詩と彫刻］のそれぞれから第一人者を選び、彼らがその言動によって、敬神を促すために貢献していることがあるか、あるいは害を及ぼしていることが明らかになるかどうか、また彼らがお互いにどういう点で異同しているか、またどちらがいちばん真実に即し、最初の偽りのない観念と協和しているか、という諸点を考察することにしよう。(2)［哲学者を裁判の場に据えることはしない、なぜなら］真に哲学者である者には、［傍《はた》からの］励ましは不要であろう、たとえ彼が、神像や韻文の作り手との比較に――しかも彼らに好意的な判決者が集まっている祭典の群衆の前に――引きずり出されたとしても。

仮想裁判第一部――ペイディアスに対する弾劾

四九　誰かが、まずペイディアスを――荘厳でこよなく美しい作品［ゼウス像］の巧みな神的な制作者たる彼を――ギリシア人の前で糾問する、ということにしよう。判決者として、神のために［オリュンピア］競

技を管理する人々［エリス人たち］を立てることにする、いやむしろ、全ペロポネソス人、さらにボイオティア人、イオニア人や、ヨーロッパとアジアの各地にいる他のギリシア人たちに共同の裁判所を設ける。彼に求める弁明は、金銭のことでもないし、像制作にかかった費用のことでもない[3]、すなわち、［像を覆う］黄金と象牙が幾タラントンで購入されたか、作品内部［中核部］用の耐久性ある腐りにくい材料たる杉とシトロン[4]はいくらかかったか、長い間働いた多くの職人たちに——低級ではない職人たち、なかんずく自分の技量のゆえにきわめて高額の報酬をとるペイディアス自身に——払った食事と報酬の経費はいかほどだったか、といった問題ではない。こういう点は、それに惜しみなく気前よく支払ったエリス人たちが考えるべきことであるからだ。五〇　われわれが、ペイディアスに対して設けられる裁判として提示しようとするのは、他の問題に関するものなのである。では、誰かが彼にこう問いかける、ということにしよう。

（1）ディオンは他の箇所で、しばしば、自分が（老人で）虚弱であると述べている。このあたりはユーモラスに言っている。

（2）この後に続く以下の文は文脈に合わないので削除する。「これらすべての人々は、したがって、互いに調子を同じくし、あたかも同一の足跡をたどるがごときである。そしてそれを堅持しているが、一方はそれを明確な、他方はより曖昧な形で表わしている」。

（3）以下は、アテナイでの告発よりも（それも参考にしているかもしれないが）、むしろその後でエリス人から受けたといわれるものに関連して述べている。ペイディアスは、ゼウス像制作のための黄金を着服したという嫌疑で彼らに裁かれ、処刑された、または両手を切り落とされたと伝える。模擬弁論（declamatio）の主題になっており、ここの仮想裁判はそれにヒントを得ているらしい。

（4）thyon. キュレネから輸入された。

「制作者のうちで最も優れた第一人者たる君よ、これまでここへ頻繁に群れをなしてやってきたギリシア人と異国の者すべてのために、君が、快い魅力的な見ものを、言い表わしがたいほど喜ばしい鑑賞物を、作り上げたということは、誰も否定しないだろう。五一　じっさいそれには、理性のない動物たちの種族も、もしそれを目にすることができたなら、(1)驚嘆させられたであろう——その見ものに喜びを覚えて、ここの祭壇へひっきりなしに引いてこられる牡牛は、この神に感謝を捧げることになるなら、犠牲式の神官に進んで従う気になっただろうし、鷲や馬やライオンは、馴らされていない野生の心を鎮めて、きわめて穏やかに振る舞うようになったことだろう。また人間で、その生において多くの禍いと苦悩を味わい、快い眠りすら自分に与えられずに胸中苦悶している者も、この像の前に立てば、人間の生に出来《しゅったい》する恐ろしい辛い経験をすべて忘れてしまうことだろう。五二　君は、そのような見ものを考案し作り上げた。それはまことに、

悲しみや怒りを抑え、すべての禍いを忘れさせるもの(2)

である。君の技が生み出した作品にはそれほどの光、それほどの魅力が備わっている。そして［鍛冶神］ヘパイストスすら、人間の目が味わう快感と喜びに照らして判断するかぎり、(3)この制作物に非難を向けることはまずないだろう。

しかし、他方で、はたして君が、喜ばしい素材を用いて、美しさと大きさにおいて際立っている人間の形を示してはいるが、それ以外の諸点は［まさに］人間に属するものであるという［擬人的］造形を君がしてみせたことにおいて、(4)この神の本性にふさわしい似つかわしい姿形を君が制作しているかどうか、今は考察し

てみたい。こういう点について君が、ここにいる人々の前で十分な弁明を行ない、第一番の最大の神にふさわしい適合した形と姿を考案したと説得できれば、エリス人たちからもらったものとは別の、もっと大きな完全な報酬［至高の誉れ］を得ることになるだろう。

五三　われわれにとってこの裁判が些細なものではないこと、その危険は小さなものではないことは、君にも分かるはずだ。なぜなら、以前はわれわれは、確かなことを何も知らないので、神的なものすべてについて、自分自身の力と性質に応じた仕方で思い描いたり、夢の中で見たりしながら、一人ひとりが異なった姿態を造形していたのだ。そして、かりに過去の制作者による像の、取るに足らぬ小さなものをわれわれがあれこれ集めることがあっても、とくにそれを信用していたわけでもないし、心を込めて見ていたわけでもない。しかし君は、その技量によって勝利を収め、まずギリシア人を、次いで他の者たちを、この驚嘆すべき像の周りに集まらせた。それを見た誰も、他の考え方をするのは容易でないほどに、神々しい輝かしいありさまを提示したのだ。(5)

(1) 犠牲獣は外で屠られたので、神殿内部の像を目にすることはじっさいはできない。
(2) ホメロス『オデュッセイア』第四歌二二一行。
(3) 感覚的には快い美術表現になっているという点に鑑みるかぎり。でも、それは神の本質にほんとうにふさわしいか、という以下の議論につなげられる。
(4) 神の擬人的な（巨大な美しさを持つがそれでもやはり人間的であるという）造形表現のことを問題にしようとしている。
(5) 「神の存在に関する観念は、夢で現われる諸現象から起こった」（セクストス・エンペイリコス『学者たちへの論駁』第九巻四五）、ルクレティウス第五巻一一七〇―一一七一行参照。

五四　君はどう考えるか、〔祭典創始時の〕イピトス[1]やリュクルゴス、また当時のエリス人たちは、金銭に窮して、競技祭と供犠《くぎ》についてはゼウスにふさわしいものを設立したものの、神の名と姿を示すべき像は工面できなかったとすべきなのか――しかし彼らの力はおおよそ後世の人間を凌駕していたはずだ――、それともむしろ彼らは、至高の完全な存在を、死すべき者の技によって十分写し取ることはできないのではないかと恐れたのだ、とすべきなのか」。

裁判第二部――ペイディアスの弁明

五五　これに対してたぶんペイディアスはこう答えるであろう。なんといっても彼は雄弁な男であり、雄弁の国〔アテナイ〕の出身なのである。さらに、〔雄弁な政治家〕ペリクレスと親しい友でもあった。

「ギリシアの人々よ、これは、これまで行なわれたもののうちで最も重大な裁判である。なぜなら、今わたしが弁明を求められているのは、一つの国家が統治権や指導権を握るべきか、とか、船隊の規模や歩兵隊の統御のこととかの問題ではない。いやそれは、すべてを支配下に置いている神〔ゼウス〕に、また、彼を模写したわたしの作品〔ゼウス像〕に関わることなのであり、それがしかるべき仕方で、神に似つかわしく行なわれているか、神を写し取るにさいして人間に可能なかぎりの力を尽くしているか、それともそれは神に相応する質のものではなく、ふさわしいものでもないのか、という問題なのである。

五六　諸君の念頭においていただきたいのは、わたしが初めてあなたたちに真実を解き明かし教示したのではない、ということである。なぜなら、わたしが生まれた時代は、こういう問題に関してまだ明瞭な確立した意見を持ってはいなかった初期のギリシアではなく、むしろ、いくぶん年代を経て、神々のことに関しすでに強固な信念と思想を有するようになっている当代なのだ。わたしの技よりも古い石工や画家の作で、制作上の精巧さの点は別にして、そういう思想に合致しているものに関しては、論じないでおこう。

五七　しかしわたしが、あなたたちの間にあるのを見いだした古い考え方は揺るがしがたいものであり、それに逆らうのは不可能であった。また、神的なことに関して、われわれとは異なる制作の仕方を行なう者たちをもわたしは見いだした。彼らは、われわれ［技芸家］よりも歴史が古く、もっとずっと知恵があると自任していた——つまり、詩人たちのことである。彼らは、その創作を通じて、あらゆる観念に人々を導くことができるのであるが、われわれの制作にはただこの模写法［擬人的造形］があるだけであり、それに満足しないといけないのである。

五八　神々しい姿で現われ出ているものは——わたしの言うのは、太陽や月や天空すべてや星々の姿のことであるが——、そういうものは、それ自体でまことに驚嘆すべき様子を表わしている。だがもし人が、月の形や太陽の円を［彫刻などで］写し取ろうとすれば、そういう模写は単純で芸のないものになってしまう。さらに、それら［天体］自体には性格や知性が宿っているのだが、それを写したものはそういう特徴を描き

（1）オリュンピア競技祭を、次出のスパルタ人立法家リュクルゴスと協力して創始（神話的には起源はヘラクレスにまでさかのぼるので正確には再建）したというエリスの王（前八世紀）。

出していない。それでおそらくギリシア人は、初めから、［神々の姿について］次のように［擬人的に］考えたのだろう。(1)

五九　心や思慮というものは、それ自体では、どんな彫刻家も、どんな画家も、写し取ることはできない。誰一人、そういうものを見たこともないし、探求して知りえたということもないのである。(2) しかし、そういう［精神的］働きが生じる場所［身体］のことは、われわれには、推測によってではなく、現実に知られている。そこにわれわれ［芸術家］は逃げ込み、人間の身体を、思慮と理性の容《い》れ物として、神に付与するのだ。モデルとすべきものがないので、窮するあまり、模写しうる明らかなもので、模写できない明らかならざるものを描出しようと企て、象徴の力を借りるわけである――これは、伝えられるところの蛮夷［エジプト人など］の仕来りよりは良い。彼らは、取るに足らない奇妙な論拠に基づき、神的な存在を動物になぞらえようとするのである(3)――そして、［描写の］美しさ、荘厳さや高邁さにおいて他をいちばん凌駕する者が、おおよそ、神々を表わす像の制作者として最も優れた人であると言えよう。

六〇　また、神々の彫像や画像は人々には示されないほうがよい、天空にあるものだけを眺めるべきなのだから、と唱える人もいないだろう。(4) なぜなら、そういう天空のものすべてを、知性のある者は崇《あが》め、至福の神々と見なすのであるが、それでもとにかくただ遠くから眺めるしかないわけである。だが、すべての人間は、神的なものへ突き動かされる気持ちのゆえに、それを近くから敬って奉仕を捧げたい、という欲求を持つ。［誓願などを通じて神の］好意を得るために、そのそばに寄って手を触れ、犠牲を捧げてその像に冠をかぶせたいと思うのである。

六一　ちょうど、父や母から引き離された幼い子供が、強烈な憧憬と思慕に胸を充たされ、しばしば彼ら

(1) テキストと解釈はクラウク（Klauck, p. 141 sq.）に従う。

(2) クセノポン『ソクラテス言行録』第三巻第十章三で、画家パラシオスは、魂の性格にはシンメトリも色もない、要するに見ることはできないので、それを描くことはできないと述べている。

(3) とくにエジプト式の動物崇拝への批判。この点について、プルタルコス『イシスとオシリス』三七九D―三八一D、ユウェナリス一五-一―一三など参照。ピロストラトス『アポロニオス伝』第六巻一九では、一エジプト人とアポロニオスとが、擬獣的および擬人的神像について応酬を行なう中で、後者が、エジプト式神像は「奇妙で笑うべきもの」であり、神的なものへの愚弄である、と述べ、他方でギリシア式の神像に関連して、ペイディアスたちは天に昇って神々の姿を見てきたのかという相手の揶揄に対して、写実的模写（ミーメーシス）は見たものを造形するが、ファンタジー（phantasia. 本箇所の「象徴 symbolon」参照）は、見ていないものもそうしうる、などと述べている。

(4) シリアのヒエラポリスの神殿には、（それらの神座はあるものの）太陽や月の像はない、それは天空に明らかに見えているものの像を作る必要はないから、とされ（ルキアノス『シリアの女神』三四）、ペルシア人の間では、神像、神殿や祭壇は建てられない、ゼウスへの供物を彼らは山頂で行なう、天の蒼穹全体を彼らはゼウスと見なす、などと言われる（ヘロドトス第一巻一三一-一以下）。ギリシア人の間でも、神像批判を唱える者はいた。ストア派創始者ゼノンは、それらは神々にふさわしいものではないという理由で、神殿を建て神像を作ることを禁じようとした（『初期ストア派断片集』I 二四六―二四七（*SVF*））。ディオゲネス・ラエルティオス第六巻三七（犬儒ディオゲネス）、プルタルコス『ヌマ伝』八-一三以下、大プリニウス二-一三「神像を求めるのは人間的弱さの徴」なども参照。『新約聖書・使徒行伝』第十七章二四での、神は手で作られた神殿には住まない（ユダヤの宗教についてのタキトゥスの記述「神像も神殿もない、祭壇と崇拝のみ」参照（『歴史』二-七八-三、五-五-四参照））、という思想は、必ずしもまったく非ギリシア・ローマ的ではない。しかしストア派ディオンは、ここで、ゼノン的なそういう考え方を拒絶している。

の夢を見ては、そばにいない彼らに両手を差し伸べるように、人間も、自分たちが受けている恩恵と、神々との同族性のゆえに、正当にも彼らを愛していて、あらゆる仕方で彼らと接し交流することを願いながら、彼らに向けて腕を伸ばすのだ。それで、蛮夷の多くの人々も、貧困な技術のためその点に窮するあまり、［天よりは近い］山々や、天然の木や、形を成していない岩を、神々と称するのだが、[1] こういうものは、［擬人的な像よりも］その姿において［神々に］ふさわしいものではないのである。

六二　もしあなたたちがわたしを咎めているのが、［ゼウスの擬人的な］像[2]に関してであるならば、むしろ先にホメロスに対して怒りを抱くべきであろう。なぜなら彼は、このわたしの制作物［ゼウス像］にきわめて近い外形を、［この神の］模写として提示しつつ、神の毛髪のことを描写しているし、さらにその作品の初めのほうで、［女神］テティスが、その子［アキレウス］の名誉のため、ゼウス［の顎《あご》に触れながら彼］に嘆願する様子を述べる箇所で、神の顎についても叙述している。[3] それのみならず、神々に会談や協議や演説をさせているし、また、［トロイアの］イダ山から天空のオリュンポス山へ赴き、そこで眠り、宴を開き、情交[4]したりすることまでさせているのだ。詩人はそれらすべての場面を、とても崇高な詩句で飾り上げてはいるが、それでもやはり［神々の行動を］人間の振る舞いにしっかり似せて描いているのである。それはとくに、大胆にもアガメムノン［の特徴］を、神の主要な部分になぞらえようと企てて次のように言うときに顕著である。

［アガメムノンは］その目と頭において、稲妻を［武器として］楽しむゼウスに匹敵する。[5]

六三　他方、わたしの作品に関しては、［描き出された］神の美しさや偉大さを考量して比較すれば、たとえ狂人であろうとそれを一人の人間になぞらえることはしないだろう。この点において、もしわたしが、ホメロスよりも――知恵において神に匹敵するとあなたたちが考える人物であるが――もっと優れた、もっと節度ある者[6]であることを明らかにできなかったら、あなたたちがどんな懲罰を望もうとわたしは進んでそれを受けよう。ただしこれは、［知性全般というより］わたしの技の能力を目して言うのである。

六四　詩[97]は、潤沢な手段に恵まれた技であり、あらゆる仕方で悠々と、［おのれの望むがまま］自律的に創作してゆく。そして、舌［による音声］の優れた能力と、言葉の豊富さとによって、心の欲することを何でも、

（1）ペルシア人は火（あるいは河）を、リビア人は山（アトラス）を、カッパドキア人も山を、ケルト人は樫の木を、アラブ人は岩を、あるいはスキュティア人は短剣を、崇めるというトポスがよく弁論で利用された（マクシモス・テュリオス二、アルノビウス六-一一）。

（2）擬人的な神観念や神像に対する批判は、すでに、前ソクラテス時代のクセノパネスや（「断片」第二十一章二五―二九（Diels-Kranz））、ストア派のクリュシッポス（『初期ストア派断片集』II一〇二一（*SVF*）「神は人間の姿はしていない」）が行なっている。

（3）ゼウスの髪の描写はホメロス『イリアス』第一歌五二九行、その顎云々については同五〇一行参照。

（4）神々の人間的活動の数々も弁論術のトポスとして取り上げられた（マクシモス・テュリオス四-九参照）。オリュンポスでの「情交」については、ホメロス『オデュッセイア』第八歌二六六行以下参照（ヘパイストスの館でのアレスとアプロディテの密通）。なお、ヘラとゼウスとの有名な情交は、イダ山で行なわれた。

（5）ホメロス『イリアス』第二歌四七八行。

（6）ホメロスによるアガメムノンの描写におけるような行きすぎや気ままさ（ルキアノス『歴史はいかに書くべきか』八参照）を避けるという意味で（Cohoon）。

（7）以下、ホメロスの叙事詩を含む詩文学の創作的「自由さ」を述べて、彫塑術との対比の一環とする。アリステイデス四五-一（「暴君」的に自由気ままな詩と散文讃歌との比較）、ルキアノス『歴史はいかに書くべきか』八（放恣な自由さを持つ詩に対して、事実を生命とする歴史記述には詩的装飾（神話、讃美、誇張）はふさわしくない）など参照。

自分の力だけで、表現できるのだ。［描写の対象の］どんな姿でも、どんな働きでも、どんな感情や大きさでも、それを言い表わす伝令［手段］に窮することはないだろう。すなわち音声が、それら一つ一つのことを、きわめて明瞭に表示するのである。ホメロス自身がこう言っている。

人間の舌は滑らかに回転し、［そこから］多くの、あらゆる種類の話が作り出されてゆく。

そして言葉が活動する領域は、四方に広大だ。(1)

六五　というのも、人間の種族には、他のすべてのものが欠けても、音声と語が不足することは起こりそうにないのである。これだけは人間は、驚くほど豊かに持っているのだ。じっさい、人の感覚に触れるものごとで、言い表わされなかったり、徴《しるし》［言語記号］を付けられなかったりしているものは何一つない。いや、人間は、知覚されたものに、名辞による鮮明な印刻をすぐ捺《お》すのであり、またしばしば、一つのものごとに多くの音［名称］を付与するのだ。(3) そしてそれらの音をいくつか発声すると、現実の［表示される対象の］ものとあまり劣らぬ力を持つ印象を引き起こすことになる。したがって、人間の言語には、眼前に現われたもののごとを表示するための力と能力が十分に備わっているのである。

六六　詩人たちの技はとても自分勝手で、人の批判に掣肘《せいちゅう》されることもない。とくにホメロスの場合がそうであり、彼は、自分の言いたいように語ってはばからない。語法の選択を一つの型の中だけに留めるのではなく、その当時互いに分かれていた方言を――ドリス人の、イオニア人の、またアテナイ人の(4)言語を――すべて混ぜ合わせて用いる彼は、染料職人が色を調える以上にそれらを一つのものに混合したのである。

（1）ホメロス『イリアス』第二十歌二四八―二四九行。

（2）音で表わす名辞の意。

（3）言語発生論の関連で、名辞は人によって意識的に付けられたものという説（thesis 説）と、自然によって教えられたものという説（physis 説）とあった。ここでディオンは自然説の立場をとっているとクラウク（Klauck, p. 146）は解するが、ラッセル（Russell, p. 202）は thesis 説的立場から言われているとする。しかしここでディオンが明瞭にどちらかの説に与しているか、疑問である。thesis 説の典型としては、プラトン『クラテュロス』で、おのおののものごとの本質に合った名称を音声化する立法家（nomothetēs）が、名辞の付け手（三八九D八 onomatōn thetēs）と言われているのを参照。他方エピクロス派は、それに反対して、言語自然発生説を唱えた。ルクレティウス第五巻一〇二八行以下（自然が名辞を強いたまたは教えた、1028 natura subegit ..... 1103 sol docuit）、オイノアンダ（小アジア）のディオゲネス「断片」x（縦行 ii―iv）参照。しかしエピクロス自身は、両説を混合した考え方を取っていたと思われる。『ヘロドトスへの書簡』七五以下、C. Bailey (ed.), *Lucretius*, Oxford, 1947, p. 1487 sqq. 参照（ルクレティウス引用箇所にも、thesis 論の痕跡的な要素が含まれている）。ここのディオンの「知覚されたもの」と「名辞による鮮明な印刻を……捺す」の表現でも、前者は自然による働きかけ＝教え、後者は人間による意識的命名が意味されているとも解しうる。六八節と二四九頁註（1）参照。

（4）「アテナイ人とアイオリス人の」として後者も含める校訂案（ライスケ）がある（ディオン第十一篇二三参照）。伝承されるホメロスのテキストは、イオニア方言を基にしつつも（古代人はホメロスの言語を「古イオニア語」と見なした）、アイオリス方言など、他の方言の要素も交えている（詩的人工的言語）。なお、これらの方言のうち、より新しくギリシアに侵入してきた（ミュケナイ文明の圏外にいた）ドリス人の言語はホメロスには見いだされないというのが今日の通説だが、伝プルタルコス『ホメロスについてII』九、一〇、一三ではそれがあると言われている。また、現代の学者によってドリス語形だと論じられる箇所もある（ホメロス『イリアス』第十三歌三一七行、第十六歌六四行など）。ホメロスの言語の混合的性質という点もよく弁論的話題にされた（マクシモス・テュリオス三‐四、伝プルタルコス『ホメロスについてII』八参照）。

そして自分の時代の言葉のみならず、もし語句が不足したら、彼より以前の時代のものまで捜し出し、それを、持ち主のない宝箱から古い硬貨を取り出すように、語句への愛に動かされて、持ち出してくる。六七 しばしば彼は、野蛮な言葉[1]まで使用するほどなのである。語句として、快さや強烈さを有しているように思われるものは、何一つ放置しなかったからだ。

こういう点に加え、彼がメタファーを用いるときは、隣り合う近接するもの同士のみならず、とても隔たっているもの同士についてもそうしている[2]。それは、聴く者を驚愕させ[3]、魅惑してうっとりさせるためである。しかもそういう語句も、そのままの形に留めるのではなく、あるものは長くし、あるものは短縮し、また他のものには別の仕方で変化を加えるのだ[4]。

六八　最後に彼は、自分が、詩文〔叙事詩〕の作り手であるのみならず、語句を創造する者でもあることを明らかにした。自身の案に基づいてものごとを言い表わしながら、あるものには単純に〔新発明した〕名称を与えるが、別の場合には、一般に流布している名前に別の要素を付け加え、あたかも一つの印刻の上にもっと鮮明な印刻を捺すようなことをする。そして、どんな音声〔の利用〕も差し控えることはない。〔逐一引用せずに〕短い形で言うと、彼は、河や森や風や火や海の声を〔擬声語によって〕真似ているし、さらに、青銅や石や、総じて、すべての生き物や用具が鳴らす音を――それが獣だろうと、鳥であろうと、縦笛や横笛であろうと――模倣するのだ。彼が最初に、『からから』とか『ぶーん』とか『かたかた』とか『どさり』とか『がらがら』とかいった音〔擬音語〕を考案したのであり、彼が最初に、『唸《うな》る河』とか『鳴る矢』とか『叫ぶ波』とか『怒り狂う風』とかいった、恐ろしい、聞き慣れない、ほんとうに驚くべき語句を――聴く

(1) barbarōn onomata. 非ギリシア語ということよりも、通常使われない稀語（グローッサ）や語形を意味するらしい。そういうバルバリスモス barbarismos「非純正語法」をアリストテレスは、「稀語から成る場合」と説明する（『詩学』第二十二章一四五八a二六）。またストア派のディオゲネス・バビュロニオスは、「バルバリスモスとは、悪い文体の一つで、誉れあるギリシア人の慣習に背く語法」と言う（『初期ストア派断片集』Ⅲディオゲネス二四（*SVF*））。ディオンが、ホメロスにおいてどこにそういう「非純正語法」があると見なしているかここでは明らかにされていないが、伝プルタルコス『ホメロスについてⅡ』一四でも、ホメロスには「外国人的（奇妙）な xenos」表現があると述べられている（諸方言形に関連して）。

(2) 原文では、動詞形 metapherōn（「移し変える」）を用いている（その語の本来の意味領域を変える、の意。アリストテレス『詩学』第二十一章一四五七b七以下参照）。直訳すると「隣り合う近接するもののみならず、とても隔たっているものも移し変える」。アリストテレス（『弁論術』第三巻第十一章一四一二a一二以下）は、「類似のものを、遠く隔たっている領域同士の間で認識する」ことを推奨した（たとえば仲裁人と祭壇は「逃げ込む」という観点から比較される）。他方、修辞学者デメトリオス（『文体論 *Peri hermēneias*』七八）は、遠く隔たっているものを「移し変える」よりも、似たもの同士の間で行なうべきだ（将軍、舵取り、および御者といった例）、そのほうが弁論家にとって「安全」な表現法である、と言う。

(3) 詩の目的は、（聴衆を）驚愕させること（ekplēxis）である（他方、弁論術などの散文はむしろ鮮明さを目的とする）と偽ロンギノス『崇高について』一五-二で言われている。

(4) horōn「見つつ」の語を horoōn と長くしたり、dōma「家」を dō と短くしたり、韻律に合わせた語形変化のことを言っているらしい。

者の心を、とても落ち着かない混乱した状態にしてしまうそういう句の数々を――口にしたのである(1)。

六九　それで彼は、恐ろしい、また快い語句に窮することはなかった。さらに、滑らかな、また粗《あら》い言葉や、他の、響きや意味において無限に異なる言葉の数々に困ることもなかった。そういう創作法のおかげで彼は、自分の欲するとおりの感情を、［聴衆の］魂のうちに引き起こすことができたのである。

それに対してわれわれ［彫刻家］が属する種類の技術では、つまり手職的な職人的な種類のものでは、［詩作におけるような］そういう自由さはけっして恵まれない。いやわれわれは、まず、どっしりとして堅固な素材を――［加工するのに］たいへんな労苦を強い、調達するのも容易ではない素材を――必要とする。また、少なからざる助手たちも必要なのである。

七〇　こういう点に加えてわれわれは、それぞれの像に関してただ一つの、しかも不動に保たれ続ける姿態を、作り上げねばならない。そうして、神に取らせる同一の姿の中に、彼の本質と力の全体を内包させねばならないのだ。ところが詩人たちには、多くの姿態とあらゆる種類の外形を――そのときどきにふさわしいと彼らが見なす動き、休息や、行為や発言を、行なわせることによって――詩の中に包含させることが容易にできるのだ。

そしてさらに、わたしの思うに、費用と時間のことがある(2)。すなわち詩人は、ただ一つの思いつきと、魂の唯一の促しに動かされながら、ちょうど泉から湧き出る水を掬《すく》うように多量の語句を［胸内から］汲《く》み出し、自分が摑《つか》んだ心像と思いつきが流れ去ってしまう前に、成し遂げることができるのに対し、われわれの技は、労多く、進みも遅く、少しずつやっとのことで進捗するのにすぎないのである。それは、思うに、石のような固い素材を用いて作業するからである。

七一　いちばんの難点はこういうことである――影像制作者は、作品を完成させるまで、いつも同一の像を心の中に留めておかねばならないし、それも、しばしば、何年にもわたって、ということになるのである。また、耳より目のほうが信用できると人々が言うのはたぶん真実だろう。しかし他方では、それを信じさせるのは〔耳より〕ずっと難しく、より鮮明な提示をすることが求められる。なぜなら、視覚〔による〕認識は、見られる対象と合致するが〔、そして作品を直接的に検証できるが〕、聴覚は、韻律と音の響きとによって妖《あや》しい魅力を持つにいたった模写〔言語描写〕を〔耳の中に〕送りこむことで、相手を高ぶらせ欺くことが可能になるからだ。

（1）「河や森や……」については、ディオン第五十三篇五参照。またプラトン『国家』第三巻三九六Bで、馬のいななきや、牡牛の唸り声や、河の流れる音等々に関する詩人たちの描写のことが言及されるのを参照。また、列挙される擬音表現は、それぞれ原語で、「からから」＝kanakhē,「ぶーん」＝bombos,「かたかた」＝ktypos,「どさり」＝dūpos,「ががら」＝arabos. ハリカルナッソスのディオニュシオスは、それに関連して、「起源」「教師」としての自然 physis が、われわれ人間たちを「模倣者」「名辞の付け手 thetikoi ..... tōn onomatōn」にすると述べている（*Peri syntheseōn onomatōn* 16）。つまりこの種類の言語創造に関して、physis 説と thesis 説との両方をミックスさせているが、ここでディオンはその点はおそらく基本的に同じ考えと思われるが（片や「模倣」、片や「考案 exeurōn」と言う）、人間たち一般ではなく、それをことさらホメロス一人の功績に帰する点では、プラトン『クラテュロス』における、ものごとの命名者たる立法家に相当する誉れを詩人に付与する。

（2）dapanēs と読む案（Russell など）に従う。

七二　またさらに、われわれの技には、量と大きさの限度が強制的に定められているのに対し、詩人たちには、この点においても、どれだけでも増大させることができる。だからホメロスには、争いの女神（エリス）の大きさを次のように述べることが簡単にできた。

彼女は頭を天に突き差し、［足は］地を。(1)

ところがわたしのほうは、エリス人やアテナイ人によって［彫像設置用に］示された場所を目いっぱい使うことで満足しないといけないわけである。

七三　あなたは［こういう論に］同意するであろう、最高に賢明な詩人ホメロスよ、詩作の力においても、年代［の古さ］においても、ずっと他を凌駕しているお人よ。他の神々すべてを、そして至大の神［ゼウス］を表わす数多くの美しい像を、ギリシア人たちに対して示したのは、あなたが最初であると言ってよい。それらの像には、穏和なものもあるが、慄然とさせる恐ろしいものもある。七四　しかしわれわれの像のほうは平和的であり、あらゆる面において柔和である。それは、ギリシアが、内紛に陥らずに協和していられるよう監視する神にふさわしい。わたしが、自分の技を試しつつ、賢明な善良なエリス人の国と相談しながら作って据えたこの像は——把握しがたい神的な性質を模写しようと企てた者に表現しえたかぎりで——穏和であり、憂いを示さぬ姿態の中で荘厳な様子を保っている。命の糧と生命とあらゆる恵みとの授与者、人類に共通する父にして、救い主でもあり守護者でもある方をそれは表わしている。

七五　よく考えたまえ［、ホメロスよ］、あなたの見るところ、神の［詩的な］呼び名すべてが、この［わたしの］像にふさわしくないかどうかを。神々のうちただゼウスだけが、『父』や『王』と呼ばれ、(2)『都市の』、

『友の』、『朋輩の』守護神とされ、さらにまた、『嘆願者の』、『異国人〔客人〕の』、『実りの』それと呼ばれ、その他にも数多くの、そしてすべてが善い種類の、呼称を持っている。『王』と名づけられているのは、彼の支配権と力のゆえであり、『父』というのは、思うに、われわれへの思いやりと優しさのためである。『都市の』守護神という名称は、彼が法を護り、公の利益を慮《おもんばか》っているからだ。一族の守護神、というのは、神々と人類とが共通の血筋を持つことによる。七六 『友の』とか、『朋輩の』守護神とか言われるのは、彼が人間たちを全部寄せ集め、われわれがお互いに友人であること、誰もなんびとに対しても敵対しないことを彼が望んでいるからだ。『嘆願者の』という呼称は、神助を求める人間に彼が耳を傾け、好意を示すからであり、また、『避難の』という名は、人間が禍いを逃れられるようにしてくれるということである。『異国人〔客人〕の』、とは、異国人に対しても考慮を払い、人間を、それが誰であれ、よそ者だとは見なさないようにさせるためなのだ。また『財産の』とか『実りの』とかいった名称は、神が実りをもたらす原因者であること、富と力の授与者であることによっている。

七七 これらのことを言葉の助けなしに表わしえたかぎりにおいて、この〔ゼウス〕像は、われわれの技術

（1）ホメロス『イリアス』第四歌四四三行。

（2）以下、ゼウスのさまざまな名称（その権能の表現）を列挙する。コルヌトゥス九-九-一四その他参照。クレアンテスのゼウス讃歌では、「名多き」ゼウスよ、と呼びかけられている（『初期ストア派断片集』I五三七（*SVF*））。ディオン第一篇三九以下にも類似の箇所があるが、そちらでは「王者」としての神の側面を、ここでは保護者（父）の面を強調する。

を十分発揮しているのではないか？　というのも、支配力を持つ王という側面は、像の姿の力強さと壮大さによって表わされようとしているし、父の思いやりという性質は、その優しい親しみやすい様子で示されている。『都市の』、また『法の』守護者という点を表わすのは、その厳粛たる、いかめしい面である。また人間と神々の同族関係ということについては、像の姿が［人間と］同様であるという点がすでにその徴《しるし》になっている。『友の』、『嘆願者の』、『客人の』、『避難者の』といった類いの性質は、総じて、この像の人間愛に充ちた、優しい、善良な様子によって表わされ、『財産の』、『実りの』守護神という側面は、像の姿に示される飾り気のなさや大度な心が写し出そうとしている。それは、まったくのところ、恵みを授けようとしている者に似ているのである。(1)

七八　このような点をわたしは、できうるかぎり、［彫像で］模写しようとしたのだ。なぜなら、わたしには、それらを［言葉で］言い表わす力がなかったからである。

他方、［ホメロスの詩におけるように］絶え間なく稲妻をひらめかせながら、戦や、民の滅亡や、大雨や、霰《あられ》や、大雪の害を告げようとする神、暗色の［雲の中に立つ］虹を戦の兆《きざ》しとして空に架ける神、絶えず火花を散らしつつ進む星［彗星］を送り出し、船乗りや兵士たちにとって恐ろしい前兆にする神、あるいは、ギリシア人と異国人に辛い戦闘を引き起こし、休みのない労苦に［すでに］疲れきっている人々を、戦と戦闘への欲求によって煽り立てる神、さらには、［神的な］天秤皿に半神的な人物や軍隊全体の運命を載せ、それが自動的に一方へ傾く成り行きによって［どちらかの滅亡を］決しようとする神(2)——そういう［ホメロス的な］神をわれわれの技で模写することは不可能だった。またかりに可能だったとしても、わたしはけっしてそれを望まなかっただろう。

七九　なぜなら、音を出さない雷の模写物や、光らない閃光、雷電の模像を、この世界で得られる鉱石によってどう制作しえよう？[3]　また、大地が震動し、［ゼウスが］眉で少しうなずくだけでオリュンポス［山］が揺すぶられるとか、[4]［大神の］頭の周囲を雲の冠が取り巻いているとかいうことは、ホメロスには容易に叙述できるし、そういう模写を何でも行なう自由が彼には与えられている。しかし、近くから眺めてはっきりと検証するすべを［鑑賞者に］提供するわれわれの技にとっては、そういう描写はまったく不可能なのだ。

八〇　もし誰かが、像の素材［黄金や象牙］を、この神の尊さに比べて見栄えがしないと考えるなら、それは本当のことであり、真実である。だが、それを提供した者たち［注文者エリス人たち］も、それを検査して

（1）haplotēs「単純さ」。腹黒さや表裏なしに、嘆願者の訴えに信実に応じ、「大度」（次出）に願いをかなえる性質。

（2）たとえば、ホメロス『イリアス』第二十二歌二〇九行以下で、ゼウスがアキレウスとヘクトルの「死（の運命）」を秤にかける場面参照。

（3）詩では、現実の雷鳴を出すわけではないが、それをとにかく擬音的方法で描写し、音を出さない（式の）雷模写、とする。光らない（式の）閃光模写、も同様。音声のまったくない彫刻ではそれはそもそも不可能、という。しかしアペレスは、「絵にすることは不可能なもの、つまり雷、稲妻、雷雨も絵にした」とプリニウスは言っている（三五-九六）。絵画では線の他に色彩が用いられるわけだが、彫刻でも少なくとも「光らない式の閃光模写」は、金箔などを使えばできそうにも思える。続く箇所で言われているように、鑑賞者の視線にじっくりとさらされる彫刻術では、かりにそういう試みをしても成功しない、という意味での「（成就）不可能」か。

（4）上記二六節と比較参照。

択んだ者［わたしペイディアス］も、咎められるいわれはない。なぜなら、人間の手に入って製造に委ねられうる材料で、視覚にとってより優れた、より輝かしいものは、他にはなかったのだ。

八一　というのは、空気や火、あるいは「水の尽きない源」、また、これらすべて［が成す世界］の中に存する堅固な基《もとい》［大地］を——黄金や石［大理石］は卑小なものであるから飛ばして、強固な重い原質［地］のことを言うのだが——素材にして制作するのは、また、それら［四大元素］を一つ一つ選び出し、縒《よ》り合わせて、動物や植物の生成にいたらせるのは、他の神々の誰にも不可能なことであり、ただこの神［ゼウス］にだけできることだと言ってよい。彼のことを、別の詩人が、とても美しい仕方でこう呼んでいる。

　　ドドナを治める偉大な力の神、優れた技を持つ父よ。(1)

八二　なぜならこの神こそが、最初の、完璧な制作者なのである。そして、自分の技を助ける後援者（コレーゴス）に得た［像を注文した］のは、エリス人の町ではなく、宇宙の素材全部だったのだ。他方、［われわれ］ペイディアスやポリュクレイトスに、(2)制作物以上のものを要求するのは正当ではないだろう。こういうもの［黄金など］ですら、われわれが手をもって行なう技術にはあまりに立派な荘厳な材料なのだから。

八三　［鍛冶神］ヘパイストスの場合でも、ホメロスは、神の技能が発揮される素材を別の種類のものにはしなかった。［アキレウス用の］盾の制作者として、熟練した技を持つこの神を見いだすことはできたが、他の材料を思いつくまでにはいたらなかったのだ。こう彼は述べるのである。

　　彼［ヘパイストス］は、火の中に、摩滅しない青銅と、錫と、
　　貴重な黄金と、白銀とを投じた。(3)

だから、人間についてはわたしは、この技においてわたしより優れた者がいるとはけっして認めないだろうが、他ならぬゼウスには、全宇宙を制作したこの神に対しては、誰にせよ人間を比較に持ち出してはならないのである」。

八四　ペイディアスがこのように述べて弁明したとしたら、ギリシア人たちは、わたしの思うに、正当にも彼に［勝利と栄誉の］冠を授与したことだろう。

四（結部）、ゼウスの声

ことによると大部分の人には、この弁論の主題がどういうものだったか、理解できなかったかもしれない。とはいえ、それは、わたしの思うに、哲学者たちにも大衆にも聴くにふさわしい話だったのである。つまり、神像はどのようなものを据えるべきか、詩人たちは神々についてどのように考えたら正しいのかそうでないのか、さらに、神に関する最初の観念が人類の間でどのように生じたか、それがどのようなものであったか、

(1) ピンダロス「断片」五七。
(2) 二人は同時代人（前五世紀）。ポリュクレイトス（二二三頁註（1））もオリュンピアで（優勝者像の）制作に携わった。
(3) ホメロス『イリアス』第十八歌四七四―四七五行。

という話だったのである。また、確か(1)、ゼウスの力と彼の呼称のことも話題にしたし、それが神像とそれを据えた人々とに対する讃辞を伴っていたとしたら、さらによい演説になっているはずである。

八五　じっさいこの神は、そのようにとても優しい思いやりの深い様子で、われわれのほうを眺めているように見える。だから、わたしには、今にも彼が、このような声を発して言うのではないか(2)と思われるのだ。

「こういう祭礼をお前たちは、エリス人と全ギリシアの者たちよ、しかるべき仕方で立派に行なっている。お前たちの今の力に応じた供犠を盛大になし、創始以来の慣わしどおりに、この壮健さと体力と速さを競う栄《は》えある競技を催し、祭典と密議の伝統を継承して保持しているお前たちだ。しかし、わたしが目にし、気がかりにさせられるのは、あの［ホメロスの句に譬えるべきお前たちの］状況である。

お前［ギリシア］自身のことはよく世話していない(3)。辛い老年がお前を捉えていて、身なりも汚らしく、服もみすぼらしいのだから(4)」。

（1）「おしゃべり」の流儀で弁じている（だから自分でもよくは覚えていないが）というスタンスを示す別の表現例。

（2）以下では、ディオンとその聴衆がいま目にしているゼウス像が、彼らに直接話しかけてくるという趣向。弁論術で「活喩法 prosōpopoiia」と呼ばれる手法で、弁論者以外の人間、ときに神々や抽象的概念を登場人物（prosōpon）にして、発言させる（対話的ドラマ的形式になることもある。プラトン『クリトン』五〇A―五四Dでの「法律」とソクラテスとの対話参照）。したがって、四九節以下のペイディアスの告発者の弁およびペイディアス自身の弁明の部分も「活喩法」の例であるが、ここのゼウスの発言の提示例は、より大胆な種類の試みである。クインティリアヌス九-二-三一「神々を天から呼び降ろし、地下から呼び出す」参照。

（3）以下は、ホメロス『オデュッセイア』原文では、老人ラエルテス（オデュッセウスの父）が、帰らない息子のことで悲嘆にくれつつ、庭園の仕事をしているところを、オデュッセウスが訪れ、まだ自分を明かさないまま話しかける箇所。老人に、疲弊したギリシアを譬える。

（4）ホメロス『オデュッセイア』第二十四歌二四九行以下。

解説

ディオン・クリュソストモスについて

ディオン・クリュソストモス（ΔΙΩΝ ΧΡΥΣΟΣΤΟΜΟΣ, Dio Chrysostomus）は、紀元後四五年頃に生まれ、一一五年頃に死去したローマ帝政期のギリシア人弁論家である。たとえばプルタルコスと世代的には近い人である。小アジアのプルサ（Prusa, 現トルコのブルサ Bursa 市）の名望ある貴族の家に生まれた。若いときローマに遊学。しかし、四〇歳頃のとき、ドミティアヌス帝（在位八一―九六年）に睨まれ、追放処分を受けて、ローマ帝国各地を長期にわたって放浪した（第七篇一とその註などを参照）。のちネルウァ帝（九六―九八年）のときに追放令を解かれ、故郷に戻ることができた。

名前の後半「クリュソストモス」という語は、その卓越した雄弁の才を讃えて人々がつけた尊称であり、「黄金の口（弁舌力）を持つ男」という意味を表わす（以下では、単にディオンと呼ぶ）。ローマ帝国時代におけるいわゆる「第二ソフィスト時代」、つまり、とくに弁論（修辞）術の研究と実践に重きが置かれたギリシア文化再興期のギリシア弁論家・著述家のうち、最も重要な人物の一人である。ただし彼は、ストア派的あるいは犬儒派（キュニコス）的な哲学にも親しんでいる（以上の点について、より詳しくは、第1集の総論を参照）。

本集収録作品について

第七篇『エウボイアの狩人』

本篇の原題に関して、ピロストラトス（三世紀）やシュネシオス（四世紀）は、*EYBOEYΣ*『エウボイア人』として言及しているが、ポティオス（九世紀）が手にした写本では、*EYBOIKOΣ H KYNHΓOΣ*『エウボイアに関する話、または狩人』となっていた。どちらにせよ、写本に見られるそういう題目を付けたのがディオン本人かどうかは不明で、むしろ彼の作品の編集者によるものであろう。本訳では、ポティオスの写本やPrenticeらのテキストに倣い、『エウボイアの狩人』とする。これらの題は、本篇でより印象的な作品第一部の内容に注目したものである。第一部では、舞台がエウボイアで、そこに住む狩人の二家族の歴史や生活ぶりやらが、作者自身の直接体験という形式で描かれる。しかし全体としては二部構成を取り、第二部は、都会における貧乏人の暮らし方という一般的主題に関する哲学的論説、犬儒派的なディアトリベー（談論）となる。こちらはとくにエウボイアとは関係しない。これら二つの部分は、趣旨や語りの形式が大きく異なるので、今日の読者には全体として腑に落ちない構成となっている。一つの意見では、両者はもともと別々の由来の作品であったものが、後代の編集者によって合わされたものかもしれないとされ（cf. Russell 12）、別の考えでは、第一部は、第十二篇でもその例が見られる「前置き（ラリアー、またはプロラリアー）」を大きく拡張したものであり（König 52）、それを基に、第二部の「本論」が行なわれるとする（「以上のもろもろの話」「模範例を示した」とかと述べる八一節を参照）。後者とすると、語ることへの衝動が作者を大きく駆り立て、「おしゃべり」をやや長大に展開させた結果が第一部ということになろう。口演年度は、ディオンが追放処分を解かれた後の老人のときらしい（後記）という程度のことしか分からない。またその場所について、ポティオスの写本での Euboikos という題はそれ自体では「エウボイアでの弁論」の意にもなりうるが、この場合はそれは考えられない。「都会の腐敗」という主題との関連から、ローマでの演説かという説もある。

それはともかく、第一部では、語り手ディオンがエウボイア島で経験したという個人体験談が物語の枠として置かれ、その中でエウボイア人たちに関する話が記述される。自らを老人と呼び、放浪者（の経歴を持つ）と称し（一節）、作中人物のエウボイア人から、痩せさらばえた身体を指摘される（八節）。エウボイアでの経験が（一部は）真実に基づいているとすると、前記の追放・放浪中の一事件を、その措置が解かれてから、今はかなりの老人のディオンが、回想しつつ語っている作品と見うる。

もちろんすべてが真実ではないだろう。田舎の貧しい人々の清廉で善良な性質とともに、彼らの素朴な暮らしぶりが牧歌小説的筆致で描写され、詩的な趣と創作的な世界の風情がよく表われている。少年少女の愛と、彼らに予定される結婚を、色濃い自然情景描写の中で暖かく謳いあげ、ギリシア恋愛小説のロンゴス『ダプニスとクロエ』に影響を与えているとも見られている（ただし後記参照）。

また、田園と都会との対比という倫理学的主題は、第二部で直接的な議論の対象になるが、第一部でも、貧困を含むこの問題が背景として意識されていることは明らかである。哲学的な伝統において、富者の貪婪といった点が繰り返し問題にされた（cf. Russell 135）。さらに田園と都会との比較は、文学や弁論術でもおなじみのテーマである。ホラティウスの有名な「田舎の鼠と都会の鼠」（『風刺詩』第二巻六歌七九行以下）という「老婆のおしゃべり」、おとぎ話は、イソップ的寓話の一つである（バブリオス一〇八など）。一般に寓話は、弁論術の主題にもよく利用された。本篇での、都会の喧騒に驚く田舎者の様子は、創作であろう。そういう文学・弁論術的伝統や、哲学的論争の歴史が本篇で踏まえられているという面は否定できない。これは、時代状況や個人的体験とは直接的には関連しない。

しかし、他方でディオンのじっさいの経験が反映されているという点を完全に否定する根拠もない。彼の放浪は実人生的な要素であり、その中でエウボイアに滞在したことももちろんありうる。追放・放浪中の実体験を、多分に潤色を交えながら、織り込んでいると思われる。

要するに、第一部では、事実と創作とが微妙に混合され、一体化されている。その際に、「一人称語り」の形式が特徴となるのは、ルキアノスの創作と通じ合う。同じローマ時代の著作家でも、虚構的人物たちの間の対話形式を用いるプルタルコスやピロストラトスとは異なっている。「わたし」という語り手を軸に、事実的フィクション、またフィクション的事実が作品において展開されるのは、ディオンの第十一篇にも――より形式的だが――認められる。ディオンの作品は、本篇も含め、演説や講演であり、そういう作品のあり方や発表法も関係しているだろう。弁論術とフィクションというディオン的創作の大きな特色が、ここでも発揮されている。

思想的には貧困の問題とつながっている。これは、当時のギリシア全体に共通する問題であり、長く続いた戦乱のあと、人口減と荒廃に悩まされるギリシアで（第十二篇八五など参照）、かつての繁栄を保っているのはロドスくらい（第三十一篇一五八）という状況にあった。本篇第一部で、あるエウボイア人が荒れ地の耕作を奨励するのは（三四節以下）、こういう事情を背景にする。貧困と窮乏が蔓延していた。

他方で、貧民の都会への集中という事態が生じていたと見られる。それによって、田舎対都会という問題がよりアクチュアルに、切実な社会問題として、感じられるようになっていた。本篇が、貧乏そのものよりも、田園と都会との対比、または都会における貧民という関心に彩られているのは、このためである。

第一部での田園讃美は、エウボイアのある都市の様子との対比を通じて行なわれる。狩人が――人生でやっと二度目の経験として――都市に出てきたところ、城壁の櫓《やぐら》を、見たことがないので、一つの住居と考えるとか、これも初めて見たらしい劇場で行なわれる議論があまりにもかまびすしいので驚くとかいったナイーブな反応と対比して、貪欲な都市住民の中傷的な演説や、劇場（民会場を兼ねる）の聴衆の烏合の衆的な付和雷同ぶりが揶揄的に描かれる。ただこの狩人もけっして弁が立たないわけではなく、素朴な言葉ながら相手にそれなりに反論するという描写になっていて、痛快であるとともに、田園の民のタフさへの信頼が表現される。都市住民の中でも紳士的な人物によって初めから好意的に見られていた狩人は、けっきょく、以前に行なった救助行為のゆえに市民たちに感謝されることになる。

二家族の狩人は、田園の中で、文字どおり自足自給の生活をし、自然に即した清浄な心を保ちながら暮らしている。周りから隔絶したかのような形で隣り合って住まう両家の間では、従兄妹婚を通じて、濃厚な結合関係が将来も継承されようとする。この一種純血的な婚姻関係は、第二部で論じられる性的放縦や堕落と対比的である。ここでは、犬儒派的ストア派的な自足（アウタルケイア）の思想が、閉じられた田園生活の描写を通じて理想的に示される。

しかし第二部では、そういう理想化から離れて、より現実的観点から貧困の問題に向き合う。都会に住む貧者の生活上の困難さを、「都会の堕落」と絡めて論じ、「腐敗」した都会の中で貧者はいかに生きるべきかという、道徳的観点からの考察を行なう。ディオンの論は、規制的な性質が強いとわれわれには映る。いくら貧乏に苦しめられていても、こういう職業に就くのはよくないとして、悲喜劇の役者などを羅列する箇所は、ある意味で印象深い（一一〇節以下）。政治的あるいは社会的リフォームの具体的提案という側面は乏しい。政治家は、売春制度をけっして認めてはならない、という、師のストア派ムソニウス譲りと見られる議論くらいであろう（一三三節以下）。しかし、これも現実的な実現性は当初から見込んではいないかもしれない。やはり道徳論哲学の範疇に属している。作品の終わりは、全体との釣り合いから言ってややバランスを欠いた、性的堕落と快楽への非難の論になっている。なお、貧乏人は売春業に手を出してはならないという趣旨から発展した話である。

第一部との関連で、『ダプニスとクロエ』という牧歌小説に言及したが、こちらでは、性に目覚めたダプニスが、その知識をまったく持たないので、盛りのついた牡山羊をまねてクロエと交わろうとする、しかしけっきょく何も果たせない、といったきわどい描写もあり（第三巻一四）、テオクリトスの牧歌諸作でもわいせつな点に欠けてはいない。それに対し本篇では、それに類する描写はなく、むしろ恋する少年に、結婚時期にふさわしい満月への連想をさせて恥ずかしがらせるなど（七一節以下）、より純潔的な世界になっている。

その点では、哲学者の「牧歌」あるいは理想郷的アルカディアの一種（第一篇四九以下参照）という性格がはっきりしている。

プラトンの「詩人追放」に倣った、都会からの「貧民追放」ということも述べる（一〇七節）。しかしこれは、都会の悪に彼らを染まらせないための方便という趣旨である。田園で過ごしても十分にやっていけるはずだ、という考えを示しめている。これが、「アウタルケイア」の思想を奉じるディオンの、一つの──そう呼べるとしたら──解決案である。それが現実的であったかどうかは、われわれにはむしろ否定的に思われるが、政治的社会的問題に対して哲学者が出す提案が直接的な有効性は持たないことは、現代でも同然である。ただし、ここの貧困論が、疲弊した田園の復興を企図したネルウァやトラヤヌスの政策を背景にしているとも見うるので（cf. Russell 13）、哲学者からのバックアップ的な議論の意味を含んでいるかもしれない。

語り手の遭難や、狩人たちの家族の牧歌的生活を具体的に生き生きと描き、親しみやすい魅力を持つ第一部は、翻訳も含めてこれだけで刊行されることがある（たとえば、文献に掲げたPrentice の註付テキスト）。田園小説として、ローマ時代の、あるいは全時代のギリシア文学において、愛読に価する作品の一つになっている。

第八篇『ディオゲネス──真の勇武とは何か』、第九篇『ディオゲネスとイストミア競技』、第十篇『ディオゲネス──財産および神託について』

いずれも犬儒派の祖ディオゲネスを主人公とし、一部対話形式を取って、他の者と議論させている。ディオゲネスは第四篇や第六篇でも主役にされ、ディオンの犬儒派的思想の範型として用いられる。

ディオゲネスは、前四〇〇年頃、黒海南岸のシノペ（現トルコの Sinop）という商業都市に生まれた。父は公金を扱う両替商だったが、悪貨を鋳造したという咎で投獄された。改鋳はディオゲネス自身の行為だったという伝承もある。ディオゲネスはこれを契機に祖国を逃れ出た。そのときすでに四〇歳くらい、あるいはそれ以上だったらしい。乞食同然のなりで放浪し、やがてアテナイにたどり着いた。その途中かどうか不明だが、デルポイに赴いたとき、神から、「通貨＝仕来り nomisma」を「改鋳 parakharattein」せよという神託を受けたという。この「改鋳」が、世のあらゆる仕来りやタブーを嘲弄し粉砕しようとする彼の哲学のモットーとなる。父あるいは自分の非行を不遜にも逆手にとった標語という形である。しかし、近代の学者の間では、父はむしろ無実の罪でおとしいれられたのではないかという説もある。またデルポイの神託の話は、ソクラテスとカイレポンの有名なエピソードに倣った作り話とも解される。さらには、「通貨の改鋳」というディオゲネスの逆説的教義が、彼や父の現実の改鋳行為という話を生んだという説もなされる（以上、Dudley 20–22 参照）。とにかくディオゲネスという人物の周囲には、いろいろな種類の伝説が集まっているので、またディオンもそうだろうが、彼について後世の人々が多かれ少なかれ創作を加えながら語っているので、確かなことはあまり言えない。

さて、アテナイでは、とくに、かつてのソクラテス（すでに前三九九年に死去していた）の朋友アンティステネスと親交を結んだという（この人物との交流も事実とは認めない説がある）。アンティステネスにも反因習的思想はすでにいくぶんあったろうが、まだ俗人的性格が残っていたようである。彼を犬儒派の祖とする古代の説もあるが、それは妥当ではないだろう。ディオンによると（第八篇三）、ディオゲネスはそのアンティステネスから、雀蜂のようだと評されたという。おそらく小柄ではあるが、痛烈な舌鋒によって聴く者を辟易させ退散させる論争法をアテナイ時代から得意にしたらしい（この点、ソクラテスのユーモアを交えた問答法とは性格を多少異にする）。アンティステネスの死後、コリントス市門のすぐ外にある森（クラネイオン丘）に住むようになった。このときすでにかなり高齢だったらしい。気ままにアテナイなどと行き来したようだが、だいたいはクラネイオンで過ごしながら――アレクサンドロス大王との有名なエピソード（プルタルコス『アレクサンドロス伝』一四など）もここを舞台とする――、近くのイストモスの競技祭に顔を出すこともあった。それは祭り見物のためではなく、むしろ、やはり人々に論争を挑みかけながら、彼らの思いこみや思い上がりを打ち砕くためであった。ディオンらの記述を見ると、じっさいディオゲネスの仕掛ける論争や嘲笑的口調は、われわれ聴く側にいたたまれない気持ちを抱かせ、早々に退散したいと思わせる種類のものだったと想像させる。また奇矯とも表現しうる行動の数々は、見る人によっては（今日の人間にとっても）、滑稽に映りうるに違いない。ルキアノスにも、ディオゲネスを登場させる作品がいくつかあるが、それほど思い入れのある個性付与的な描写になっているとは思えない。しかし、この犬儒派の祖をめぐるディオンの筆致には、本当の敬意が込められていると感じさせるところがある。ただし第十篇での描き方には、ユーモラスに、おしゃべり老人という気味も持たせ、ディオン自身を連想させる。

第八篇の原題は*ΔΙΟΓΕΝΗΣ Η ΠΕΡΙ ΑΡΕΤΗΣ*. 直訳すると『ディオゲネス、または勇武（徳）について』である。

ここで描かれるディオゲネスは、故郷シノペからアテナイに亡命してきて、一時期アンティステネス（ソクラテスの友）に師事し――といっても彼に対しても率直な批判を控えなかったが――、彼の死後コリントスに移って、その近郊で行なわれるイストミア競技の観戦に集まる人々の「魂の治療」をしようと試みる。しかし、肉体の戦いに熱心な彼らは、ディオゲネスが「無知や悪徳や放縦を止めさせてやろうと約束しても」、誰も注意を向けない。ある男が、彼も観戦に来たのか、と訊くので、いや自分は、「労苦」と「快楽」とを相手にする最高に困難な競技をするために来ていると答える。「労苦」に対してはとにかく男らしく戦い抜けばよいが、「快楽」は謀略的なので、もっと用心が必要であり、「できるだけ遠くまで逃げて、どうしても必要な場合以外にはけっして交わらないようにしないといけない」と述べる。最後に、犬儒派の理想的英雄ヘラクレスの働きを挙げるが、彼の活躍は強力な敵を相手にした偉大なものばかりだったのではなく、牛舎の糞掃除というものも含まれていた。これはディオゲネスから見ると、名声欲との戦いであり、ヘラクレスに倣ってディオゲネスもあえて恥ずかしい行為を人々の前でして見せると、皆が馬鹿にして離れて行った。一種寒山拾得的な超俗の賢人が表わされている。

第九篇の原題は*ΔΙΟΓΕΝΗΣ Η ΙΣΘΜΙΚΟΣ*『ディオゲネス、またはイストモス弁論』である。ここでも、ディオゲネスが、イストミア祭に集う人々を相手に「魂の治療」の試みをするさまが記される。ディオゲネスが、勝手に、自分こそ勝者だと唱えて松の冠（イストミア祭の栄冠）をかぶるので、祭典の主管者たちが譴責しようとしたところ、快楽その他の困難な戦いに勝利している自分にこそそれはふさわしいと反論して追い返した。またある競走家が勝利のゆえに思い上がっているのを、野うさぎは速いが臆病だ、といった例を出して、謙虚な気持ちにさせる。最後に、二頭の馬の戦い合いに出くわした際、勝った馬に栄冠をかぶらせて勝利者と宣言する、という行動をして、競技の仕来りを愚弄する。

第十篇の原題は*ΔΙΟΓΕΝΗΣ Η ΠΕΡΙ ΟΙΚΕΤΩΝ*『ディオゲネス、または召使い（奴隷）について』である。ここでは、場所が変わり、ディオゲネスがコリントスからアテナイへ向かう途中出会った知人との対話が記述される。この人は、託宣を伺うため、デルポイのアポロン神殿に赴く途中で、同行していた奴隷に逃げ出されたので、おそらくコリントスにいるだろうと思ってそこへ探索に向かうところだった。ここで、神託と奴隷（財産）の所有という二つの問題がディオゲネスに取り上げられる。まず後者の点については、「多くの人間は、召使い（奴隷）なしでいるほうが、たくさん召使いを持っている者よりも、容易に、悩みなしに、生きてゆけるもの」、「自然は、一人ひとりの人間に、自分の世話をするために充分な身体を与えている」などと諭す。他方、神託に関連して、まず神と交わるためには、人間のこと（人間の本質や神との違い）を知らなければならない、そうでないと神意を誤解する恐れがある、しかし、いったんそういう知恵を得た後はもはや神託をうかがう必要はなくなるだろう、「理性を持っていれば、君（人間）自身で、何をどのようになすべきか、認識できる」から、と言う。身体についても理性についても、人間は自足（アウタルケイア）的にやれるはずだと教える。神託制度に対する一種の批判にもなっているが、犬儒派のオイノマオスにおいては激越な神託批判が見いだされるのに対し、ここでは正面的な攻撃はしていない。

第十一篇『トロイア陥落せず』――「真実究明」とフィクション

ホメロス批評とディオンの真説・新説

本篇の写本記載上の原題は、*ΤΡΩΙΚΟΣ ΥΠΕΡ ΤΟΥ ΙΛΙΟΝ ΜΗ ΑΓΩΝΑΙ*『トロイア弁論――イリオスは陥落しなかったということに関して』である。この作品では、当時のトロイア人を聴き手にする弁論という形式を取りながら、ホメロスの叙事詩によって貶められたトロイアの名誉を回復し、この詩人の「嘘」や「欺瞞」を明るみに出すかたわら、「真実」を究明して、トロイア戦叙述の書き直しを行なおうと試みる。トロイアこそ勝者であり、ギリシア軍による陥落はなかった、アキレウスはヘクトルによって倒された、などの大胆な新説――作者によると「真説」――が唱えられる。ホメロス批評の一面と、オリジナルな説を打ち立てようとするフィクションの側面とを有し、ネガティブおよびポジティブな両面を組み合わせる。その際、弁論の形式を通じた事実――古代ではトロイア戦伝説はおおむね史実とされた――の究明という趣向を用いて、この批判的解明で指弾されるホメロス的叙述の問題性を対照的な背景とし、著者自身の論をそれだけ説得的にする準備をしつつ、独自の視点から積み重ねる推論によってトロイア戦伝説を再構築しようとする。西洋古代で最も大胆な歴史フィクションを示していると言うことができる。

「トロイア戦争異説」のジャンル

文学史的には、「トロイア戦争異説・異伝」の系統に属する。このジャンルの作品では、ホメロスによる叙述を中心とするトロイア戦伝承に、多くの点で、ときに重大な改変を加え、ホメロスの創作に対する批判や対抗意識をしばしばあらわに示しながら、新しい記述を提示しようとする。意識的な対抗精神に動かされる創作を盛り込む形式として散文を用いる点で、ホメロス叙述の隙間を埋める内容を詩文で歌うクイントゥス『ホメロス後日譚』などとジャンル的に区別しうる。

トロイア戦伝承の書き直しの試み自体は、古くは抒情詩人ステシコロス（前六世紀、シケリアのヒメラ人）の『歌い直し』で確認され、また歴史の方面では、ヘロドトスのヘレネ論（『歴史』第二巻一一二以下）も挙げられる（ディオンの本篇は一部で歴史書的な体裁を採っている）。しかし、そういう試みは部分的であった。本格的な「トロイア戦異伝」の系統の文学は、前一世紀のディオニュシオス・スキュトブラキオン（ミテュレネ出身か）に始まると言われる。ローマ帝政期に現われたこの文学系統に属するもので、現存するものとしては四篇ある。本篇の他に、ラテン語訳として伝わるがギリシア語原本の成立は後一から三世紀かと見られるダレースの書（Dares, *De Excidio Troiae Historia*＝既邦訳題名『トロイア滅亡の歴史物語』）、やはりラテン語版で知られるがその断片が残るギリシア語原本は二から三世紀の成立と見られるディクテュスの作（Dictys, *Ephemeris Belli Troiani*『トロイア戦争日誌』）、三世紀のピロストラトスの書（Philostratos, *Heroïkos*『英雄が語るトロイア戦争』）である。なお、二世紀のルキアノスによる『夢または鶏』や『本当の話』などにも、部分的にトロイア戦伝承にかかわる新しい創作が含まれるが、毛色は異なる。

弁論術的反駁の手法（アナスケウエー）

しかし、他の、より「文学」的な作品と比べ、「黄金の口を有する」ディオンの本篇は、まさしく弁論術的な視点とその技法を用いながら、この反ホメロス的創作の趣向を追求する。もちろん、他の「トロイア戦異伝」の諸作品にも、弁論術的技法やモチーフが取りこまれている場合があるが、本篇は、まずパーフォーマンス的にも、新イリオン（イリオス）、つまりローマ時代のトロイアの人々に向けて語られたまさしく弁論の作である（ただし少なくとも形式上で、という意味で、現実に演説されたかどうかは確認できないが、それは重要な問題ではない）。

骨格的には、前記のように二本の要素、ホメロス批判と自説の構築とが組み合わされる。この組み合わせ自体も、「トロイア戦異伝」のジャンルにおおよそ共通するが、本篇ではホメロス批判が強烈である点がまず特徴的である。ホメロスは、ギリシア人聴衆の機嫌を取りながら、事実を糊塗し、あるいは虚偽の叙述を行なって、人々をだまし続けてきたと述べ、厳しい批判をぶつける。

哲学者の側からのホメロス批評も長い歴史を有するが、本篇ではそれはついでにしか言及されない（一八節）。弁論術の視点に集中するためであり、その伝統の手法が中心に利用される。

この伝統では、「ホメロスへの鞭」と呼ばれたゾイロス（前四世紀）の先例が有名である。彼は、アンピポリス（マケドニア）出身のソフィストで、「弁論家的な犬（キュオーン・レートリコス）」とも称され、プラトンやイソクラテスら同時代人に犬儒派的な毒舌を浴びせたが、とくにホメロス攻撃で知られ、詩人の「過ち」の数々を嘲笑した。

さて、ディオンのホメロス批判では、法廷的演示弁論（後記）という形式を取りながら、「アナスケウエー（反駁）」という専門技法を多用する。これは、相手の議論を切り崩すためにどのような論点を用い、どのような着眼点に拠るべきかというテクニックの集成である。アピタノン（信じがたい点、納得しがたさ）とか、アプレペス（対象にふさわしくない点）とか、アサペス（議論の不明瞭な点）とかいった不備な点を相手の議論の中に指摘し、その確実性を揺さぶって崩す攻撃法の体系である。

「納得しがたさ」といった視点は、ヘロドトスら、より理性的な歴史家の合理主義と通じる面がある。歴史も、法廷弁論も、通俗的な理性や悟性的論理を基礎に置こうとする。そして弁論家は、「詩的」な、あるいは非理知的な論拠や動機には目を向けない。「そういうことがありうるものかどうか。まずは自分が見たこともない女に誰かが恋するということ、次には、夫と祖国とすべての肉親を……小さな娘を……捨てて、他の民族の男［たる自分パリス］についてくるよう［ヘレネを］説き伏せる、などということが」（五四節）という箇所で、「自分が見たこともない女に……」という前者の論点はともかく、後者の、夫（メネラオス）や小さな娘（ヘルミオネ）などを捨ててまで、恋する男についてゆくという激情的行動は、抒情詩人サッポーによって、ヘレネの駆け落ちとの関連で、まさしく称賛的に言われ、肯定されている。しかしディオンが本篇で語らせるエジプト神官は、それは「ありえない、起こりえない」と、包括的にその可能性そのものを否定する。弁論家は抒情詩を軽視した。ディオン自身、「歌（竪琴詩）、エレゲイア、イアンボイ、ディテュランボイは、暇のある者にはとても価値があるが、弁論を実践しつつその議論力を増そうと思っている者にはそういう閑暇は無い」（第十八篇八）と述べているし、キケロも、「もし自分の人生が倍（の長さ）になってとしても、抒情詩人を読む時間は無いだろう」と言った（セネカ『書簡』四九-五）。現実の歴史を動かしうる非合理的な人間的な要因を理解しようとしないという点は、弁論術の限界だったかもしれないが、とにかくこれは、その合理主義的原理を突き詰めた帰結の一つである。

より信じうる経緯や、事件の「真相」を追求し、究明しようとする作者は、ホメロスを、一種法廷に立つ被告として想定し、その「陳述」、叙述における「虚偽」、不合理さを指摘しようとする。もちろん、ホメロスというはるか過去の人間を相手にする裁判であるが、過去の歴史上の人物を法廷に召喚し、証言させたり指弾したりする仮想裁判は、古代の弁論術のみならず、現代でもよく用いられる方法である（ディオン第十二篇参照）。

裁判的な視点を利用する弁論家ディオンは、たとえば『イリアス』冒頭の語り出し方について、こう非難しながら言う。「戦争の叙述を企てた彼［ホメロス］は、ことの発端そのものからではなく、行き当たりばったりに語り始める……これは嘘をつく者がだいたい皆することで、ことを縺れさせ……そうすることによって、見破られることがそれだけ少なくなるからである。……こういうやり方は、裁判所など、巧妙に嘘をつく者たちがいる場所でも見られる……」（二四—二五節）。ことの核心に飛び込め、より瑣末な点は捨てて要所から語り始めよ、というホラティウスの詩論的な教えもあるが、ディオンはここではむしろ、裁判の審理において、当該事件の経緯に沿った順序正しい説明とそれに対する検証が要請されるように、ホメロスも、トロイア戦争の発端から時間軸に従って語るべきだった、そうしなかったのは、自分の「嘘」を誤魔化すためだった、という。発端というのはこの場合は、トロイアからスパルタを訪れたパリスがヘレネを「誘拐」

した――本篇によると真相はスパルタ側の同意を得た嫁入りのための移住――という事件を指す。しかし『イリアス』では、アキレウスとアガメムノンの言い争いとアキレウスの怒りという、戦争十年目の事件から語り始める点などを、「ことを（故意に）縺れさせている」と批判する。ヘレネがパリスの正式の妻としてトロイアに来たという点を含む「真実」を隠すため、錯綜した叙述順序で聴衆・読者を混乱させようとしたからだと非難する。

演示弁論（いろいろな要素を取り込みうる「貯水タンク」（Klauck 160））の形式の中に法廷弁論的要素も含むが、これによってホメロス叙述の「反駁」を効果的に行なうとともに、反ホメロス的な「真説」をできるだけ緊密な論理の下に提示するための努力をそれだけ作者に意識させることになる。

称賛と非難――演示弁論

これはもちろん正式な裁判弁論ではなく、今述べたように、裁判形式を含めた演示弁論である。一般に、弁論演説をアリストテレス（『弁論術』一三五八a三六以下）らに従って分類すると、「政治弁論（シュンブーレウティコン）」、「法廷弁論（ディカーニコン）」そして「演示弁論（エピデイクティコン）」の三種類とされる。前の二種は、政治的問題や法廷の係争案件をめぐって行なわれ、現実的利害に深く関わるものである。それぞれ、現代で言えば、議会での政策論争の弁論と、裁判所における原告と被告との応酬に相当する。もう一つの種類「演示弁論」は、「パネーギュリコン」つまり「祭典（パネーギュリス）演説」と呼ばれることもあり、場所的または機会的には、議会または法廷に対して、祭りのような催しで神域などに集まった人々に向けて行なわれるものを指す。ディオン本篇は、新イリオンでのアテナ祭で行なわれたものという推測がある。また、内容的には、他の二種が今後採るべき政治的行動や過去の事実関係を議論し決定・判定しようとするのに対して、演示弁論ではある対象の称賛または非難を行なおうとする。本篇では、ホメロスの叙述への批判と、トロイアの勇士たちへの称賛とが組み合わされる。しかし、目的の観点から言うと、政治弁論と法廷弁論はそのように現実的な問題を扱うのに対して、演示弁論は弁論者の技量を「誇示（エピデイクシス）」するためのものと言われる。聴衆の側からすると、それは、さまざまな芸術作品を鑑賞して楽しむように、現実的関心から離れ、聴いて楽しむものである（キケロ『弁論家』三七）。演示弁論は、弁論のための弁論という性格を持ちうる。この点を端的に表現すると、一種の「芸術のための芸術」（cf. Lausberg 131）だとも言えるわけである。じっさいに「禿げ頭への称賛」とか「塩への称賛」というような遊戯的弁論がよく行なわれた。ディオンも、『鸚鵡《おうむ》への称賛』とか『虻《あぶ》への称賛』とかを書いたと伝えられる。

弁論術と遊戯・フィクション

アリストテレス的な三分類のほかに、「ソフィズム的（ソピスティケー）弁論」と「政治的（ポリーティケー）弁論」とに二分する仕方もあった。前者はそういう遊戯的な演示弁論、後者は現実的関連性を持つ政治的および法廷的弁論を意味すると解されている（Kroll 1129）。トロイア戦伝承に対して、常識的には信じがたい「真説＝新説」をぶつけるディオンの本演示弁論が、ソフィズム的で遊戯的と見なされる（後記）のは、こういう点が関係している。

ところで、ローマ時代には「練習演説（メレテー、デークラーマティオー）」と称する形態の弁論術が盛んになった。これは、本来は、弁論術の学校で、生徒が先生や父兄の前で練習の成果を発表したり、先生が生徒たちの前でお手本を示したりした際の演説である。しかしやがて大人たちが、そういう文脈から離れて、それ自体を楽しんで行なうようになった。キケロも、暇なときには、そういう「練習演説」にうつつを抜かしたという。それは、形式的には政治弁論や法廷弁論の種類に属する。しかし、状況をことさら特殊なものや空想的なものにして、その分、弁論者の高い技巧が求められるようにした。ルキアノスの作品から例を引くと、「練習演説」的な法廷弁論として、シグマ（Σ）とタウ（Τ）との法廷闘争を主題にする『子音の訴訟』、また同様の政治的弁論としては、アクラガスの伝説的な――つまりはるか過去のことで現実の問題とは無縁の――暴君パラリスのデルポイへの奉納という案件を、デルポイ人が議論する『パラリスI、II』などがある。現実的であるはずの法廷弁論などが、遊戯的な種類のものに変質――タキトゥスら、当時の多くの知識層から見ると異常化――したのである。こういう弁論術の状況は、アリストテレス的な三分法では捉えきれない。われわれはむしろ、より現実的な関連性を持つ弁論と、より非現実的な弁論との二分法を考えるべきであろう（cf. Fornaro 242）。すなわち、（一）より現実的な種類のものとして、法廷弁論、政治弁論、演示弁論、（二）より非現実的なものとして、演示弁論、「練習演説」的政治弁論と法廷弁論とを数えるのである。

演示弁論は、両カテゴリーに含まれる。これを「非現実的」な種類のものとする古代の説は上で言及したとおりだが、そうとばかり言えない例も明らかに存する。たとえば、ペリクレスによる有名な死者哀悼演説は、勇敢に戦って死んだ人々を称賛し、生者のアテナイたちを鼓舞する（トゥキュディデス第一巻一四〇以下）。

他方、そういう称賛演説の遊戯的パロディーがプラトン『メネクセノス』で見られる。また、すでにゴルギアスの『パラメデス』などは、仮想的な法廷弁論である。したがって、「練習演説」に先立つ遊戯的な「現実弁論」の歴史も古いわけである。ただ、上記のように、ローマ時代にそれが花を――あだ花を――咲かせるということである。

フィクションとしてのディオンの「真実」

しかし、ディオンがホメロスに対抗して提示する説明には、虚偽性ないし虚構性はないのか。本篇の趣向の一つに、「エジプト神官」が情報源であるという設定がある（三七節以下）。神官が作者に教えたという「真説」は、トロイア戦後エジプトに移住したメネラオスが、この戦の話を土地の者に語って聞かせた話の記録に基づいているという。絶大に長い歴史を誇るエジプトに証言の権威を依拠するという、ヘロドトスにおいて見いだされる方法は、プラトンの『ティマイオス』におけるアトランティス伝説の語りにおいても採られている。こういう明らかに虚構的な仕掛けが叙述の骨組みにされている点、また語り手としてのエジプト神官と作者との区別がしばしば曖昧である、つまり引用文なのかディオン自身の言葉なのかしばしば不分明であるという点を見ると、「虚偽」への批判とそれに対する「真実」の主張とがどこまで本気なのか、読者を戸惑わせる面がある。ディオン自ら、ホメロスの「虚偽」を容認するところも見せているのである（一四七節以下）。

トロイア戦争が、おおもとは、じっさいにあった史実であるという点を疑る古代人はいなかった。また、近代では疑われることもあるが、アキレウスやヘクトルなどの代表的人物の存在自体も了承されていたと思われる（ただし、パトロクロスはホメロスの創作した人物だとディオンは言っている）。しかし個別的な点では、今日の考古学者や歴史学者が用いる物的な資料は古代人にはなく——トロイア戦争の英雄たちの巨大な「遺骨」が発見されたと称する事件はしばしば持ち上がったが——、彼らが参照できたのはもっぱら先行の文学作品や歴史記述であり、他には場合によってはローカルな伝承があった程度で、しかもそれぞれの証言の間に小さからぬ食い違いがあるのはむしろ当たり前であった。比較的最近に起きた今次の世界大戦においても、重大な事件の核心に関する場合ですら、事実の認定に大幅な意見の相違があることが少なくない。したがって、トロイア戦の新たな叙述を試みる者は、多かれ少なかれ自由に筆を進める余地を与えられていると考えることができた。トロイア戦伝説には、相反する記述や証言が充ちていて、その「真相」は曖昧模糊としている。それに迫るためには、「虚偽」をこしらえるのと同じ目的ではないが、やはり言説を積み上げ、組み合わせて構築してゆく作業を通じてそれを再現しようとするという点では、「嘘」と通じる面がある。

真実らしいフィクションという弁論術的創作的理論が本篇では重要な役割を果たしている。今日のフィクションに相当する概念はすでに古代からあり（いつから、という点は議論の余地がある）、plasmaという用語で、歴史や神話と並べられた。プラスマは、他の文学領域とともに、弁論術の手法にも属している。具体的な「証拠」がない場合に、フィクション的な証拠を提示することは弁論術の手法として許されていた（キケロ『発想論』二-一一八、『ブルトゥス』一一-四二参照）。これはもちろん、蓋然性に反しなければ、そしてそれによって論証がより強固になれば、ということである。現代の法廷論争でも、明らかに「虚構」的な証拠を提出することはもちろんないだろうが、論理的な筋道を立てようとしながら、場合によっては推理的な「証拠」を補おうとすることもあるはずである。

フィクションと史的ないし詩的真実の問題はすでにホメロスやヘシオドスにおいて意識され、歴史家ら散文著述家（ヘロドトスなどのロゴグラポイ）を経て、弁論家（ゴルギアス、イソクラテスなど）、哲学者（プラトン、アリストテレスなど）の議論に受け継がれてゆく。本篇は、フィクション論の歴史における一つの重要な資料として読まれうる。

フィクションを言語的「遊戯」と言ってしまうとずれてくる。それは「真理」に導きうるものであると考えられていた。歴史フィクションによって捉えられる真理という意識を彼らは持っていた。今日の考古学者が、主に物的証拠に基づいて歴史の復元を試みるのとは異なっている。ホメロスの「虚偽」を弾劾するディオンの言説にも虚構性は小さくはない位置を占める。古代ギリシア人にとって、「真」と「偽」はともに言説を介して現われ出るものである。「トロイア戦争異説」のカテゴリーにおける本篇の独自性は、ロゴスにまつわる真偽の表裏一体性を認識しつつ、言説の新たな建設を通じて過去をよみがえらせようとする言論的試みにある。

現実的関連性

シュネシオス（四世紀のキュレネ人）は、「ディオンの着想力を特徴付ける驚嘆すべき独自性」に言及しながら、それを例証する一作品としてこの『トロイア陥落せず』を挙げている。彼は、ディオンの生涯を二期に分け、前期はソフィスト的だった彼が、その後「回心」して哲学者となった、としている。そして『トロイア陥落せず』をソフィスト時代の遊戯的な作（paignia）に数える。ディオンのそういう傾向のものとして、他に、すでに触れたが、『虻の讃美』などが挙げられている。逆説的な称賛弁論の一つである。ソフィスト的弁論技能の顕示としての「遊び」の作例とする見方である。

それに対して、より現実的な内容を認めようとする解釈もある。トロイアは、神話上、ローマ人の祖先の出身地とされ、歴史的トロイア（ディオンの時代にももちろん存在する）はじっさいに皇帝たちから政治的厚遇を与えられた。ギリシアによるトロイアの敗北は事実ではない、という主張は、トロイア市そのものの「名誉回復」ともなり、新トロイアたるローマの威光をあらためて称揚する働きも持ちうる。政治的な関連性を見る解釈がありうる。

ここのトロイアの人たちは、言うまでもなく、ディオン当時のローマ帝政期においてその地に住む人々であり、ホメロスの叙事詩で描かれる千数百年前のトロイア人と血縁的につながるかは微妙である（「暗黒時代」の後にギリシアのアイオリス人たちが移住してきたと伝える）。トロイアは、はるか昔から、建設、破壊、再興を繰り返してきた都市である。しかし少なくとも地縁的な点からは昔のトロイア人は彼らの精神的祖先である。またトロイアはディオンの故郷プルサにも近いので、作者にもそういう意味で親近感を覚えさせていたかもしれない。さらに、前記のように、現在地中海一帯を支配するローマ人の神話的祖先は、小アジアからイタリアに移住したと伝えられるトロイア人である。「親ギリシア的」とも言われるホメロス叙述の呪縛から彼らを解放し、その名誉回復を図る試みは、このように、現実的な側面、ことによれば政治的な含みも持っているかもしれない。

ホメロスの権威とそれに対する挑戦

トロイア戦争異説のジャンルに属する作品の多くがそうであるように、本篇も、ホメロスに対する挑戦を仕掛けつつ、詩人の叙述に反論したり、修正を加えようと試みる。ホメロスの権威は絶大である。それはトロイア戦争の伝承に関する知識のみならず、広い範囲の教養一般に関して、たとえば弁論術の分野においても、模範と仰がれた。ディオン自身、弁論の修行を始めようとする人に、ホメロスの勉強を勧めてこう言っている——「ホメロスは、子供にも壮年の者にも、老人にとっても、初めであり、中間であり、終わりである。一人ひとり（の読者）が、（年齢に応じて）受け取りうるだけのもの（精神的糧）を詩人は自分からの贈り物とする」（第十八篇八）。詩人ホメロスの力はオルペウスをも凌駕する、などと述べる『ホメロスについて』（第五十三篇）その他の作品で見られる、よりオーソドックスで称賛的なホメロス評価と本篇でのホメロス批評とは整合しがたいように思える面もある。「追放前」の、「ソフィスト」的ディオンの作と説明されることもある。前記シュネシオス以来の、ディオンの思想と著作を、追放前（ソフィスト的）と追放後（哲学者的）に分ける考え方による。しかし、追放後の作とされる第十篇二三—二四に見られるホメロス批評は、『トロイア陥落せず』と通じ合っている。ある時点を境にきっぱりと変化したとするのは不適切である。しかし、おおまかには、言及した他の例はおそらくディオンのより年配の頃の作品と思われるのに対し、本『トロイア陥落せず』は比較的若い頃の、挑戦心にあふれた、血気盛んな時期の作品であると考えてよいだろう。

第十二篇『オリュンピアのゼウス像と神の観念――詩と彫刻の比較』

写本記載の原題は、*ΟΛΥΜΠΙΚΟΣ Η ΠΕΡΙ ΤΗΣ ΠΡΩΤΗΣ ΤΟΥ ΘΕΟΥ ΕΝΝΟΙΑΣ*『オリュンピア弁論、または神をめぐる最初の観念について』である。オリュンピアでの祭典の際に、各地から集った群衆を聴き手として、ゼウス神殿で行なわれた弁論である。西洋古代において最も有名な彫刻であったペイディアス（フィディアス）作のゼウス像を前にして、ゼウスについて語ることを主題にする旨告げた後、ゼウスと神々に関する観念の発生・発達の諸段階とそれを引き起こした諸原因（「源」）を、主にストア派思想に基づきながら述べ、それらの源のうち、このゼウス像を制作したペイディアスの彫刻術と、彼が参考にしたといわれるホメロスの詩とを、仮想裁判の形式を通じて比較したうえで、神観念のより正しい形成には前者のほうが優れていることを論じる。最後に、ゼウス（像）が自ら口を開いて聴衆に語りかけるという形式（「活喩法」）で締めくくられる。

年代の特定には、主に、後九七年、一〇一年、一〇五年のオリュンピア紀の三説があり、決しがたい。ディオンを追放刑に処したドミティアヌス帝が暗殺されたのが九六年で、それ以降の口演という点では学者たちの間で意見が一致している。それ以前の八九年という古い説は、今は顧みられない（Klauck 26）。ディオンは、ダニューブ河下流地域に住むゲタイ族（ダキア人の一部とされる）への旅から今ここオリュンピアへやってきたばかりだと自ら言っている（一六節）。そこで行なわれていた戦争を目撃するための旅であった。

この戦争は、ダキア王デケバルスが八五ないし八六年にモエシア（ゲタイの国と同一視される）に侵入してきたことに端を発し、それに対抗するためドミティアヌスがローマ軍を派遣して、その騒乱が八九年まで続いた（ローマ軍はその収束後も駐屯し続けた）。ディオンのゲタイ族（モエシア地方）への旅はこのときのことと解すれば、（その騒動の最終期あるいはそれが収まった直後の）八九年という説も年代として可能ではある。しかし、まだ追放中の身でこういう弁舌をおおっぴらに行なえただろうかという疑問がある（ただし、ローマと故郷以外は移動や通行は禁じられていなかったらしい）。また本篇での、大神ゼウスの平和的な性質を称揚する内容は、「悪王」ドミティアヌスの恐怖政治的な治世にはやはりそぐわない。その次のオリュンピア紀の九三年は、モエシア地方とオリュンピアとを結ぶ直接的契機がとくにないので、考慮されない。それで上記の三説に絞られてくる。九七年、ドミティアヌスの死の直後に、そのニュースが、まだモエシアにいたディオンに（ネルウァ帝の追放解除令とともに？）届いた（ピロストラトス『ソフィスト列伝』一―八―三を参照）、そこでこの喜ばしい出来事を胸に、オリュンピアの祭典に間に合うよう急いでギリシアへ戻った、そして神に向けた「昔の祈願」（二〇節）の成就を感謝するという個人的な思いも込めながら、ゼウスの偉大な摂理を謳いあげるこの弁論をなした、というのが九七年説の要点である。他方、ダキア人との戦争は、トラヤヌス帝（治世九八―一一七年）のときに再燃し、一〇一ないし一〇二年、および一〇五ないし一〇六年との二回にわたって行なわれた。最終的にダキアはローマの属州に組み入れられることになった。広大な支配力を誇るローマ皇帝の象徴にされるゼウスの偉大な力を謳いあげる環境や背景としては、ドミティアヌス帝直後の五賢帝時代が始まったばかりの頃の状況よりも、この、世界の辺境において「帝国の権力と（ダキア側の）自由」（二〇節）

とをめぐって行なわれた一大戦争（「ダキア戦争」）のほうがふさわしいだろう。したがって、一〇一年あるいは一〇五年口演という説のほうが分が良いと見られる。さらに、ディオンの「昔の祈願、うんぬん」（二〇節）という言葉が、より公的な性質のもので、しかもその成就の意味合いを含むなら、すでに戦争の決着がつきだした頃とも思われるので、一〇五年が有力となる。もちろん明快な結論は出せないが、いずれにしてもディオンの追放・放浪後の作ということは確かであろう。

さて、フクロウをめぐる、韜晦的にしてアンビヴァレントな「前置き」もなかなか興味深いが（第七十二篇一三以下および風刺作者ティモン（ディオゲネス・ラエルティオス第四巻四二）にフクロウ関連の類似の文がある）、それを論じるのは今は措くとして、本論は、すでに触れたように、二つの主題を含んでいる。一つは、副題「神をめぐる最初の観念について」に表わされているとおり、人間一般の神に関する観念がどのように発生し発達したか、という哲学的問題を扱う。聴衆が目の前にしているゼウス（像）を、議論の契機とするという体裁である。ストア派（ここでは哲学思想的な点では犬儒派的側面はない）としてのディオンの発言である。もう一つの主題は、その像を制作したペイディアスの仮想裁判と弁明という形式を介して展開される、彫刻と詩との比較論である。比較（シュンクリシス）は、弁論術でよく用いられる手法である。また文芸論として、詩を他の芸術と比較することも古くから行なわれている。またここでは、やはり古い伝統を持つホメロス論の一例という色彩も濃い。そのような弁論術的、文芸論的な技法と歴史に基づく議論が後半では行なわれる。細かい諸論点のつながり具合もそうだが、そのように大きく性質の異なる二種類の内容の話が、互いにどう関係づけられるのか、今日の読者には了解しがたい面もある。ただ、ペイディアスの弁明においては、ホメロスの描く「恐ろしい」大神ゼウスは、「疲れきっている人々を、戦と戦闘への欲求によって煽り立てる神」（七八節）とされるのに対し、ペイディアス自身の像には、父的な思いやりや、優しさや、大度さが写し出されていると主張され、「平和的」で、「あらゆる面において柔和」（七四節）な神になっていると言われている。これは、おそらく、広大なローマ全土に秩序をもたらしつつあるトラヤヌス帝を念頭に置いた、政治的気味を含む文章と思われ、前半の哲学的神学的議論との関連性がそこに認められる。そこでは、ギリシア人と異国人とを問わず、いや動植物すらが抱いている、「全存在の統率者」（二七節）ゼウスへの思い、この「最初の不死の親」（四二節）への憧れが、神観念の発生の淵源であると論じられている。ディオンらしく「おしゃべり」的な流れの議論になっているが、彼の主関心はそういう哲学的問題であったと考えられる。

しかしペイディアスの弁明では、そういう哲学的趣旨が必ずしも前面に出されているわけではなく、むしろ詩と彫刻との比較論が主要論題だという印象も与える。その意味では、後半部はむしろ美学的議論であると今日の読者には感じられるかもしれない。

詩と彫刻の比較というテーマは、レッシングのラオコオン論を先取りする。レッシングが本篇を意識していた痕跡はないようである。むしろ、ペイディアスがゼウス像の制作にあたってホメロスの描写を参考にしたという逸話（二五節）をレッシングが知ったのは、ウァレリウス・マクシムス（一世紀のローマ人逸話著述家）の書を通じてであったらしい。しかしヴィンケルマンは、古代の彫刻の解釈に際して神話学を活用するという方法の基礎を、本篇から得たと言われる（以上は Russell 19, Bäbler 235 参照）。

宗教観念の発生と発展に関する興味深い議論には、思想的独自性はおそらく乏しく、ストア派の先人クリュシッポスやポセイドニオスらの論に拠っていると思われるが、いずれにせよそれに関するある程度まとまった論述として評価できる（後半部には言語発生論も含まれる）。また、今触れた、詩と彫刻の比較を通じた芸術論も、それ以前の歴史に依拠しながらも、比較的詳細な論として貴重である。さらに、ディオン的な雄弁をよく表わす、「談論」的でもあり、崇高でもある文体もなかなか魅力的に感じさせる。彼のいちばんの代表作であるという見方もされる。

文献と略号

H. v. Arnim, *Leben und Werke des Dio von Prusa*, Berlin, 1898.

B. Bäbler, 'Der Zeus von Olympia', in: Klauck, 217–238.

J. W. Cohoon, H. L. Crosby, *Dio Chrysostom*, I-V, Cambridge, Massachusetettes / London, 1932–51 (The Loeb Classical Library).

Der Neue Pauly, edd. H. Cancik, H. Schneider, Stuttgart, 1996–2003.

Diels-Kranz = *Die Fragmente der Vorsokratiker*, edd. H. Diels, W. Kranz, Berlin, 1951–52.

D. R. Dudley, *A History of Cynicism*, London, 1998 (1937).

S. Fornaro, 'Panegyrik, I. Griechisch', in: *Der Neue Pauly* 9, 240–242.

T. Gantz, *Early Greek Myth*, Baltimore / London, 1993.

C. P. Jones, *The Roman World of Dio Chrysostom*, Cambridge, Massachusettes, 1978.

加来彰俊（訳と註）、ディオゲネス・ラエルティオス『ギリシア哲学者列伝』、上中下、岩波書店、一九八四―九四年。

I. Kim, *Homer between History and Fiction in Imperial Greek Literature*, Cambridge, 2010.

J. F. Kindstrand, *Homer in der Zweiten Sophistik*, Uppsala, 1973.

H. -J. Klauck, *Dion von Prusa: Olympische Rede*, mit einem archäologischen Beitrag von B. Bäbler, Darmstadt, 2000.

J. König, *Greek Literature in the Roman Empire*, London, 2009.

W. Kroll, 'Rhetorik', *RE* Suppl. 7, 1039–1138.

H. Lausberg, *Handbuch der Literarischen Rhetorik*, Stuttgart, 1990.

松平千秋（訳と註）、ホメロス『イリアス』上下（伝ヘロドトス作『ホメロス伝』を含む）、岩波書店、一九九二年。

松平（訳と註）、ホメロス『オデュッセイア』上下、岩波書店、一九九四年。

J. R. Morgan, R. Stoneman (edd.), *Greek Fiction*, London / New York, 1994.

R. Pfeiffer, *History of Classical Scholarship from the Beginnings to the End of the Hellenistic Age*, Oxford, 1968.

Preller-Robert = L. Preller - C. Robert, *Griechische Mythologie*, I, II, Berlin, 1894–1926^{4}.

W. K. Prentice, *Dion Chrysostom: The Hunters of Euboea*, Boston, 1897.

RE = *Paulys Realencyclopädie der classischen Altertumswissenschaft*, edd. G. Wissowa et al., Stuttgart, 1893–1978.

D. A. Russell, *Dio Chrysostom: Orations VII, XII, XXXVI*, Cambridge, 1992.

W. Schmid, 'Epideixis', *RE* 6, 53–56.

SVF = *Stoicorum Veterum Fragmenta*, ed. J. A. Arnim (H. von Arnim), Leipzig, 1903–24.

H. Seng, 'Die Kontroverse um Dion von Prusa und Synesios von Kyrene', *Hermes* 134 (2006), 102 sqq.

S. Swain (ed.), *Dio Chrysostom*, Oxford, 2000.

Swain, 'Dio and Lucian', in: Morgan & Stoneman (edd.), 166 sqq.

G. Vagnone, *Dione di Prusa: Troiano. Or. XI*, Roma, 2003.

T. Whitmarsh (ed.), *The Greek and Roman Novel*, Cambridge, 2008.

固有名詞索引

1. 本文のみを対象とし、「内容概観」、註（本文挿入註記を含む）、解説等は含めない。ただし、ギリシア語原文にはないが訳で補って本文中に入れたものは拾ってある。
2. 典拠箇所として記す数字は、本訳書の頁数である。
3. ギリシア語をローマ字転記して示す。なお、κ は k に、χ は kh に、ου は ū に、γγ（γκ，γχ）は ng（nk，nkh）にする。隠れた長母音（ā，ī，ȳ）も表わす。またラテン語形と大きく異なる場合はそれも併記する。
4. 同じ名が同一頁に複数出てくる場合、その点を註記することはしない（一つには、訳文で意味を明瞭にするため、原文にはない場合もあえて繰り返すことがあるので）。
5. 民族名は原則として国名と同一視する。例「アテナイ人たち Athēnaioi」は「アテナイ Athēnai」と同じとして扱う。

ア　行

アイアス　Aiās
テラモンの子、サラミス人。 *132, 142, 160, 162–163, 172, 178–179, 183, 195*
アイアスたち（「二人のアイアス」）　Aiantes
テラモンの子アイアスおよびオイレウスの子アイアス（ロクリス人）の総称。 *162, 168, 196*
アイオリス　Aiolis
小アジア北西部の地域、レスボス島らも含む。 *128*
アイギストス　Aigisthos
ペロプスの孫、アガメムノンの殺害者。 *186*
アイスキネス　Aiskhinēs
ソクラテスの朋友。 *62*
アイソポス　→イソップ
アイトラ　Aithrā
テセウスの母、ヘレネの侍女。 *140, 147–148, 152*
アイネイアス　Aineiās
トロイア人、ローマ建国者。 *156, 162–163, 166, 188–191*
アウゲアス　Augeās
エリスの王、ヘラクレスに倒された。 *76*
アウトリュコス　Autolykos
オデュッセウスの祖父。 *124*
アウリス　Aulis
ギリシア・ボイオティアの港町。 *39*
アカイア人　Akhaioi
ギリシア人の古名、ホメロス的名称。本訳書では引用句以外は「ギリシア人」とする。 *134, 181*
アガメムノン　Agamemnōn
トロイア遠征のギリシア軍総大将、ホメロスでは「ミュケナイ王」だが、後代では「アルゴス王」とも言われる。 *39, 48, 116–117, 134–135, 140–142, 144, 148–149, 151,*

153-154, 158, 161-162, 169-170, 176, 180-181, 184, 186, 191, 196, 242
アキレウス　Akhilleus
トロイア遠征のギリシア軍第一の勇士。 *86, 132, 134, 144, 156, 160, 162, 164-166, 168-176, 178, 182-183, 194-196, 242, 254*
アクタイオン　Aktaiōn
テバイ人、犬に咬み殺された。 *94*
アグラオポン　Aglaophōn
タソス出身の美術家、ポリュグノトスの父にして先生。 *231*
アゲノル　Agēnōr
トロイア人。 *166*
アジア　Asiā
しばしば小アジアのこと。 *38, 74, 108, 140-142, 144, 146, 149, 151, 179-184, 186, 189-190, 192-194, 196, 235*
アステュアナクス　Astyanax
ヘクトルの子。 *195*
アステロパイオス　Asteropaios
パイオネス人（ギリシア本土北方）の将、トロイア方、アキレウスを傷つけるがけっきょく殺される。 *166*
アッシリア　Assyriā
アジア・メソポタミアの古帝国。 *105*
アッティカ　Attikē
アテナイを中心とする地域。 *14, 19, 42, 104, 193*
アテナ　Athēnā, Minerva
女神。 *119, 174, 180-181, 184, 195, 206*
アテナイ　Athēnai
アテネ市。 *42, 48, 62, 84, 92, 94, 140, 153, 192-193, 206, 224, 238, 244, 250*
アドリア海　Adriās
イタリア半島北側の海。 *189*
アトレイダイ　Atreidai
アトレウスの二人の子、アガメムノンとメネラオス兄弟。 *154, 180-181*
アトレウス　Atreus
ペロプスの子、アガメムノンらの父。 *117, 134, 144*
アプロディテ　Aphroditē, Venus
女神。 *53, 119-120, 126, 142, 145, 152, 162-163, 172*
アポロン　Apollōn
男神。 *104, 106, 108, 118, 156, 161, 172, 174, 195-196*
アマゾン　Amazōn
一伝承では黒海南岸にいた民、女族。 *74, 132, 141, 175, 177-178*
アリスティッポス　Aristippos
ソクラテスの朋友。 *62*
アリストゲイトン　Aristogeitōn
アテナイ人、ハルモディオスとともに僭主ヒッピアスの弟ヒッパルコスを殺した。 *192*
アルカメネス　Alkamenēs
前５世紀の彫刻家、ペイディアスの弟子。 *231*
アルキノオス　Alkinoos

オデュッセウスが漂着したスケリアの王。 *133*
アルゴス　Argos
ギリシア・ペロポネソス半島の都市（とその周辺）。 *48, 116–117, 140–141, 179, 186, 191*
アルタペルネス　Artaphernēs
ペルシア軍総大将。 *193*
アルテミス　Artemis, Diana
女神。 *53, 118*
アレクサンドロス　Alexandros
トロイア王子パリスの別名。 *120, 131–132, 135–137, 141, 144–145, 147–152, 154–155, 158, 160, 172*
アレス　Arēs, Mars
軍神。 *161–163*
アンティステネス　Antisthenēs
ソクラテスの朋友。 *62, 64*
アンティノオス　Antinoos
ペネロペへの求婚者たちの一人。 *35*
アンティロコス　Antilokhos
ピュロスの将ネストルの子。 *132, 144, 172, 178–179*
アンテノル　Antēnōr
トロイア人。 *146, 188–190*
アンピオン　Amphīōn
テバイの建設者。 *118*
イアソン　Iāsōn
アルゴナウタイの指揮者。 *72*
イオ　Īō
アルゴス女。 *141*
イオニア　Iōniā
小アジア西岸部の地域。 *81, 128, 235, 244*
イカリオス　Īkarios
ペネロペの父。 *36*
イストミア　Isthmia
イストモスのスコイノスで２年ごとに行なわれた競技祭。 *66, 80, 83–84, 89*
イストモス　Isthmos
コリントスの北東の地峡。 *66, 80*
イストロス　Istros
ダニューブまたはドナウ河。 *212*
イソップ　Aisōpos
伝説的な寓話作家、前６世紀。 *206*
イダ　Īdē
トロイア地方の山。 *120, 128, 156, 242*
イタケ　Ithakē
オデュッセウスの故郷。 *133, 181, 186, 226*
イタリア　Italiā
81, 141, 188–189, 191
イドメネウス　Īdomeneus

クレタの将。 *162*
イリオス（イリオン） Īlios（Īlion）
トロイアの別名、本訳書では「トロイア」とする。 →トロイア
インド Indoi（Indiā）
142, 208
イピトス Īphitos
エリス王、オリュンピア競技をリュクルゴスとともに再興。 *238*
ウラノス Ūranos
クロノスの父、ゼウスの祖父。 *192*
エイレイテュイア Eileithyia
出産の女神。 *53*
エウクレイデス Eukleidēs
ソクラテスの弟子。 *62*
エウドロス Eudōros
ヘルメスとポリュドラとの息子。 *56*
エウボイア Euboia
エーゲ海の島。 *5-8, 17, 181, 184, 193*
エウマイオス Eumaios
オデュッセウスの豚飼い。 *35*
エウリピデス Eurīpidēs
前５世紀のギリシア悲劇作家、アテナイ人。 *34, 39-40, 188*
エウリュステウス Eurystheus
ヘラクレスに試練を課したと伝えられるアルゴス王。 *74, 76*
エウリュトス Eurytos
オイカリア王、弓の名手。 *36*
エウリュピュロス Eurypylos
テッサリア人。 *162*
エジプト Aigyptos
135-138, 141-142, 186, 188, 240
エチオピア Aithiopiā
132, 142, 177
エペイロス Ēpeiros
ギリシア本土北西部の地域。 *188-189*
エリス Ēlis
ギリシア・ペロポネソス半島北西部の地域。 *68, 217-218, 235, 237-238, 250, 253-254, 256*
エリュシオン Ēlysion
神話的楽土。 *188*
エレトリア Eretriā
エウボイアの都市。 *193*
オイディプス Oidipūs
テバイの王。 *106, 108-110, 117-118*
オイノマオス Oinomāos
エリスの王。 *141, 151*
オデュッセウス Odysseus, Ulixes
イタケの王。 *35-37, 71, 83, 124, 126, 133, 158, 162, 176, 180, 186, 196*

オヌピス　Onūphis
エジプトの町。 *135*
オリュンピア　Olympiā
エリス地方、オリュンピア競技の行なわれた町。 *140, 204, 209, 214, 217, 225, 234*
オリュンポス　Olympos
ギリシア北部の高山、神々の住まい。 *218, 242, 253*
オレステス　Orestēs
アガメムノンの子。 *106, 117, 188*

カ　行

カストル　Kastōr
スパルタ人、テュンダレオスの子。 *138, 140, 152*
カッサンドラ　Kassandrā
トロイア女性、プリアモスの子。 *146, 182, 184, 195-196*
カドメイア　Kadmeiā
テバイのアクロポリス区域。 *48*
カペレウス　Kaphēreus
エウボイア島南端の岬、その沖合いは難所。 *15, 17, 23*
カライス　Kalais
ボレアスの子。 *72*
カリュプソ　Kalypsō
ニンフ、漂流中のオデュッセウスが７年間その島に滞在。 *126*
キオス　Khios
エーゲ海の島。 *5, 47-48*
キニュラス　Kinyrās
キュプロスの神話的な王、ミュラとアドニスの父。 *72*
キュクロプス　Kyklōps
一つ目の巨人。 *133*
キュプセロス　Kypselos
前７世紀、コリントスの僭主。 *140*
キュロス（小）　Kȳros
ペルシア王ダレイオス２世の子、後継者の兄王アルタクセルクセスに挑むためペルシアへ軍を率いたが戦死。 *64*
ギリシア（ギリシア人）　Hellas (Hellēnes), Graecia
5-6, 38, 48, 52, 65, 68, 84, 86, 109, 116-117, 120, 122, 128-129, 132, 134-136, 138, 140-142, 144, 146-156, 158, 160-165, 168-170, 172-174, 176-184, 186, 188-196, 208-209, 220, 222, 229, 234-240, 250, 252, 255-256
キルケ　Kirkē
魔女、漂流中のオデュッセウス一行がその島に一年滞在した。 *71-72, 133*
クサントス　Xanthos
トロイアのスカマンドロス河の別名。 *104, 128*
クセノポン　Xenophōn
アテナイ人、ソクラテスの弟子、歴史家、軍人。 *64*
クセルクセス　Xerxēs
ペルシア王。 *193*
クラネイオン　Kraneion

ディオゲネスが過ごした、コリントス市近くの杉の森。 *64, 81*
クリュシッポス　Khrȳsippos
ペロプスの子、ライオスに愛された。 *105*
クリュセス　Khrȳsēs
トロイア近辺、クリュセのアポロン神殿の神官。 *135*
クリュタイメストラ　Klytaim(n)ēstrā
テュンダレオスの娘、アガメムノンの妻。 *138, 140, 144*
クレイステネス　Kleisthenēs
前6世紀、シキュオンの僭主。 *141*
クレタ　Krētē
エーゲ南部の島。 *181*
クロイソス　Kroisos
前6世紀のリュディア王。 *106*
クロノス　Kronos
ゼウスの父。 *120, 192, 218*
ゲタイ　Getai
ギリシア北部トラキアの民族。 *212*
ケパレニア　Kephallēniā
イタケの西隣の島。 *186*
ゲリュオネス　Gēryonēs
西の果てエリュテイアに住んでいた三身の怪人、ヘラクレスに倒されその牛群を奪われた。 *74*
ケルソネソス　Khersonēsos
海峡を挟んでトロイアの向こう側の半島。 *155, 158, 176*
コリントス　Korinthos
ギリシア・ペロポネソス半島の都市、イストモスの近くにある。前2世紀、ローマ執政官・将軍のムンミウスによって破壊された。 *64, 67, 69, 80-81, 83, 92-93*
ゴルギアス　Gorgiās
シケリア出身のソフィスト、前5世紀。 *211*

サ　行

サラミス　Salamīs
アテナイ沖にある小島。 *192*
サルペドン　Sarpēdōn
リュキアの将。 *166*
シキュオン　Sikyōn
ギリシア・ペロポネソス半島の都市。 *141*
シケリア　Sikeliā
シチリア島。 *81*
シノペ　Sinōpē
黒海南岸、ミレトスの植民都市、現トルコ Sinop、ディオゲネスの故郷。 *62*
シピュロス　Sipylos
小アジアの国。 *142*
シリア　Syriā
84
スカマンドリオス　Skamandrios

ヘクトルの子。 *182*
スカマンドロス　Skamandros
トロイア地方の河、イダ山に発し、シモイス河と合流。 *104, 128, 132, 174*
スキュラ　Skylla
漂流中のオデュッセウス一行を襲った怪物。 *133*
スキリテス　Skīrītēs
スパルタの部隊。 *192*
スサ　Sūsa
ペルシアの首都。 *208*
ステシコロス　Stēsikhoros
シケリア・ヒメラ出身の合唱抒情詩人、前7から6世紀。 *136*
スパルタ　Spartē
ギリシア・ペロポネソス半島の国。 *38, 67, 84, 136, 138, 147–148, 152, 154*
スピンクス　Sphinx
テバイの近くで人々に、「朝には四本足、昼には二本足、夕には三本足のものは何か」という謎を出し、それに答えられない者を取って食らった女妖怪。 *109–110, 117–118*
スミュルナ　Smyrna
イオニアの都市。 *47*
セイレン　Seirēn
歌声で船乗りを惑わした女妖怪、通例複数。 *226*
ゼウクシス　Zeuxis
前5世紀の画家。 *232*
ゼウス　Zeus, Juppiter
神々の王。 *22, 53, 58, 119–120, 126, 128, 134, 142, 160–161, 166, 168–169, 172, 192, 196, 208–209, 216–218, 224–225, 229, 234, 238, 242, 250–251, 253–256*
ゼテス　Zētēs
ボレアスの子、有翼。 *72*
セーマ・ミュリーネース　Sēma Myrīnēs
「ミュリネ（アマゾンの一）の墓」、トロイア平原にあった。 *104, 128*
セミラミス　Semiramis
ニノスの妻にして後継者。 *208*
ソクラテス　Sōkratēs
哲学者、前399年死去。 *62, 110, 210*
ソクレス　Sōklēs
第7篇に出る船主。 *23*
ソタデス　Sōtadēs
第7篇中のエウボイア人。 *24*
ソポクレス　Sophoklēs
前5世紀のギリシア悲劇作家、アテナイ人。 *40*
ソロン　Solōn
前6世紀ころのアテナイ人政治家、七賢人の一人。 *106*

タ 行

ダイダロス　Daidalos
伝説的技術者、彫刻家。 *232*
ダティス　Dātis

ペルシアの将。 *193*
ダレイオス　Dāreios
1世、ペルシア王。 *193*
ディオゲネス　Diogenēs
シノペ出身、犬儒派の祖、主にクラネイオンの森で過ごす。死後コリントス市門の前に埋められた。 *62, 64, 67, 76, 80–89, 92–94, 98–99, 102–103, 108–109*
ディオスコロイ（ディオスクロイ）　Dioskoroi
カストルとポリュデウケス兄弟。 *140, 142, 144, 147, 154, 188*
ディオメデス　Diomēdēs
アルゴスの将。 *74, 144, 162–163, 176, 186, 191*
ティトノス　Tīthōnos
トロイア人、プリアモスの兄弟、メムノンの父。 *142*
デイポボス　Dēiphobos
トロイア人、ヘクトルの兄弟。 *150, 152, 174, 182, 191*
テイレシアス　Teiresiās
テバイの予言者。 *108*
テセウス　Thēseus
アテナイの伝説的な王。 *140–141, 147, 152–153*
テッサリア　Thessaliā
ギリシア本土やや北部の地域。 *69, 153, 188*
テティス　Thetis
海の女神、アキレウスの母。 *170, 173, 242*
テバイ　Thēbai
ギリシア中部の都市。 *48, 108, 110, 117*
デモドコス　Dēmodokos
アルキノオス王の宮殿で歌う歌人。 *133*
テュエステス　Thyestēs
ペロプスの子、アトレウスの兄弟。 *47, 117, 144*
テュンダレオス　Tyndareōs
スパルタ王、カストル・ポリュデウケス兄弟やクリュタイメストラ・ヘレネ姉妹の父。 *138, 140, 142, 144, 148–149, 151, 154*
テラモン　Telamōn
アイアスの父。 *142*
デルポイ　Delphoi
ギリシア中部、有名なアポロンの聖地。 *92, 103–104, 106, 108*
テルモドン　Thermōdōn
黒海南岸の河、その河畔がアマゾン族の居住地域。 *141*
テルモピュライ　Thermophyrai
ギリシア北部、スパルタ軍とペルシア侵攻軍との戦い（前480年）の地。 *193*
テレマコス　Tēlemakhos
オデュッセウスの子。 *36, 38*
トゥキュディデス　Thūkȳdidēs
前5世紀の歴史家、アテナイ人。 *192*
ドドナ　Dōdōnē
ギリシア北西部のゼウスの聖地。 *254*
トラキア　Thrākē

ギリシア北部の地域。 74
ドリス　Dōris
ギリシア本土中部の地域、スパルタ人等「ドリス族」の故郷。 104, 128, 186, 191, 244
トロアス　Trōas
トロイアの地方。 156
トロイア　Troiā
小アジア北西部の国。 6, 38–39, 104, 115–116, 120, 126, 128–131, 133–136, 138, 141–142, 146–152, 154–156, 158, 160, 162, 165–166, 168, 170, 172–174, 176–184, 188, 190, 196, 216, 242
トロイロス　Trōilos
トロイアの王子、アキレウスに殺された。 156, 164

ナ　行

ナウプリオス　Nauplios
ギリシアの将軍パラメデスの父。帰国するギリシア人の船を、偽りの松明でおびき寄せ、遭難させた。 15
ナクソス　Naxos
エーゲ海の島。 193
ニオベ　Niobē
テバイ王アンピオンの妻、子供たちをアポロンとアルテミスに射殺された。 47, 118
ニノス　Ninos
アッシリアの初代王。 208
ネオプトレモス　Neoptolemos
アキレウスの子。 178, 186, 196
ネストル　Nestōr
ギリシア・ピュロスの老王。 154, 158, 162, 171, 176, 186

ハ　行

パイアケス　Phaiākes
オデュッセウスが漂着した国スケリアの民。 37
パイオン　Paiōn
アステロパイオスの父。 166
バクトラ　Baktra
バクトリアの首都。 208
バティエイア　Batieia
トロイア城前の丘。 104, 128
パトロクロス　Patroklos
アキレウスの親友。 168–170, 172, 174, 183
バビュロン　Babylōn
バビュロニアの首都。ペルシア王の冬季の滞在地。 208
パリス　Paris
トロイア王子、アレクサンドロスの別名。 38, 120, 131, 145, 148, 160, 176–180, 182–183, 194
パリボトラ　Palibothra
インドの都。 208

ハリュス　Halys
小アジア中央部を流れる河。 *106*
パルテニアイ　Partheniai
スパルタの一族、タレントゥムを建設。 *57*
ハルモディオス　Harmodios
アリストゲイトンとともにヒッパルコスを倒したアテナイ人。 *192*
ピッテウス　Pittheus
アイトラの父、テセウスの祖父。 *147*
ヒッピアス　Hippiās
エリス出身のソフィスト、前5世紀。 *211*
ヒッポダメイア　Hippodameia
オイノマオスの娘、ペロプスの妻。 *141*
ピロクテテス　Philoktētēs
トロイア遠征軍に参加したが、その途中、足の傷がもとでレムノス島に置き去りにされる。後ヘラクレスの弓を持っていたゆえにトロイアへ連れてゆかれ、パリスを射殺す。 *178*
ブシリス　Būsīris
エジプト王、通りかかる外国人を人身御供にしていた。ヘラクレスに倒される。 *74*
プティア　Phthīā
ギリシア・テッサリアの地域、アキレウスやプロテシラオスの故郷。 *181*
プラタイアイ　Plataiai
ボイオティアの地。前479年、この地の戦闘でペルシア軍を破る。 *192*
プラトン　Platōn
ソクラテスの弟子、哲学者、アカデメイア派の創立者。 *51, 62*
プリアモス　Priamos
トロイア王。 *38, 132, 141-142, 144-147, 149-151, 156, 158, 160, 174, 177, 179, 181, 190-191, 196*
プリュギア　Phrygiā
小アジア北西部の地域。 *94, 142*
プロテシラオス　Prōtesilāos
テッサリアの将、ギリシア軍中で最初の戦死者。 *155, 176*
プロメテウス　Promētheus
ティタン族の一人、ゼウスによってカウカソス山に縛られ、毎日鷲によって肝臓をついばまれる。ヘラクレスが鷲を射殺して彼を解放した。 *75*
ペイシストラトス　Peisistratos
アテナイの僭主。前527年に死去。 *43*
ペイディアス　Pheidiās
フィディアス、前5世紀の彫刻家。 *206, 218, 231, 234-235, 238, 254-255*
ペイリトオス　Peirithoos
テッサリア、ラピタイ人の王。 *153*
ヘカベ　Hekabē
トロイア王妃。 *145, 196*
ヘクトル　Hektōr
トロイア王子中の長子。 *86, 134, 144-145, 149, 155, 158, 160-166, 168-169, 172-179, 181-183, 188, 190-191, 194-195*
ヘシオドス　Hēsiodos

前7世紀のギリシア叙事詩人。 *44, 46, 216*
ヘシオネ　Hēsionē
トロイア王女、プリアモスの姉。 *142*
ヘスペリデス　Hesperides
西の果てで黄金のリンゴを守っていたニンフたち。 *76*
ヘネトイ　Henetoi, Veneti
アドリア海北西岸の民。 *189*
ペネロペ　Pēnelopē
オデュッセウスの妻。 *35-36, 186*
ヘパイストス　Hēphaistos, Vulcanus
鍛冶の神。 *132, 173, 182, 236, 254*
ヘベ　Hēbē
「青春」の女神、ヘラの娘、ヘラクレスの天上での妻。 *73*
ヘラ　Hērā, Juno
神々の女王。 *53, 118-120, 126, 128, 140*
ヘラクレス　Hēraklēs
英雄。 *17-18, 72-76, 86, 142, 146, 151, 153, 186*
ペリクレス　Periklēs
前5世紀のアテナイの政治家。 *206, 238*
ペルシア　Persai
84, 105, 108, 192, 194, 208
ヘルメス　Hermēs, Mercurius
ゼウスの子、伝令の神。 *48, 56, 124*
ペレウス　Pēleus
テッサリア・プティアの王、アキレウスの父。 *72, 134*
ヘレネ　Helenē
スパルタ女性、ゼウスの娘。 *38, 120, 130-131, 135-138, 140, 142, 144-150, 152, 154, 158, 181-182, 187-188*
ヘレノス　Helenos
トロイア人、プリアモスの子。 *146, 188-189, 191*
ペロピダイ　Pelopidai
ペロプスの子孫。 *117, 186*
ペロプス　Pelops
小アジア・シピュロスの王タンタロスの子、アトレウスらの父、アガメムノンらの祖父。 *72-73, 140-141, 144, 149, 151, 180*
ペロポネソス　Peloponnēsos
ギリシア南部の半島。 *141, 151, 181, 186, 235*
ボイオティア　Boiōtiā
ギリシア中部の地域。 *92, 110, 153-154, 181, 235*
ポイニクス　Phoinix
アミュントルの子、アキレウスの教育者的老人。 *154, 170*
ポセイドン　Poseidōn, Neptunus
海神。 *66, 156*
ホメロス　Homēros
伝承的には前8世紀ころの叙事詩人。 *6, 35, 37, 42, 47-48, 56, 70-71, 83, 104, 115-116, 118, 120, 122, 124, 128, 130, 133, 136, 138, 145, 150, 152, 156, 158, 161, 164,*

166-168, 170, 172, 181, 184, 188, 192, 194, 212, 216, 218, 226, 242-244, 250, 252-254, 256
ポリュクセナ　Polyxenē
トロイア王女。 *195*
ポリュグノトス　Polygnōtos
タソス出身の画家。前5世紀。 *232*
ポリュクレイトス　Polykleitos
前5世紀の彫刻家。 *231, 254*
ボリュステネス　Borysthenēs
ボリュステネス河＝ドニエプル河畔の同名の都市。 *82*
ポリュデウケス　Polydeukēs, Pollux
テュンダレオスの子、カストルの双子の兄弟。 *138, 152*
ポリュドラ　Polydōrā
ペレウスの娘。 *56-57*
ホロス　Hōros
エジプトの神、イシスの子。 *184*
ポロス　Pōlos
アクラガス出身のソフィスト、ゴルギアスの弟子。 *211*
ポントス　Pontos
黒海南岸の地域。 *68, 82, 177*

マ　行

マケドニア　Makedoniā
ギリシア北部、テッサリアとトラキアの間の国。 *84*
マッサリア　Massiliā
マルセイユ、イオニア・ポカイアからの植民都市。 *82*
ミュシア　Mȳsiā
小アジアの国だが、ディオンの時代はゲタイの国のホメロス的名称とされた。 *212*
ミュリネ　→セーマ・ミュリーネース
ミュルミドネス　Myrmidones
アキレウスの率いるテッサリア・プティアの一族。 *164, 168*
ムーサ　Mūsa
学芸の女神。 *216*
メガラ　Megara
イストモス上の、アテナイの隣国。 *62*
メストル　Mēstōr
トロイア王子。 *156*
メディア　Mēdiā
アジアの国、カスピ海の南部、南西部、首都はエクバタナ。 *84, 105, 193*
メネラオス　Menelāos
スパルタ王、アガメムノンの弟。 *38, 135-136, 140, 142, 144, 147-149, 151, 154, 160, 172, 184-186, 188*
メムノン　Memnōn
ティトノスの子、エチオピア王。 *132, 142, 175, 177-178*
モイラ　Moira, Parca
運命の女神、通例複数形。 *53*

モロッシア　Molossiā
ギリシア北部エペイロスの国。 *188*

ヤ　行

ヨーロッパ　Eurōpē
74, 144, 188-190, 235

ラ　行

ライオス　Lāios
テバイ王、ラブダコスの子、オイディプスの父。 *105-106, 118*
ラオメドン　Lāomedōn
トロイア王、プリアモスの父。 *142, 146-147, 151*
ラケダイモン　Lakedaimōn
「スパルタ」のやや古雅な同義語。 *57, 84, 154, 192-193*
ラコニア　Lakōnikē
ラケダイモン地方。 *67, 148*
リビア　Libyē
北アフリカの地域。 *82*
リュキア　Lykiā
小アジア南西部の地域。 *166*
リュクルゴス　Lykūrgos
スパルタの伝説的な王（前９世紀）。 *238*
リュディア　Lȳdiā
小アジア西部の国。 *106*
レア　Rheā
ゼウスら神々の母。 *53*
レオニダス　Leōnidās
スパルタ王、ペルシア戦時、テルモピュライで戦死。 *193*
レダ　Lēdā
テュンダレオスの妻。 *138, 142*
レムノス　Lēmnos
エーゲ海の島。 *158*

訳者略歴

内田次信（うちだ　つぐのぶ）

大阪大学大学院文学研究科教授
一九五二年　愛知県生まれ
一九七九年　京都大学大学院文学研究科博士課程単位取得退学
一九八一年　光華女子大学講師を経て現職

主な著訳書

『ルキアノス選集』（国文社）
ピンダロス『祝勝歌集／断片選』（京都大学学術出版会）
『ギリシア喜劇全集3』（共訳）、アリストパネース『蛙』担当
（岩波書店）

トロイア陥落《かんらく》せず —— 弁論集《べんろんしゅう》2

西洋古典叢書　2011　第6回配本

二〇一二年二月十五日　初版第一刷発行

訳　者　内《うち》田《だ》次《つぐ》信《のぶ》

発行者　檜山爲次郎

発行所　京都大学学術出版会

606-8315 京都市左京区吉田近衛町六九 京都大学吉田南構内
電　話　〇七五-七六一-六一八二
FAX　〇七五-七六一-六一九〇
http://www.kyoto-up.or.jp/

印刷／製本・亜細亜印刷株式会社

ISBN978-4-87698-194-6

定価はカバーに表示してあります

西洋古典叢書〔第Ⅰ～Ⅳ期〕既刊全84冊

【ギリシア古典篇】

アキレウス・タティオス　レウキッペとクレイトポン　中谷彩一郎訳　3255円
アテナイオス　食卓の賢人たち　1　柳沼重剛訳　3990円
アテナイオス　食卓の賢人たち　2　柳沼重剛訳　3990円
アテナイオス　食卓の賢人たち　3　柳沼重剛訳　4200円
アテナイオス　食卓の賢人たち　4　柳沼重剛訳　3990円
アテナイオス　食卓の賢人たち　5　柳沼重剛訳　4200円
アラトス／ニカンドロス／オッピアノス　ギリシア教訓叙事詩集　伊藤照夫訳　4515円
アリストクセノス／プトレマイオス　古代音楽論集　山本建郎訳　3780円
アリストテレス　天について　池田康男訳　3150円
アリストテレス　魂について　中畑正志訳　3360円
アリストテレス　動物部分論他　坂下浩司訳　4725円
アリストテレス　ニコマコス倫理学　朴　一功訳　4935円

アリストテレス　政治学　牛田徳子訳　４４１０円
アリストテレス　トピカ　池田康男訳　３９９０円
アルクマン他　ギリシア合唱抒情詩集　丹下和彦訳　４７２５円
アルビノス他　プラトン哲学入門　中畑正志訳　４３０５円
アンティポン／アンドキデス　弁論集　高畠純夫訳　３８８５円
イソクラテス　弁論集　１　小池澄夫訳　３３６０円
イソクラテス　弁論集　２　小池澄夫訳　３７８０円
エウセビオス　コンスタンティヌスの生涯　秦　剛平訳　３８８５円
ガレノス　ヒッポクラテスとプラトンの学説　１　内山勝利・木原志乃訳　３３６０円
ガレノス　自然の機能について　種山恭子訳　３１５０円
クセノポン　ギリシア史　１　根本英世訳　２９４０円
クセノポン　ギリシア史　２　根本英世訳　３１５０円
クセノポン　小品集　松本仁助訳　３３６０円
クセノポン　キュロスの教育　松本仁助訳　３７８０円
クセノポン　ソクラテス言行録　１　内山勝利訳　３３６０円

セクストス・エンペイリコス　ピュロン主義哲学の概要　金山弥平・金山万里子訳　３９９０円
セクストス・エンペイリコス　学者たちへの論駁　1　金山弥平・金山万里子訳　３７８０円
セクストス・エンペイリコス　学者たちへの論駁　2　金山弥平・金山万里子訳　４６２０円
セクストス・エンペイリコス　学者たちへの論駁　3　金山弥平・金山万里子訳　４８３０円
ゼノン他　初期ストア派断片集　1　中川純男訳　３７８０円
クリュシッポス　初期ストア派断片集　2　水落健治・山口義久訳　５０４０円
クリュシッポス　初期ストア派断片集　3　山口義久訳　４４１０円
クリュシッポス　初期ストア派断片集　4　中川純男・山口義久訳　３６７５円
クリュシッポス他　初期ストア派断片集　5　中川純男・山口義久訳　３６７５円
テオクリトス　牧歌　古澤ゆう子訳　３１５０円
テオプラストス　植物誌　1　小川洋子訳　４９３５円
ディオニュシオス／デメトリオス　修辞学論集　木曾明子・戸高和弘・渡辺浩司訳　４８３０円
デモステネス　弁論集　1　加来彰俊・北嶋美雪・杉山晃太郎・田中美知太郎・北野雅弘訳　５２５０円
デモステネス　弁論集　2　木曾明子訳　４７２５円
デモステネス　弁論集　3　北嶋美雪・木曾明子・杉山晃太郎訳　３７８０円

デモステネス　弁論集　4　木曾明子・杉山晃太郎訳　3780円
トゥキュディデス　歴史　1　藤縄謙三訳　4410円
トゥキュディデス　歴史　2　城江良和訳　4620円
ピロストラトス／エウナピオス　哲学者・ソフィスト列伝　戸塚七郎・金子佳司訳　3885円
ピロストラトス　テュアナのアポロニオス伝　1　秦　剛平訳　3885円
ピンダロス　祝勝歌集／断片選　内田次信訳　4620円
フィロン　フラックスへの反論／ガイウスへの使節　秦　剛平訳　3360円
プラトン　ピレボス　山田道夫訳　3360円
プラトン　饗宴／パイドン　朴　一功訳　4515円
プルタルコス　モラリア　1　瀬口昌久訳　3570円
プルタルコス　モラリア　2　瀬口昌久訳　3465円
プルタルコス　モラリア　5　丸橋　裕訳　3885円
プルタルコス　モラリア　6　戸塚七郎訳　3570円
プルタルコス　モラリア　7　田中龍山訳　3885円
プルタルコス　モラリア　11　三浦　要訳　2940円

プルタルコス　モラリア 13　戸塚七郎訳　3570円
プルタルコス　モラリア 14　戸塚七郎訳　3150円
プルタルコス　英雄伝 1　柳沼重剛訳　4095円
プルタルコス　英雄伝 2　柳沼重剛訳　3990円
ポリュビオス　歴史 1　城江良和訳　3885円
ポリュビオス　歴史 2　城江良和訳　4095円
マルクス・アウレリウス　自省録　水地宗明訳　3360円
リュシアス　弁論集　細井敦子・桜井万里子・安部素子訳　4410円

【ローマ古典篇】

ウェルギリウス　アエネーイス　岡　道男・高橋宏幸訳　5145円
ウェルギリウス　牧歌／農耕詩　小川正廣訳　2940円
オウィディウス　悲しみの歌／黒海からの手紙　木村健治訳　3990円
クインティリアヌス　弁論家の教育 1　森谷宇一・戸高和弘・渡辺浩司・伊達立晶訳　2940円
クインティリアヌス　弁論家の教育 2　森谷宇一・戸高和弘・渡辺浩司・伊達立晶訳　3675円
クルティウス・ルフス　アレクサンドロス大王伝　谷栄一郎・上村健二訳　4410円

スパルティアヌス他　ローマ皇帝群像 1　南川高志訳　3150円
スパルティアヌス他　ローマ皇帝群像 2　桑山由文・井上文則・南川高志訳　3570円
スパルティアヌス他　ローマ皇帝群像 3　桑山由文・井上文則訳　3675円
セネカ　悲劇集 1　小川正廣・高橋宏幸・大西英文・小林　標訳　3990円
セネカ　悲劇集 2　岩崎　務・大西英文・宮城徳也・竹中康雄・木村健治訳　4200円
トログス／ユスティヌス抄録　地中海世界史　合阪　學訳　4200円
プラウトゥス　ローマ喜劇集 1　木村健治・宮城徳也・五之治昌比呂・小川正廣・竹中康雄訳　4725円
プラウトゥス　ローマ喜劇集 2　山下太郎・岩谷　智・小川正廣・五之治昌比呂・岩崎　務訳　4410円
プラウトゥス　ローマ喜劇集 3　木村健治・岩谷　智・竹中康雄・山澤孝至訳　4935円
プラウトゥス　ローマ喜劇集 4　高橋宏幸・小林　標・上村健二・宮城徳也・藤谷道夫訳　4935円
テレンティウス　ローマ喜劇集 5　木村健治・城江良和・谷栄一郎・高橋宏幸・上村健二・山下太郎訳　5145円
リウィウス　ローマ建国以来の歴史 1　岩谷　智訳　3255円
リウィウス　ローマ建国以来の歴史 3　毛利　晶訳　3255円